한국
프랜차이즈,
기본에서
다시
생각하다

한국 프랜차이즈, 기본에서 다시 생각하다

초판 1쇄 발행 2023년 4월 12일

지은이 이수덕
펴낸이 장길수
펴낸곳 지식과감성#
출판등록 제2012-000081호

교정 주경민
디자인 정윤솔
편집 정윤솔
검수 이주연, 이현
마케팅 정연우

주소 서울시 금천구 벚꽃로298 대륭포스트타워6차 1212호
전화 070-4651-3730~4
팩스 070-4325-7006
이메일 ksbookup@naver.com
홈페이지 www.knsbookup.com

ISBN 979-11-392-1026-2(03320)
값 19,800원

- 이 책의 판권은 지은이에게 있습니다.
- 이 책 내용의 전부 또는 일부를 재사용하려면 반드시 지은이의 서면 동의를 받아야 합니다.
- 잘못된 책은 구입하신 곳에서 바꾸어 드립니다.

지식과감성#
홈페이지 바로가기

프랜차이즈 관련 이론들을
한국 프랜차이즈에 적용하다

프랜차이즈의 정곡

FRANCHISE

한국
프랜차이즈,
기본에서
다시
생각하다

이수덕 지음

지식과감정#

목차

시작하는 말   14

제1부
프랜차이즈 사업의 시작과 성립

제1장 자원부족 이론

Ⅰ. 자원부족 ·· 20

1. 자원부족, 2. 자원부족의 발생 형태, 3. 자원부족 현상, 4. 기업의 자원

Ⅱ. 프랜차이즈 자원부족 이론 ·· 23

1. 두 가지 가정들, 2. 이론의 개요, 3. 직영점 확장방식으로의 전환 이유, 4. 존재성과 관계성의 인식 변화, 5. 가맹점은 왜 매장을 파는가?, 6. 양도·양수를 촉진하는 환경들

Ⅲ. 이론의 한계와 반론 ·· 31

1. 낮은 사업성과 보편성, 2. 직영점 확장방식으로 전환하지 않았다, 3. 두 번째 예측은 나타나지 않았다

Ⅳ. 시사점 또는 토론 ··· 34

1. 결과론적 해석, 2. 이론의 재조명과 재평가, 3. 미국의 선례, 4. 혼합소유 방식

Ⅴ. 한국 프랜차이즈에서 적용과 제안들 ························· 39

1. 가맹점 자원의 정의, 2. 가맹점 자원의 유형, 3. 가맹점 자원의 통합적 이해, 4. 금전적, 물적 자원에 대한 집착, 5. 일단, 개점부터 하자, 6. 이론에 역행하는 개설방식?, 7. 낮은 수준의 직영점 현황, 8. 개설시장의 FOMO 현상

Ⅵ. 함께 생각해 봅시다 ·· 45

기억해야 할 부끄러운 역사, 나아졌다고는 하지만

제2장 대리인 이론

Ⅰ. 대리인 ·· 48

1. 개요, 2. 대리인 관계의 예

Ⅱ. 대리인 이론의 고찰 ·· 50

1. 대리인 문제의 발생 이유, 2. 대리인 문제의 해결 원리, 3. 대리인 비용

Ⅲ. 프랜차이즈 대리인 이론 ··· 52
1. 주요 가정들, 2. 프랜차이즈 사업의 이유와 사업적 효과, 3. 정보 비대칭과 대리인 문제, 4. 수직적 대리인 문제

Ⅳ. 시사점 또는 토론 ··· 59
1. 이론의 재조명, 2. 이론의 본질에 대한 올바른 이해, 3. 프랜차이즈 대리인 문제의 해결방법

Ⅴ. 한국 프랜차이즈에서 적용과 제안들 ······················· 65
1. 전문적인 역할의 분담, 2. 독립창업보다 우월해야, 3. 가맹점은 종속적이다?, 4. 가맹점은 대등한 사업 파트너

Ⅵ. 함께 생각해 봅시다 ─ 가맹계약은 노예계약인가? ························ 71

제3장 거래비용 이론

Ⅰ. 거래비용 ··· 73
1. 개요, 2. 거래관계를 왜 내부화하는가?

Ⅱ. 거래비용 이론의 고찰 ··· 75
1. Coase의 '기업의 본질', 2. 시장과 위계와 시장실패, 3. 거래비용 경제학

Ⅲ. 프랜차이즈 거래비용 이론 ······································· 78
1. 가맹본부의 거래비용의 유형, 2. 수직적 통합과 거래비용, 3. 출점방식과 거래비용, 4. 해외 프랜차이징과 거래비용

Ⅳ. 시사점 또는 토론 ··· 86
1. 거래비용 이론의 특징, 2. 가맹본부의 존재 이유, 3. 프랜차이즈 사업의 성립 근거, 4. 필수품목은 수직적 통합의 요체

Ⅴ. 한국 프랜차이즈에서 적용과 제안들 ······················· 89
1. 가맹점의 거래비용의 유형, 2. 프랜차이즈 실패, 3. 거래비용의 경쟁력 평가, 4. 필수품목은 거래비용의 핵심, 5. 다른 거래비용 줄이기

Ⅵ. 함께 생각해 봅시다 ─ 수요자 중심의 거래비용 인식의 중요성 ·········· 98

제2부
프랜차이즈의 관계특성

제4장 거래특유투자

Ⅰ. 거래특유투자 ·· 102
1. 개요, 2. 거래특유투자의 유형, 3. 거래특유투자의 특징

Ⅱ. 프랜차이즈 거래특유투자 ··· 107
1. 프랜차이즈에서의 역할, 2. 가맹점의 거래특유투자, 3. 가맹본부의 거래특유투자, 4. 거래특유투자 수준 높이기, 5. MUF와 거래특유투자, 6. MIF와 거래특유투자, 7. Hostages, Hands Tying, Hold-Up

Ⅲ. 시사점 또는 토론 ·· 113
1. 누적의 힘, 2. 높은 효율성과 효과성, 3. 잡힌 물고기

Ⅳ. 한국 프랜차이즈에서 적용과 제안들 ··································· 116
1. 거래특유투자의 장점이 발생하지 않는 이유, 2. 브랜드 자산특유성에 왜 투자하지 않는가?, 3. 지식특유성에 왜 투자하지 않는가?, 4. 보이지 않은 힘의 원천

Ⅴ. 함께 생각해 봅시다 — 프랜차이징의 가벼움 ························· 119

제5장 공정성 이론

Ⅰ. 공정성 이론의 바탕 ·· 122
1. 인지부조화 이론, 2. 사회비교 이론

Ⅱ. Adams의 공정성 이론 ·· 124
1. 개요, 2. 불공정성의 인지, 3. 불공정성 해소를 위한 행동 유형

Ⅲ. 가격 공정성 ··· 127
1. 가격 공정성의 판단 기준, 2. 거래관계에 있다고 공정한 것은 아니다, 3. 가격 불공정성에 대한 대응 행동 유형, 4. 사회적 규칙기반 공정성

Ⅳ. 프랜차이즈 공정성 이론 ··· 131
1. 프랜차이즈 브랜드와 소비자 간의 공정성, 2. 가맹본부와 가맹점 간의 공정성, 3. 거래관계의 공정성 유지

Ⅴ. 시사점 또는 토론 ·· 135
1. 인지부조화-불공정성 인식-해소의 3단계 행동 모델, 2. 프랜차이즈의 두 가

지 공정성, 3. 프랜차이징의 공정성의 세 가지 차원들

Ⅵ. 한국 프랜차이즈에서 적용과 제안들 ························· 139
1. 불공정거래행위의 금지와 유형, 2. 가맹점의 인지부조화와 대응 행동들, 3. 가격 불공정성에 대한 가맹점의 행동 유형, 4. 프랜차이즈 공정성 확립의 전략적 접근

Ⅶ. 함께 생각해 봅시다 — 프랜차이즈 공정성 회복 ··············· 146

제3부
프랜차이즈에서 선택, 역할, 갈등

제6장 시그널링 이론

Ⅰ. 시그널링 ·· 151
1. 개요, 2. 시그널링의 예

Ⅱ. 시그널링 이론의 고찰 ·· 153
1. Market Signaling, 2. 신호인과 수신인, 3. 가격과 품질의 시그널링

Ⅲ. 프랜차이즈 시그널링 이론 ·· 155
1. 가맹희망자의 선택속성, 2. 브랜드 인지도와 가격, 3. 값비싼 시그널링의 특징, 4. 값비싼 시그널링 개발의 전략적 접근, 5. 시그널링의 효과적 전달, 6. 프랜차이즈 박람회, 7. 직영점의 시그널링

Ⅳ. 시사점 또는 토론 ·· 162
1. Costly Signal, 2. Cheap Signal, 3. 치열한 경쟁, 4. 내부 마케팅으로서의 시그널링

Ⅴ. 한국 프랜차이즈에서 적용과 제안들 ··························· 165
1. 정보공개서 개설 마케팅, 2. 개선이 절실한 정보공개서 시스템, 3. 홈페이지 시그널링, 4. 직영점의 척박한 현실, 5. 가격 지향적 시그널링, 6. Costly Signal의 전략적 개발, 7. Cheap Signal과 Cheap Talk, 8. 개설 상담에서 Small Talk

Ⅵ. 함께 생각해 봅시다 — 프랜차이즈 보증제가 가능한가? ········· 175

제7장 역선택 이론

Ⅰ. 역선택 ·· 177
1. 개요, 2. 역선택의 예

Ⅱ. 역선택의 레몬시장 ································· 179

Ⅲ. 역선택의 완화, 스크리닝 이론 ················ 181
1. 스크리닝 이론, 2. 스크리닝 이론의 예

Ⅳ. 프랜차이즈 역선택 ································ 183
1. 적합한 상대방 선택의 중요성, 2. 프랜차이즈 역선택, 3. 역선택을 완화하는 MUF와 AD, 4. 프랜차이즈 파트너 선택

Ⅴ. 한국 프랜차이즈에서 적용과 제안들 ······· 186
1. 가맹본부의 역선택, 2. 가맹희망자의 역선택, 3. 3無, 5無, 7無 등의 '없다' 정책, 4. '정상'이 '비정상'으로, 5. 정말로 남기는 것이 없는가?, 6. 왜 있는 그대로 말하지 않는가?

Ⅵ. 함께 생각해 봅시다 — 프랜차이즈 레몬시장 ················ 196

제8장 도덕적 해이

Ⅰ. 도덕적 해이 ··· 198
1. 개요, 2. 도덕적 해이의 예

Ⅱ. 도덕적 해이 이론의 고찰 ······················· 200
1. 개념의 시작, 2. 이론의 발전, 3. 자원의 잘못된 배분의 원인, 4. 정보의 비대칭과 도덕적 해이, 5. 도덕적 민감성, 6. 역선택과 도덕적 해이의 차이

Ⅲ. 프랜차이즈 도덕적 해이 ························ 205
1. 프랜차이즈 도덕적 해이의 유형, 2. 가맹본부의 도덕적 해이와 기회주의, 3. 프랜차이즈 도덕적 해이의 특징, 4. 로열티와 도덕적 해이

Ⅳ. 시사점 또는 토론 ································· 210
1. 프랜차이즈 도덕적 해이의 해석, 2. 도덕적 민감성 vs 운명 공동체

Ⅴ. 한국 프랜차이즈에서 적용과 제안들 ······· 211
1. 가맹본부와 가맹점의 준수사항, 2. 도덕적 해이의 유형과 그 행위들, 3. 프랜차이즈 오너 리스크, 4. 출점과정에서의 도덕적 해이, 5. 하지 말아야 할 두 가지 도덕적 해이

Ⅵ. 함께 생각해 봅시다 — 프랜차이즈 도덕성의 낙인효과 ················ 219

제9장 무임승차

Ⅰ. 무임승차 ·· 221
1. 개요, 2. 비경합성과 비배제성, 3. 무임승차의 예, 4. 무임승차의 포괄성

Ⅱ. 무임승차 이론의 고찰 ··· 224
1. 공유지 비극, 2. 사회적 덫, 3. 사회적 딜레마

Ⅲ. 프랜차이즈 무임승차 ·· 227
1. Cheap Rider, 2. 대리인 이론과 무임승차, 3. 수직적, 수평적 외부성과 무임승차, 4. 가맹점의 무임승차, 5. 무임승차 가맹점에 대한 대응 유형, 6. 가맹점 무임승차를 줄이기, 7. 가맹본부의 전략적 선택, 8. 무임승차의 구체적인 예

Ⅳ. 시사점 또는 토론 ··· 234
1. 프랜차이즈 무임승차의 정의, 2. 폐쇄적인 공유지, 3. 인지적이고 기능적인 공유지, 4. 프랜차이즈 시스템의 비극, 5. 프랜차이즈 덫, 6. 프랜차이즈 딜레마, 7. 프랜차이즈 도미노 현상

Ⅴ. 한국 프랜차이즈에 적용과 제안들 ································· 239
1. 저렴한 승차자들의 탁구 경기, 2. 가맹본부의 대표적 무임승차 행동들, 3. 국내 가맹점들의 대표적 무임승차 행동들, 4. 프랜차이즈 미투 브랜드, 5. 투자를 멈춘 두 당사자

Ⅵ. 함께 생각해 봅시다 — 무임승차로 단명하는 브랜드들 ······· 243

제10장 기회주의

Ⅰ. 기회주의 ·· 246
1. 기회주의자, 2. 경제적 관점에서 기회주의

Ⅱ. 다른 프랜차이즈 이론들과의 관계 ································· 247
1. 정보 비대칭과 기회주의, 2. 거래비용 이론과 기회주의, 3. 거래특유투자와 기회주의

Ⅲ. 기회주의 행동의 유형과 완화방법 ································· 249
1. 기회주의 행동의 유형, 2. 기회주의 행동을 줄이는 전략적 방법

Ⅳ. 프랜차이즈 기회주의 ·· 251
1. 기회주의 정의, 2. 프랜차이즈 기회주의, 3. 프랜차이즈 기회주의의 발생 가능성이 높은 상황들, 4. 프랜차이즈 기회주의의 구체적인 행동들, 5. 프랜차이즈 기회주의 줄이기, 6. 가맹점의 기회주의를 촉발하는 상황들

Ⅴ. 시사점 또는 토론 ·· 257
1. 서로 왜 다른 방향으로 가는가?, 2. 계산된 배신과 그 특성

Ⅵ. 한국 프랜차이즈에서 적용과 제안들 ························ 260
1. 역선택의 악수(惡手), 2. 도덕적 해이와 무임승차와의 유사성, 3. 가맹본부의 기회주의의 유형, 4. 가맹점의 기회주의의 유형

Ⅶ. 함께 생각해 봅시다 ·· 267
뿌리 깊은 불신의 벽, 가맹본부의 불신, 가맹점사업자의 불신

제4부
프랜차이즈의 관계종결

제11장 대안 매력도

Ⅰ. 대안 매력도 ··· 270

Ⅱ. 대안 매력도 이론의 고찰 ····································· 271
1. 대안 비교 수준, 2. 대안 매력도의 특징, 3. 대안 매력도의 비교·평가 방법, 4. 대안적 선택의 제한성, 5. 대안 매력도를 부각시키는 상황들, 6. 관계악화의 종속변수

Ⅲ. 프랜차이즈 대안 매력도 ······································ 276
1. 프랜차이즈 대안 매력도의 평가방법, 2. 프랜차이즈 대안 브랜드의 관계품질, 3. 프랜차이즈 대안 매력도가 높다는 것은?

Ⅳ. 시사점 또는 토론 ··· 279
1. 대안적 매력 마케팅, 2. '성공적인 재혼'을 위해

Ⅴ. 한국 프랜차이즈의 적용과 제안들 ·························· 280
1. 가맹점은 왜 다른 대안을 찾는가?, 2. 대안적 매력 마케팅이 하지 말아야 할 것들, 3. 정보공개서 마케팅, 4. 업종변경과 간판갈이는 매력적인 대안 마케팅인가?

Ⅵ. 함께 생각해 봅시다 — 대안자이면서도 관계종결의 대상도 된다 ········ 286

제12장 전환비용과 전환장벽

Ⅰ. 전환비용 ·· 287
1. 개요, 2. 전환비용의 예, 3. 전환비용의 유형과 종류

Ⅱ. 전환장벽 ·· 291
1. 개요, 2. 전환장벽에 미치는 요소

Ⅲ. 전환비용과 전환장벽의 비교 ·· 292
1. 전환장벽은 상위개념이다, 2. 전환비용과 전환장벽의 상관관계

Ⅳ. 프랜차이즈 전환비용과 전환장벽 ··· 293
1. 프랜차이즈 전환비용의 두 가지 차원, 2. 가맹점의 전환비용의 유형, 3. 거래특유투자와 전환비용, 4. 관계혜택과 전환비용 및 전환장벽, 5. 전환비용과 전환장벽 높이기 전략

Ⅴ. 시사점 또는 토론 ·· 297
1. 프랜차이즈 전환비용의 유형, 2. 전략적 활용, 3. 위협적인 전환비용의 설정

Ⅵ. 한국 프랜차이즈에서 적용과 제안들 ······································· 300
1. 편의점의 전환비용, 2. 원상회복 비용, 3. 계약서대로 하자고!, 4. 진정한 전환비용과 전환장벽은 관계혜택이다, 5. 쉽지 않은 브랜드 전환

Ⅶ. 함께 생각해 봅시다 — 방치된 잠김 효과 ································ 304

제5부
바람직한 프렌차이징을 위하여

제13장 사회교환 이론

Ⅰ. 사회교환 이론 ·· 308
1. 개요, 2. 사회적 교환의 예

Ⅱ. 사회교환 이론의 고찰 ··· 310
1. 교환관계의 시작과 평가, 2. Homans의 사회교환 이론, 3. 사회교환 이론의 등식과 의미, 4. 사회교환 이론에서 비용과 보상, 5. 호혜성의 원칙과 의존성, 6.

교환의 규칙과 규범, 7. B2B 거래에서 사회적 교환, 8. 사회교환 이론의 한계

Ⅲ. 동반성장의 이론으로서 사회교환 이론 ·················· 315

Ⅳ. 프랜차이즈 사회교환 이론 ······························· 316
1. 호혜적인 가맹계약의 체결, 2. 경제적 보상의 중요성, 3. 사회적 교환의 프랜차이즈 구성요소, 4. 기회주의와 사회적 교환

Ⅴ. 시사점 또는 토론 ··· 319
1. 상생협력과 동반성장의 철학적 기반, 2. 사업가적인 사고방식과 태도, 3. 이상론적 이론인가?, 4. 프랜차이즈에서 비용과 보상

Ⅵ. 한국 프랜차이즈에서 적용과 제안들 ················· 323
1. 가맹본부만 상생협력 해야 하는가?, 2. 당위성만 존재하는 시장, 3. 결국, 자신의 사업 성공을 위해, 4. 공허한 메아리, 5. 상생협력의 실제적 증거

Ⅶ. 함께 생각해 봅시다 — 가맹점은 가족점인가? ········ 328

제14장 파트너십 이론

Ⅰ. 파트너십 ··· 331

Ⅱ. 파트너십 이론의 고찰 ···································· 332
1. 파트너십의 형태, 2. 파트너십의 장점과 단점, 3. 파트너십의 수준, 4. 파트너십의 정수(精髓), 5. 전문적인 역할 분담, 6. 파트너십이 요구되는 상황, 7. 파트너십의 성공요소, 8. 성공적인 파트너십의 구성요소, 9. 파트너십의 효율적 작동을 위한 행동 원칙, 10. 파트너십의 장벽들

Ⅲ. 프랜차이즈 파트너십 이론 ······························ 339
1. 더 강력한 협력관계, 2. 공급체인보다 더 긴밀한 거래관계, 3. 프랜차이즈 파트너십의 성립이유, 4. 역할수행과 관계발전, 5. 협력적 커뮤니케이션

Ⅳ. 윈윈전략(Win-Win Strategy) ························· 343
1. 윈윈전략, 2. 프랜차이즈 윈윈전략

Ⅴ. 시사점 또는 토론 ··· 345
1. 프랜차이즈 윈윈전략의 해석, 2. 윈윈전략은 파트너십으로 승화한다, 3. 포지티브섬의 파트너십, 4. 프랜차이즈에서 사회적 교환과 파트너십의 관계

Ⅵ. 한국 프랜차이즈에서 적용과 제안들 ················· 348

1. 파트너십의 바람직한 방향성, 2. 과연, 시너지 효과가 있는가?, 3. 경제적 만족이 파트너십의 버팀목, 4. 외부 협력업체들과의 파트너십

Ⅶ. 함께 생각해 봅시다 ─ 대우받고 싶다면, 상대방을 먼저 대우해야 ····· **352**

한국 프랜차이즈의 건강한 발전을 위해   **355**

맺는말   **356**

참고문헌   **357**

시작하는 말

동기와 목적

책 쓰기는 마음속의 소망일 뿐, 현실에서 엄두가 나지 않은 일이었기에 많은 용기가 필요했습니다. 첫 책이다 보니 잘 쓰고 싶다는 욕심으로 1년 반 만에 이 책을 완성하게 되었습니다.

솔직히 이 책은 개인적 필요성과 열망에서 시작되었습니다. 더 나은 강의와 컨설팅을 위해 스스로가 프랜차이즈에 대한 정보과 지식을 체계적으로 정리할 필요가 있었습니다. 프랜차이즈 책들이 부족하다 보니, 필요한 정보와 지식을 찾을 때마다 매번 비효율적으로 일을 해야 했기 때문입니다.

경영, 마케팅, 브랜딩 등의 책들은 꾸준히 출간되고 있습니다. 그러나 프랜차이즈 관련 책은 그러하지 못합니다. 한국 프랜차이즈의 시장규모, 종사자 수, 경제적 영향력을 고려해 볼 때, 프랜차이즈 관련된 책은 턱없이 부족한 상태입니다.

이 책은 가맹사업법을 포함하여 통합적인 관점에서 프랜차이즈 사업에 접근합니다. 그러나 이 책은 근본적으로 국내 프랜차이즈 시장에 대한 체계적이고 객관적인 이해를 위해 경제이론과 경영이론을 기반으로 하고 있습니다. 프랜차이즈와 관련된 경제와 경영의 이론들을 통해 국내 프랜차이즈 시장에 나타나는 여러 현상과 문제를 분석하고 설명하는 첫 시도라는 점이 아마도 이 책의 가치 있는 공헌일 것입니다.

현재 국내 시장은 가맹사업법에 기반하여 가맹본부와 가맹점 간의 관계를 이해하려는 시각이 우월합니다. 프랜차이즈에 대한 경제적, 경영적 접근의 전문적인 책이 거의 없어서 이러한 접근방법이 국내 시장을 주도하고 있는 것입니다. 잘못되었다는 것이 아닙니다. 가맹사업법은 마땅히 지켜야 할 법이고 법의 준수 없이 두 당사자는 가맹사업을 할 수 없습니다.

그렇지만 두 당사자는 가맹사업법 자체를 지키기 위해 가맹사업을 하는 것이 아닙니다. 두 당사자는 사업목표의 달성과 자기 이익추구를 위해 가맹사업을 하는 것입니다. 가맹사업법은 사업과정에서 지켜야 할 필수적인 법이지, 두 당사자가 프랜차이즈 사업을 하는 근본적인 이유나 목적이 될 수는 없습니다.

따라서 우리는 가맹본부와 가맹점이 사업 성공에 가까워질 수 있도록 관계된 전문적인 정보와 지식을 현재보다 많이 제공할 필요가 있습니다. 그래야 시장이 나아질 수 있습니다.

프랜차이즈 사업은 가맹본부와 가맹점의 사업적 전문성이 중요합니다. 그렇다고 이 사업이 어려워야 한다는 뜻이 아닙니다. 전문성 없이 쉽게 시작하고 끝내는 사업이 아니라는 것입니다.

가맹본부는 전문적인 경영능력이 필요하고 가맹점사업자는 높은 매장성과를 위한 역량이 필요합니다. 이에 이 책은 가맹사업에서 두 당사자의 전문적인 역량을 중요하게 설명합니다.

이 책의 제목에서 '기본'은 프랜차이즈 사업의 뿌리, 근본, 정체성, 사업원리, 그리고 고유의 사업적 특성을 의미합니다. 프랜차이즈에 관련된 이론들을 통해 이 책은 그 '기본'을 탐구하고 추적합니다.

프랜차이징(가맹사업거래)은 경제학, 유통학, 경영학의 일부입니다. 서구사회는 기업경영의 측면에서 프랜차이징을 꾸준히 연구하고 있습니다. 그러나 국내의 인식은 프랜차이즈 사업방식이 역사가 짧고 경제적, 경영적으로 이론적 기반이 취약한 것으로 잘못 이해하고 있습니다.

바라건대, 이 책이 프랜차이즈 사업의 뿌리와 정수(精髓)를 이해하는 데 유용한 이야기가 되고 업계 종사자분들께서 업(業)의 자존감(self-esteem)을 찾는 데 도움이 되기를 기대합니다. 프랜차이즈의 정체성을 이해하는 업계 종사자들이 많아질수록 한국 프랜차이즈 산업은 건강하게 발전할 수 있을 것입니다.

더불어 이 책이 국내 프랜차이즈 시장에 대한 사회적 비판들 가운데 일부 오해들과 두 당사자의 관계개선을 방해하는 일부 왜곡된 시각에 대하여 건설적인 반론이 되기를 바랍니다.

가맹본부가 불공정거래행위나 사회상규에 반하는 행동을 했을 때 비판받아야 하는 것은 당연합니다. 그렇지만 일부 사회적 비판은 프랜차이징에 대한 오해나 잘못된 시각으로 때때로 가맹본부와 가맹점의 갈등을 오히려 부추기고 선량한 가맹본부와 가맹점에게 피해를 주고 있습니다.

마지막으로 이 책은 프랜차이즈 업(業)에 대한 강한 유대감과 애착을 가지고 있다는 점을 말씀드리고 싶습니다.

가맹본부, 가맹점, 외부 협력업체들, 그리고 관련 종사자분들이 업(業)에 대한 유대감과 애착을 가질수록 한국 프랜차이즈 산업은 발전할 수 있습니다. 유대감과 애착은 일에 대한 자존감이 되고 자기 역할수행의 동기부여가 되기 때문입니다.

이 책을 읽으시기 전에

이 책은 14가지의 프랜차이즈와 관련 이론들을 설명합니다. 그러나 이 책은 그러한 이론들의 전문적 지식의 전달이나 계몽주의적 관점에서 한국 프랜차이즈 시장문화가 개선되어야 한다는 당위적인 주장을 하기 위해 쓰이지 않았습니다.

국내 프랜차이즈 시장의 여러 현상과 문제를 체계적으로 이해하고 한국 프랜차이즈의 문제와 발전 방향에 대해 이제는 파편적인 담론에 그치지 말고 진지하게 함께 토론하자는 것이 이 책의 근본적인 출간 취지입니다.

각 이론은 한국 프랜차이즈 시장에서 나타나는 현상과 문제를 객관적이고 체계적으로 이해하는 데 도움을 줄 것입니다.

'시사점 또는 토론'은 선행이론을 바탕으로 국내 시장이 관심을 가져야 할 주요 내용들로 구성되어 있습니다. '한국 프랜차이즈에서 적용과 제안들'은 각 이론의 핵심 내용에 기반하여 국내 시장의 중요한 문제점들을 분석하고 개선을 위한 방향성을 제안합니다. 그리고 이 책은 선행연구에서 발견한 중요한 주제어들의 의미를 국내 시장의 실무적 적용을 위해 저자의 관점에서 꾸준히 정의(定意)합니다.

각 이론에서 제시한 국내 프랜차이즈 시장의 문제와 개선방안들은 선행연구들을 근거로 한 저자의 주장들입니다. 그 과정에서 특정 사건이나 브랜드 이름은 인용되지 않습니다. 알려진 사실들이 정확한지 확인할 수 없고 브랜드 편견을 만들 수 있기 때문입니다.

일부 저자의 주장들이 통쾌할 수 있겠으나, 그 분석과 제안들이 당장 일반화될 수 있다고 생각하지 않습니다. 그러나 이 노력이 그러한 주제들에 대하여 독자분들의 다양하고 건설적인 의견들을 이끌어 낼 수 있기를 기대합니다. 그것이 이 책의 궁극적인 바람입니다. 한국 프랜차이즈 시장의 발전을 위한 건강한 토론이 이 책으로 촉진된다면, 책의 목적은 달성됩니다.

각 장은 '이론의 개념'-'프랜차이즈 선행연구들의 고찰'-'시사점 또는 토론'-'한국 프랜차이즈에서 적용과 제안들'-'함께 생각해 봅시다'의 유사한 형식(5단 구성)으로 구성되어 있습니다.

이 형식이 약 130개의 논문과 책을 각 이론의 전개에 맞게 정리하는 데 가장 유용방법이라고 판단했습니다. 그러나 각 장이 5단 구성으로 유사하고, 선행연구에서 발굴한 중요한 주제어들을 국내 프랜차이즈 시장에 적용하는 과정에서 일부 내용이 다소 중복되게 인식될 수 있습니다. 그러한 중복의 느낌을 줄이기 위해 노력했으나, 책의 구조상 완전히 극복하기는 어려웠으니 이 점 이해 부탁드립니다.

마지막으로 이 책은 밝고 포근하지 않습니다. 다양한 이론들의 설명으로 전체적인 책의 느낌이 딱딱하고 건조할 것입니다.

그러나 이 책은 궁극적으로 '따뜻함'을 지향합니다. 만약 책의 목적이 전문지식의 전달이었다면, '한국 프랜차이즈에서 적용과 제안들'과 '함께 생각해 봅시다'의 영역은 없었을 것입니다. 책의 밑바탕에 있는 가맹본부와 가맹점의 상생협력과 동반성장의 따뜻한 지향점을 독자분들께서 분명히 발견하실 것이라고 믿습니다.

제1부
프랜차이즈 사업의 시작과 성립

1부는 기업이 왜 다른 사업방식이 아닌 프랜차이즈 사업방식을 선택하고 가맹점이 어떠한 이유로 프랜차이즈 사업에 능동적으로 참여하는지를 이야기할 것이다.

그 과정에서 1부는 프랜차이징(가맹사업거래)이 성립할 수 있는 근본적인 원리와 프랜차이즈 사업방식의 존재 이유를 체계적으로 설명할 것이다.
그리고 가맹본부와 가맹점이 어떠한 사업적 기대감으로 프랜차이즈 사업방식에 참여하고 프랜차이징에서 두 당사자가 어떠한 사업적 관계를 맺어 가는지에 대한 역동적인 상호작용도 함께 이야기될 것이다.

자원부족 이론
대리인 이론
거래비용 이론

제1장
자원부족 이론
(Resources Scarcity Theory)

> 가맹본부는 사업 초기 생존과 빠른 성장을 위해
> 가맹점의 자원들이 절실하게 필요하다.

Ⅰ. 자원부족

1. 자원부족

세상의 모든 자원은 공급이 제한되어 있다. 자원의 공급 제한성은 자원부족 현상으로 나타난다. 자원의 양이 수요에 부합하게 충분히 존재하지 않거나 공급이 불충분한 상태를 자원부족이라고 한다.

자원은 물리적으로 천연자원, 광물자원, 초목자원 등이 있다. 이러한 물리적 자원의 부족은 국가와 사회에 중요한 문제가 된다. 그렇지만 자원부족의 문제는 물리적 자원에만 제한되지 않는다. 노동, 자본, 지식, 경영자원, 사회적 자원, 문화적 자원 등의 자원부족의 문제도 사회 전반에서 광범위하게 나타나고 있기 때문이다.

경제적 개념에서 자원부족은 물질적, 비물질적 부족일 수 있고 주어진 상황에 따라 절대적, 상대적 부족일 수 있다.

경영에서 자원부족은 기업이 경영활동에 필요한 사람, 조직, 자본을 특정한 시점에서 당장 가용할 수 없는 상태이다. 기업은 성장을 위해 자원들을 계속 활용해야 하는데 경영자원의 부족으로 기업은 지속적인 성장에 어려움을 겪게 된다.

이에 기업의 경영자원 부족은 기업이 시장에서 부족한 내부 자원을 공급해 줄 수 있는 적합한 거래상대방을 찾는 원인이 된다. 자원부족이 기업과 기업 또는 거래당사자들이 거래관계를 맺는 근본적인 이유가 되는 것이다.

2. 자원부족의 발생 형태

경제영역에서 자원부족은 수요의 측면에서 시장의 욕구 및 필요에 대비하여 자원의 공급이 부족한 상태이다. 자원부족은 자원 자체의 부족뿐만 아니라 부족한 상태를 느끼는 사람의 지각까지 포함한다.

일반적으로 자원부족의 형태는 특정 자원에 대한 수요가 공급보다 많은 수요유발형, 자원이 일시적으로 불충분하게 공급되어 발생하는 공급유발형, 그리고 자원의 비효율적인 배분과 부실한 관리가 원인인 구조적 유발형으로 구분된다.

3. 자원부족 현상

자원부족의 문제는 국가, 사회, 산업 전반에 걸쳐 발생한다. 석유나 광물 등 천연자원의 부족이나 특정 나라에서 인구수에 비해 식량이 부족한 상황은 수요유발형 자원부족의 현상이다.

태풍 등 자연재해로 인한 식량의 부족이나 원부재료 수급의 문제로 특정 상품들의 일시적인 공급 부족의 상태는 공급유발형이다. 코로나-19 발생 후 노동시장에서 이동제한이 생기면서 외식업과 서비스 업종에서 노동력 부족의 현상이 나타난 경우가 그러하다.

구조적 유발형의 자원부족 형태는 유통과정의 구조적 문제나 잘못된 경제정책으로 일부 상품들의 공급 부족이 반복되는 상황이다. 특히 한국 주택시장에서 필요한 지역에 아파트와 주택의 공급이 원활하지 않아 주택가격의 폭등이 반복되는 상황은 수요유발형과 구조적 유발형이 복합적으로 얽혀 있는 고질적인 주택자원의 부족 현상이다.

4. 기업의 자원
1) 지속적 경쟁우위를 위한 자원들
 기업은 내부의 강점과 약점을 분석하고 통제 불가능한 외부환경에 대해 기회와 위협의 요인들을 파악하여 효율적인 경영전략을 마련한다. 기업의 자원은 이러한 경영전략을 효율적으로 실행하는 데 필요한 금전적 자원, 인적자원, 조직자원, 정보자원, 지식자원을 말한다.

 기업자원과 관련하여 중요한 것은 기업이 보유한 자원들을 어떻게 지속적 경쟁우위(sustained competitive advantage)로 활용하느냐의 여부에 있다. 지속적 경쟁우위는 기업이 장기적 관점에서 경쟁사가 모방이 어려운 자신만의 강점을 창출하는 차별적인 역량에 관한 것이다.

 지속적 경쟁우위를 유지하기 위한 기업의 자원들은 가치가 있고(value), 희귀성이 있어야 하며(rareness), 복잡성과 특별함이 있어 모방이 어렵고(imperfect imitability), 시장에서 경쟁자의 자원들에 의한 대체 가능성(substitutability)도 낮아야 한다. 특정 기업이 보유한 자원들이 시장에서 모방이 힘들고 대체하기가 어렵다면, 기업은 경쟁자보다 지속적 경쟁우위를 확보하고 있는 것이다(Barney, 1991).

2) 기업에게 자원부족의 의미와 영향

자원들의 안정적인 확보는 모든 국가들의 생존전략이 되고 있다.

영리를 추구하는 기업도 마찬가지다. 원활한 경영활동을 위해 자신의 부족한 경영자원을 안정적으로 공급할 수 있는 거래상대방을 시장에서 확보하는 것은 기업의 생존전략이다.

기업은 부족한 경영자원을 어떻게 하면 저렴한 비용에 안정적으로 공급받을지와 어떻게 하면 거래상대방과 효율적인 거래관계를 구축할지에 대해 끊임없이 고민한다. 기업은 필요한 경영자원을 경쟁력 있는 조건으로 공급받지 못하고서는 시장에서 생존할 수 없고 시장경쟁에 효과적인 대응을 할 수 없기 때문이다.

다른 한편으로 기업의 경영자원 부족은 기업을 발전시키는 원동력이 된다. 부족함의 극복을 위한 기업의 열망과 같은 것이다.

내부 자원들의 부족 상황을 인식한 기업은 그 약점을 보완하기 위해 시장에서 유용한 정보를 찾고 부족한 자원을 보충해 줄 적합한 거래상대방을 발굴한다. 그리고 기업은 자원부족과 역량의 부족함을 채울 수 있는 새로운 아이디어를 개발하여 경영을 혁신하려는 주체적인 노력을 한다.

Ⅱ. 프랜차이즈 자원부족 이론

Oxenfeldt & Kelly(1968~1969)의 "Will successful franchise systems ultimately become wholly-owned chains?"는 자원부족 이론을 바탕으로 기업이 프랜차이즈 사업을 시작하는 이유와 사업 성장에 따른 가맹본부와 가맹점의 관계변화를 생동감 있게 이야기하고 있다. 그 주요 내용은 아래와 같다.

1. 두 가지 가정들

프랜차이즈 자원부족 이론은 두 가지의 중요한 가정(assumption)들을 가지고 있다.

하나는 '사업 초기 경영자원이 부족한 가맹본부는 빠른 사업확장을 위해 가맹점의 자원을 적극적으로 활용한다'이다.

다른 하나는 '사업이 성장하면 가맹본부는 가맹점의 자원들에 대한 필요성이 줄어든다. 가맹본부는 더 높은 사업성과를 위해 사업확장 방식을 가맹점 중심에서 직영점 체제로 점차 전환한다'이다.

2. 이론의 개요

가맹본부는 가맹사업 초기 빠른 성장을 위해 가맹점이 보유한 다양한 자원들을 적극적으로 활용한다. 그러나 가맹사업이 성공하게 되면 가맹본부는 궁극적으로 완전소유 체인(wholly-owned chains, 이하 직영점 확장방식)으로 사업방식을 전환한다.

시장에서 성공한 가맹본부는 이 과정에서 사업성과가 낮거나 운영방침을 잘 따르지 않는 가맹점들과의 계약을 종료시킨다. 그러면서도 가맹본부는 매장성과가 높은 선도적 가맹점을 되산다(buy-back). 또한 가맹본부는 더 높은 수익을 위해 유망지역에 가맹점이 아닌 직영점을 출점시킨다.

사업적 성공을 이룬 가맹본부는 이러한 방법으로 가맹점 기반 확장방식(이하 가맹점 확장방식)에서 직영점 확장방식으로 사업방식을 전환하여 직영점 비율을 서서히 높인다.

3. 직영점 확장방식으로의 전환 이유

그렇다면, 가맹본부는 어떠한 이유로 가맹점 확장방식에서 직영점 확장방식으로 전환하는 것일까? 그 주요한 변화요인들은 추진-유인 모델(push-pull model) 관점과 수명주기 모델(life cycle model) 관점으로 이해될 수 있다.

추진-유인 관점에서 보면, 시장에서 성공한 가맹본부는 부족했던 자원들을 이미 보충하였고 내부조직도 강화하였다. 그러하기에 가맹본부는 가맹점 확장방식을 고수할 필요가 없어진다. 이렇게 변화된 내부적, 외부적 환경요인은 가맹본부가 직영점 확장방식으로 사업방식을 전환하려는 사업 변화의 욕구를 자극한다.

한편, 수명주기 관점은 추진-유인 관점과 유사하다. 다만, 접근방법의 차이가 있을 뿐이다.

수명주기 관점에 따르면, 수명주기(life cycle)에서 성장과 성숙단계에 진입한 가맹본부는 폭발적인 사업 성장의 단계에 있다. 시장에 안착한 가맹본부는 가맹점의 자원들에 의존할 필요성이 줄고 사업적 수익성을 극대화하기 위해 사업의 확장방식을 직영점 확장방식으로 전환한다.

4. 존재성과 관계성의 인식 변화

가맹본부가 직영점 확장방식으로 사업방식을 전환하는 구체적인 이유와 변화과정의 스토리는 아래와 같다. 이 생생한 스토리는 내외부 환경의 변화로 인하여 가맹본부와 가맹점의 관계가 어떻게 변화하는지에 대한 역동적인 이야기를 담고 있다.

1) 가맹본부의 사업적 위상과 내부역량의 변화

성장한 가맹본부는 이제 신규 브랜드가 아니고 영세한 브랜드도 아니다. 시장에서 창업자와 소비자에게 어느 정도 알려졌다.

그리고 가맹본부는 사업 초기 부족한 자원들을 성장과정에서 이미 충분히 보충하였기에 가맹점의 자원들이 절실하게 필요하지 않게 된다. 조직 규모와 역량이 커진 가맹본부는 시장에서 자립할 수 있고 언제든지 금융권 등에서 필요한 자금 등을 조달할 수 있게 된다.

2) 더 높은 수익에 대한 가맹본부의 사업적 욕구

매장 소유방식은 이익 규모를 결정하는 중요한 요인이다. 매장 소유형태에 따라 이익배분의 방법과 이익의 귀속 주체가 달라지기 때문이다. 성장한 가맹본부는 앞으로 사업성과 면에서 직영점 확장방식이 가맹점 확장방식보다 더 유리하다고 판단한다.

사물이나 현상이 특정 시점에서 이전과 다르게 나타나는 경계를 '임계점'이라고 하는데, 가맹본부는 가맹점의 자원들을 활용하여 임계 크기(critical size)만큼 성장하게 된다. 임계점에 도달한 가맹본부는 기존의 사업방식의 한계를 느끼고 이를 극복하기 위해 직영점 확장방식을 고려하게 되는 것이다.

그 전환을 위해 가맹본부는 매장성과가 높고 낮음을 기준으로 가맹점을 분류하기 시작한다. 그리고 표준적 운영에서 이탈한 가맹점들을 가맹사업에서 배제하고자 한다.

3) 시스템 개선에 대한 가맹본부의 열망

도입-성장단계를 거친 가맹본부는 기존 프랜차이즈 시스템의 문제점을 발견하고 이를 보완하여 개선하기를 원한다. 가맹본부는 축적된 자원들을 적극적으로 투자하여 프랜차이즈 시스템과 운영매뉴얼을 보완하고 발전된 장비와 시설을 도입한다. 그 후 가맹본부는 개선된 프랜차이즈 시스템을 가맹점에게 적용하고자 한다.

그런데 이 변화 시도는 현실적인 문제에 봉착한다. 우선 가맹본부는 개선된 시스템의 적용과 보완된 운영방침의 적용을 위해 기존 가맹점을 설득해야 한다. 그리고 새로운 시설과 장비를 가맹점에 설치하기 위해 기존 가맹계약서의 내용도 수정해야 한다. 이러한 갑작스러운 변화는 기존 가맹점들의 반발을 불러일으킨다.

4) 가맹점의 실패 원인과 해결방법에 대한 인식의 차이

성장과정에서 급속히 증가한 가맹점의 수만큼 실패한 가맹점의 수도 늘어난다. 가맹본부는 일부 가맹점들의 실패 이유가 시스템의 자체 결함보다는 운영방침을 잘 따르지 않고 표준적 운영을 하지 못한 개별 가맹점의 운영실패로 간주한다.

그러나 가맹점들의 판단은 다르다. 가맹본부 또는 프랜차이즈 시스템의 자체적 결함과 경쟁력 부족이 그 원인이라고 주장한다. 의견의 불일치가 발생하는 것이다. 가맹점의 실패 원인의 평가가 다르다 보니 두 당사자의 해결책 또한 차이가 발생한다.

가맹본부는 미래에 가맹점의 실패를 줄이기 위해 가맹점의 표준적 운영에 대해 강력한 감시(surveillance)를 한다. 강화된 감시체계는 기존 가맹점들에게 압박과 스트레스로 작용하여 가맹점의 불만이 증가한다.

그 결과, 가맹본부는 개선된 시스템의 도입과정에서 발생하는 모니터링 비용의 증가, 가맹점들과의 갈등, 가맹점과의 분쟁 및 법률적 문제의 책임을 부담하기보다는 이를 회피하기 위해 기존의 가맹점 확장방식에서 벗어나려고 한다. 따라서 단지 높은 사업적 성과를 위해 가맹본부가 직영점 확장방식으로 전환하려는 것이 아니다.

5) 목표인식의 차이

지역시장에서 성공한 가맹점들은 현재 성과에 만족하고 이를 꾸준히 유지하기를 원한다. 반면에 가맹본부는 가맹점들이 당면한 문제들을 개선하면 더 나은 성과를 낼 수 있다고 판단하고 가맹점들에게 추가적인 경영적 노력을 주문한다.

두 당사자의 현실에 대한 평가와 미래의 목표인식의 차이는 거래관계의 갈등으로 번진다. 가맹본부는 자기 요구에 순응하지 않거나 비협조적인 가맹점들과의 계약관계를 종료시키기 시작한다.

6) 매장 수명주기에 대한 인식의 차이

사업 성장의 과정에서 매장 수명주기가 어느 위치에 있는지에 대하여 가맹본부와 가맹점 간의 인식의 차이가 발생한다.

가맹점은 출점 초기 가맹본부와 긴밀하게 협력하여 지역시장에서 사업적 성공을 이룬다. 그렇지만 지역 경쟁자들이 하나둘씩 생겨나면서 경쟁상황의 변화로 가맹점의 매출은 정체된다. 이에 가맹점은 자기 매장이 이미 성숙기에 진입했다고 판단한다.

이와 달리 가맹본부는 해당 가맹점이 아직도 성장 과정에 있고 더 높은 성과를 낼 수 있다고 주장한다.

이러한 두 당사자의 인식의 차이는 갈등과 분쟁의 원인이 된다. 가맹본부는 더 나은 성과를 위해 가맹점을 재촉하지만, 가맹점은 매장의 현상 유지를 원하거나 매장을 신속히 팔아서 투자비용을 최대한 회수하는 것을 진지하게 고려하기 시작한다.

5. 가맹점은 왜 매장을 파는가?

가맹본부가 직영점 확장방식의 전환과정에서 왜 선도적 가맹점을 되사는 가와 같은 질문이다.

매장성과가 높은 가맹점은 선도적 가맹점(leading franchisee)이다. 선도적 가맹점은 브랜드의 정보를 충분히 알고 있고 이미 성공적인 매장운영을 한 경험이 있다.

그렇다면, 선도적 가맹점은 가맹본부와 좋은 계약조건으로 추가적인 가맹점을 개설하는 것이 더 이익이 되지 않을까? 그런데 왜 선도적 가맹점은 기존 계약관계에서 이탈하고자 하는 것일까?

1) 피로감과 반감

가맹점은 개점 초기에 가맹본부의 운영방침을 준수하고 가맹본부와 긴밀한 관계를 유지했지만, 시간이 지나감에 따라 가맹본부의 관리·감독과 매출성과에 대한 압박을 느낀다. 가맹점은 가맹본부 중심의 사업방침에 피로감을 느끼고 가맹본부의 일방적인 운영방침에 대해 반감이 커진다.

그리고 지역성을 고려하지 않는 가맹본부의 일률적인 운영방식과 마케팅 방식에 가맹점의 불만은 점차 증가한다.

2) 독립적 사업에 대한 욕구의 증가

지역시장에서 성공한 가맹점은 매장의 놀라운 실적이 자기의 성과가 아닌 가맹본부의 성과가 되는 것을 아쉬워한다. 그리고 자기 성과가 영원히 가맹본부의 그늘에 가려질 것이라고 좌절한다.

이러한 이유로 지역시장에서 성공한 선도적 가맹점들은 가맹본부와의 계약관계에서 벗어나 독립사업자로 자립해야겠다는 생각을 하기 시작한다.

성공적인 매장운영 경험의 자신감이 독립적인 사업의 욕구를 자극한다.

3) 투자이익 실현의 욕구

지역시장에서 성공한 가맹점은 높은 매출을 달성하고 안정적인 이익을 창출한다. 이러한 가맹점들은 높은 성과를 내고 있는 현재의 시점이 매장을 가장 높은 가격에 판매(양도)할 수 있다고 생각한다. 가맹점의 매출이 높을 때 매장 판매를 통해 투자비용을 최대한 회수할 수 있기 때문이다. 이에 가맹점은 누적된 투자비용에 대한 신속한 회수를 저울질하기 시작한다.

4) 외부환경 변화에 대한 가맹점의 불안감

가맹점은 현재 꾸준한 이익을 내고 있지만 경기변동이나 인근 지역에 강력한 경쟁자들이 등장한다면, 매장환경과 매장매출은 언제든지 돌변할 수 있다고 걱정한다.

가맹점은 외부환경의 변화로 매출이 떨어지면 지금보다 훨씬 낮은 가격에 매장을 판매해야 하는 상황에 내몰릴 수 있다는 불안감과 두려움을 갖는다.

5) 가맹본부에게 파는 것이 빠르고 안전하다

일반적으로 가맹계약서는 가맹점의 양도를 인정한다. 하지만 가맹점의 양도는 가맹본부의 승인과 표준화된 양도절차를 요구한다. 가맹점이 양도·양수되는 과정에서 개인 간에 양도 조건을 합의했다고 하더라도, 최종적으로 가맹본부의 승인을 얻어야 매장양도가 완성된다.

게다가 새로운 가맹점사업자(양수인)는 매장의 양수과정에서 가맹본부의 인터뷰와 필수적인 교육을 받아야 하는 표준적인 절차도 거쳐야 한다. 이러한 절차적 복잡성은 가맹점사업자가 자기 매장을 개인에게 양도하는 것보다 가맹본부에게 판매하는 것이 더 빠르고 안전하다고 생각하게 만든다.

6. 양도·양수를 촉진하는 환경들

가맹본부가 직영점 확장방식에 관심이 많을수록, 가맹본부의 축적된 자원들이 풍부하거나 자원들의 조달이 용이한 경우, 가맹본부의 브랜드 명성이 높거나 프랜차이즈 시스템 운영의 능력이 뛰어난 경우, 가맹본부의 수명주기가 성장기 또는 성숙기 초기에 있는 경우에 가맹본부는 선도적 가맹점을 적극적으로 구매하여 직영점으로 전환한다.

한편, 가맹점사업자가 자기 매장을 판매하고 가맹사업에서 이탈하는 가능성이 높은 환경과 요인은 어떠한가?

가맹점이 독립적 사업을 영위하고자 하는 욕구가 클수록, 매장성과가 높거나 이와 반대로 매우 낮은 경우, 가맹본부의 통제력이 강화될수록, 수명주기에서 매장이 성숙기를 지났다고 판단될수록, 가맹본부의 관리·감독에 대한 누적된 불만이 높을수록 가맹점의 매장양도가 촉진되는 환경이 조성된다.

Ⅲ. 이론의 한계와 반론

1. 낮은 사업성과 보편성

Rubin(1978)은 자본조달의 관점에서 가맹본부가 사업 초기 가맹점의 자원들을 활용하기 위해 프랜차이즈 사업을 선택한다는 것은 일부 타당하다고 보았다. 그러나 가맹본부는 다른 방식으로 얼마든지 자원부족의 문제를 해결할 수 있어 프랜차이즈 자원부족 이론의 보편적 적용성이 부족하다고 하였다. 그 이유는 아래와 같다.

『가맹점 확장방식은 가맹본부의 사업적 위험부담을 줄여 준다. 하지만 매장비용을 투자한 가맹점은 그 투자 대가로 가맹본부에게 상당히 높은 이익을 요구한다. 이에 따라 가맹점이 늘어날수록 가맹본부의 사업적 이익은 계속 낮아진다. 가맹본부가 프랜차이즈 사업을 할 이유가 약해지는 것이다.

가맹본부는 가맹점 확장방식보다 직영점 확장방식으로 더 높은 사업적 이익을 얻을 수 있다. 그리고 가맹본부는 직영점과 함께 가맹점의 출점을 일부 병행하여 매장투자의 위험을 분산시키고 프랜차이즈 시스템의 전체적인 성과도 높일 수 있다.

따라서 가맹본부가 사업확장을 위해 가맹점 확장방식을 고집하고 모든 자원들을 가맹점에게 의지할 필요가 없다. 사업 초기 가맹점들의 자원에 의존하는 가맹본부는 자본이 매우 부족하거나 직영점 투자의 위험에 민감한 가맹본부에게만 해당된다.

결과적으로 높은 사업성과를 추구하는 가맹본부들은 오직 가맹점의 자원에만 의존할 이유가 없다. 사업적 수익성이 낮은데 굳이 가맹점 중심의 확장방식을 선택할 이유가 없는 것이다. 그리고 가맹본부는 가맹점뿐만 아니라 다른 방법으로 시장에서 얼마든지 자원들을 조달할 수 있다.』

2. 직영점 확장방식으로 전환하지 않았다

Lafontaine(1992)는 가맹본부가 사업 초기에 빠른 성장을 위해 가맹점의 자원에 상당히 의존한다는 사실에 동의하였다. 그러나 그는 가맹본부가 사업 성공 후 사업방식을 직영점 확장방식으로 전환한다는 Oxenfeldt & Kelly의 두 번째 예측은 아래와 같은 이유로 현실과 다르다고 평가했다.

첫째, 성장한 가맹본부가 가맹점 확장방식에서 직영점 확장방식으로 전환한다는 실제적 증거들이 현실에서 발견되지 않았다.

둘째, 사업 성공을 이룬 가맹본부는 선도적 가맹점을 재구매하여 직영점을 늘리기보다는 신규 가맹점의 출점에 더 많은 관심을 기울였다. 가맹본부가 축적된 자본을 활용하여 가맹점의 출점을 지원하는 방향으로 가맹점 확장방식을 더욱 강화하였다.

셋째, 성공한 가맹본부는 높아진 브랜드 명성을 이용하여 초기 수수료(initial fee)의 수준을 올려 개설이익을 높이는 방법으로 이익의 확대를 시도하였다. 가맹본부는 직영점을 통한 사업성과를 높이기보다는 개설이익의 확대로 사업의 수익성을 보강하였다.

3. 두 번째 예측은 나타나지 않았다

Castrogiovanni 외 2인(2006)은 439곳의 미국 가맹본부를 조사하여 가맹본부들이 성장과정에서 실제로 가맹점의 수를 줄이고 직영점을 늘렸는지를 분석하였다. 분석결과, 가맹본부가 가맹점 확장방식에서 직영점 확장방식으로 전환한다는 이론의 예측은 현실과 다르게 나타났다.

대부분의 가맹본부들은 직영점 대비 높은 수준의 가맹점의 보유비율을 보였다. 이론의 주장처럼, 가맹본부가 사업 성공 후 가맹점의 수를 줄이고 직영점의 수를 늘리는 변화는 실제로 나타나지 않았다.

그리고 이론의 예측과 달리 가맹본부의 사업기간이 늘어날수록 가맹점의 비율은 오히려 증가하였다. 이는 대부분의 가맹본부들이 사업 초기 구사했던 가맹점 확장전략을 변경 없이 유지했다는 증거이다.

따라서 미국 프랜차이즈 시장에서 가맹본부가 사업 성공 후 직영점 확장방식으로 전환한다는 자원부족 이론의 두 번째 예측은 실제로 발견되지 않았다.

Ⅳ. 시사점 또는 토론

1. 결과론적 해석

프랜차이즈 자원부족 이론은 한국 프랜차이즈 시장에서 가장 많이 알려진 이론이지만 지금까지 매우 제한된 관점에서 이해되고 있다. 성공한 가맹본부가 직영점 확장방식으로 전환한다는 두 번째 예측이 국내 시장의 현실과 맞지 않기 때문이다.

이 제한성은 Oxenfeldt & Kelly의 주장과 자원부족 이론의 일부 내용만을 발췌한 결과이다. '자원부족-가맹점 확장전략-성장 후 직영점 체제로 전환'이라는 3단계의 요약은 결과론적 입장에서 이론을 지나치게 단순화하여 국내 시장에 적용되어 왔다.

2. 이론의 재조명과 재평가

프랜차이즈 자원부족 이론은 브랜드의 성장과 사업환경의 변화에 의해 두 당사자에게 나타나는 관계변화와 각 당사자의 인식 차이에 대한 생생한 이야기를 담고 있다. 이러한 관점에서 프랜차이즈 자원부족 이론을 재조명하고 재평가하면 아래와 같다.

1) 프랜차이즈 관련 이론들의 뿌리

이론은 가맹사업의 성장과정에서 가맹본부와 가맹점의 인식과 행동의 변화를 구체적으로 묘사하고 있어 프랜차이징의 관계특징을 이해하는 데 중요한 밑거름이 된다.

프랜차이즈 연구가 가맹본부와 가맹점의 거래관계에서 발생하는 현상과 문제를 다루고 있다는 점을 고려할 때, 프랜차이즈 자원부족 이론은 프랜차이즈와 관련된 이론들의 뿌리이자 출발점이 된다고 할 수 있다.

2) 두 당사자의 살아 있는 성장 스토리

가장 중요한 점은 이 성장 스토리가 가맹본부의 입장에만 치우쳐 있지 않다는 점에 있다. 가맹본부뿐만 아니라 가맹점의 관점에서 사업 성장의 과정에서 어떠한 사업적 고민을 하고 있는지 이론은 상세히 묘사하고 있다.

마치 사람의 인생 이야기처럼, 이론은 두 당사자가 성장과정에서 겪는 고민과 입장을 생생하게 이야기하고 있어 오늘날 프랜차이징의 관계성을 이해하는 데 가치 있는 통찰력을 제공한다.

3) 역동적인 관계변화의 시나리오

이 책에서 주목하는 것은 이론의 두 가지 가정(예측)에 대한 결과의 부합 여부보다는 두 당사자가 사업관계에서 어떠한 관계를 맺고 사업 성장에 따라 어떠한 관계변화를 겪는지에 대한 것이다.

이에 이론은 아래와 같이 가맹본부와 가맹점의 성장과정에서 나타나는 '역동적인 관계변화의 시나리오'라고 할 수 있다.

① 상대방의 존재성 인식의 변화

이론은 사업의 성장과정에서 두 당사자가 상대방의 존재성에 대해 어떠한 인식의 변화를 겪는지를 설명한다.

두 당사자는 사업 초기 사업적 성공을 위해 서로의 자원과 역량에 상당히 의존한다. 하지만 사업 성공 후 가맹본부는 더 높은 사업성과를 위해 매장 성과가 낮거나 운영방침을 잘 따르지 않는 가맹점들을 계약종료의 대상으로 분류한다.

이와 달리 가맹점은 프랜차이즈 시스템의 관리와 통제에 피로감을 느끼고 독립적인 사업과 매장 판매에 대한 강한 욕구를 갖는다.

② 매장성과 평가에 대한 인식의 차이

　이론은 시장진출에 성공한 두 당사자가 매장성과를 어떻게 다르게 평가하고 그 평가 차이로 인해 어떠한 행동의 차이를 보이는지에 대해 구체적으로 묘사한다.

　가맹본부는 현재 문제들을 개선한다면 가맹점이 더 높은 성장을 할 수 있다고 생각한다. 그러나 가맹점은 경쟁자들의 등장과 매출 정체로 매장이 이미 성숙기에 진입하였다고 판단한다.

　이 인식의 격차가 클수록 가맹점은 변경된 운영방침과 강화되는 가맹본부의 감시체계에 불편함과 거부감을 느끼게 된다.

③ 가맹본부의 사업적 욕구

　이론은 프랜차이즈 시스템이 보완되고 개선되는 이유가 가맹본부의 사업적 욕구에서 비롯된다는 사실을 지적한다. 성공한 가맹본부의 '더 나은 성과'에 대한 사업적 욕구는 가맹본부가 기존 프랜차이즈 시스템을 보완하고 이를 개선하는 결정적인 요인이 된다.

④ 프랜차이즈 시스템의 변화 시도는 갈등의 원인

　이론은 더 나은 사업적 성과를 위한 보완되고 개선된 프랜차이즈 시스템의 적용이 예기치 않게 가맹점과의 반감과 갈등을 유발하는 원인이 될 수 있다는 사실을 경고한다.

　가맹점은 변경된 사업방침과 운영매뉴얼을 순응하여 받아들이지 않고 새로운 통제 도구의 도입이라고 인식할 수 있다는 것이다.

⑤ **가맹점의 양도 이유**

이론은 선도적 가맹점이 뛰어난 매장성과에 불구하고 왜 자기 매장을 판매하고자 하는지, 그리고 그 판매방식으로 왜 가맹본부에게 양도하는 것을 선호하는지에 대한 현실적인 이유를 설명한다.

3. 미국의 선례

1950~60년대 미국 프랜차이즈 산업은 폭발적인 성장을 하였다. 이때, 성공한 일부 대형 프랜차이즈 브랜드들은 실제로 가맹점 확장방식을 직영점 확장방식으로 전환하는 시도를 하였다.

그 당시는 가맹점이 출점만 하면 성공하는 시대여서 프랜차이즈의 사업성과가 높았다. 이에 따라 가맹점에 대한 가맹본부의 지배력이 상당히 컸다. Oxenfeldt & Kelly의 프랜차이즈 자원부족 이론은 이러한 우호적인 시장상황을 그대로 반영한 것처럼 보인다.

대형 가맹본부들은 이론의 주장처럼 매장성과가 낮은 가맹점과 계약을 종결하고 선도적인 가맹점들을 공격적으로 사들여 직영점으로 전환하였다. 그리고 새로운 유망지역에 직영점을 출점하는 전략으로 가맹본부의 사업적 성과를 높이려 했다.

가맹본부는 가맹점의 자원에 대한 의존성에서 벗어나 프랜차이즈 시스템을 가맹본부 중심의 중앙집중화된 의사결정과 통제의 형태로 전환하여 가맹점 관리를 강화하기 시작하였다.

그렇지만 이러한 사업방식의 변경과 강화된 운영방식은 기존 가맹점과 상당한 마찰을 낳았다.

일부 가맹본부는 부당한 방법으로 매장성과가 낮거나 통제를 따르지 않는 가맹점과의 계약을 종료시켰다. 가맹본부가 변경된 운영방침을 힘으로 밀어붙였던 것이다. 심한 경우 기존 가맹점의 인근 지역에 새로운 가맹점 또는 직영점의 출점을 강행하여 영업지역 침해의 문제가 곳곳에서 발생하였다.

가맹본부의 사업적 횡포가 만연되고 가맹본부의 매출에 대한 허위·과장된 정보 및 불공정거래행위가 심해지자 가맹점들의 피해가 속출하기 시작하였다. 이 상황은 미국에서 프랜차이즈 규제정책이 강화되는 결정적인 도화선이 되었다.

4. 혼합소유 방식(Mix-Owned)

혼합소유의 방식은 가맹본부가 직영점과 가맹점을 동시에 보유하는 형태이다. 이를 소유방식의 '이중성'이라고 한다.

가맹본부는 매장의 소유형태를 직영점과 가맹점 소유의 적절한 비율로 이원화하여 가맹사업의 효율성과 효과성을 높일 수 있다.

혼합소유의 방식은 직영점 성과와 가맹점 성과를 비교·평가하고 각각의 장점을 활용하여 매장운영의 시너지 효과를 창출한다. 그리고 가맹점은 가까이 위치한 직영점의 표준적인 운영방법을 참조하여 모범적인 것을 학습하고 활발한 정보공유로 매장의 운영방법과 성과를 개선할 수 있다.

혼합소유의 최적화된 비율은 가맹본부가 직영점들을 운영하는 비용과 가맹점들을 간접적으로 관리하는 비용의 총합이 가장 적게 드는 지점에서 나타나는 직영점과 가맹점의 특정한 비율이다. 가맹본부는 가맹점과 직영점의 비율을 최적화하여 프랜차이즈 시스템의 효율성과 효과성을 최대한 높일 수 있다.

그렇지만 혼합소유의 최적 비율은 이상적인 면이 강하다. 가맹본부는 경영환경과 사업방식에 부합하게 직영점과 가맹점의 비율을 최적화하여 프랜차이즈 사업전략을 마련한다는 차원에서 혼합소유의 최적 비율에 접근할 필요가 있다(임영균 외 2인, 2011).

V. 한국 프랜차이즈에서 적용과 제안들

1. 가맹점 자원의 정의

국내 시장에서 필요한 자원들을 사전에 충분히 확보한 후 가맹사업에 뛰어드는 가맹본부는 거의 드물다. 대부분의 가맹본부들이 사업 초기 가맹점의 수를 늘리는 데 거의 모든 사업역량을 투자하는 이유가 여기에 있다. 가맹점의 자원들이 절실하기 때문이다.

이 책에서 가맹점 자원은 '가맹본부가 프랜차이즈 사업을 위해 활용할 수 있는 가맹점이 보유하고, 투자하고, 지급하고, 공유하는 모든 형태의 가치 있는 것'으로 정의한다.

2. 가맹점 자원의 유형

가맹점의 자원은 아래와 같이 금전적 자원, 물적 자원, 인적·조직 자원, 지식자원으로 구분될 수 있다.

첫째, 가맹점의 금전적 자원은 가맹사업을 개시하기 위한 가입비, 교육비, 계약이행보증금 등 최초가맹금이다. 계속가맹금의 로열티, 광고 및 판촉분담금, 기타 가맹점의 부담비용도 이에 포함된다.

둘째, 가맹점의 물적 자원은 매장 투자비용이다. 가맹점이 개점을 위해 매장의 계약, 인테리어, 시설, 장비 등에 투자하는 모든 비용을 말한다. 가맹본부의 입장에서 사업적 비용부담을 가장 덜어 주는 가맹점의 자원이다.

셋째, 가맹점의 인적·조직 자원은 가맹점사업자의 매장운영의 경험과 사업역량과 관련이 있고 채용된 직원의 역량도 이에 포함된다.

가맹본부는 매장의 소유와 운영을 가맹점에게 분리해서 멀리 떨어져 있는 매장들을 간접적으로 관리한다. 따라서 가맹점의 인적·조직 자원의 수준은 매장성과와 표준적 운영에 큰 영향을 미친다.

넷째, 가맹점의 지식자원은 가맹점이 보유하고 있는 지역사회의 정보에 대한 전문적이고 실무적인 지식이다. 가맹점은 지역 고객과 지역상권의 특징들을 잘 알고 있고 인근 지역의 경쟁자에 대한 정보습득도 빠르다. 게다가 지역 고객과의 친밀함이 있어 매장운영에 효과적이다.

3. 가맹점 자원의 통합적 이해

국내 시장은 가맹점의 자원을 매장 투자비용과 최초가맹금으로 좁혀서 인식하는 경향이 강하다. 금전적, 물적 자원만으로 가맹점의 자원을 해석하여 가맹점이 보유하고 있는 실질적 자원들의 가치를 과소평가하고 있다.

어떤 측면에서 가맹본부는 사업의 빠른 성장을 위해 가맹점의 금전적, 물적 자원보다 인적·조직 자원과 지식자원이 더 중요하다. 가맹본부가 멀리 떨어져 있는 지역에 직원을 파견하여 직영점을 운영하는 형태는 상당한 경영적 부담이 되기 때문이다. 더구나 특정 지역의 소비자와 상권에 관한 세부적 정보를 잘 모르기에 직영점의 매장성과가 좋지 않을 가능성이 크다.

이러한 점에 비추어 볼 때, 가맹본부는 가맹점의 자원을 금전적, 물적 자원뿐만 아니라 인적·조직 자원과 지식자원도 중시하는 통합적인 이해가 필요하다.

그래서 가맹본부가 재정적 투자 여력이 높은 가맹희망자를 만나는 만큼, 매장운영의 역량과 지역사회에 전문적 지식을 충분히 보유하고 있는 가맹점사업자를 만나는 것도 중요한 것이다. 그러나 국내 시장은 가맹점의 인적·조직 자원과 지식자원의 중요성을 간과하고 있다.

4. 금전적, 물적 자원에 대한 집착

국내 시장에서도 Oxenfeldt & Kelly의 두 번째 가정은 틀렸다. 국내 시장은 사업 초기뿐만 아니라 브랜드가 성공한 후에도 가맹점 자원에 대한 의존성을 줄이지 않고 있기 때문이다.

그러나 첫 번째 가정은 국내 시장에서 완벽하게 부합된다. 가맹점 자원에 대한 의존성이 매우 높기 때문이다. 국내 가맹본부들은 브랜드의 수명주기와 상관없이 사업과정에서 가맹점의 금전적 자원과 물적 자원에 많은 의존을 하고 있다. 사업적으로 성공한 국내 가맹본부들은 직영점에 대한 직접적 투자보다는 가맹점의 출점을 통한 이익확대의 끈을 놓지 않고 있다.

5. 일단, 개점부터 하자

국내 가맹본부들은 개점 투자비용을 최소화하여 가맹희망자의 창업 문턱을 최대한 낮추고 있다. 개설과정에서 최초가맹금을 받지 않거나 창업비용을 비용을 최소화하여 가맹희망자를 적극적으로 유인하는 개설전략이다.

이러다 보니, 많은 가맹본부들이 개설과정에서 가맹희망자의 사업역량과 전문적 지식을 자세히 살피지 않는다. '일단, 개점부터 하자', '일단, 출점하고 나머지는 나중에 생각하자'라는 경향이 강하다.

그 결과, 상당수의 가맹점들이 개점 후 기대한 매장성과를 생산하지 못하고 부실한 이익 수준에 고통을 겪는다. 가맹점의 낮은 성과의 수준은 가맹본부와 갈등하는 주요한 원인이 되고 궁극적으로 프랜차이즈 시스템의 경쟁력을 약화시킨다.

이로 인해 가맹점의 수는 늘었지만, 가맹본부와 프랜차이즈 시스템은 수익성과 이익률의 측면에서 역성장을 한다. 가맹본부는 '체중이 늘었지만, 체력은 떨어지는 비만의 상태'가 되어 간다.

6. 이론에 역행하는 개설방식?

어떻게 보면 낮은 창업비용을 제시하는 일부 가맹본부들의 개설 영업방식은 자원부족 이론에 역행한다. 가맹본부는 최초가맹금을 할인하거나 면제해 주어 개설과정에서 경제적 이익의 일부 또는 전부를 포기하기에 가맹본부의 초기 개설이익이 낮기 때문이다.

이와 같은 상황은 가맹본부가 개설과정에서 가맹점으로부터 부족한 자원들을 보충하는 영향력을 약화시키고 있다.

자원부족 이론에 따르면, 가맹본부는 되도록 많은 자원들을 개설과정에서 가맹점들로부터 보충 또는 수혈해야 하는데 이 상황은 반대의 상황이 된다. 과연 그러할까?

결론은 그렇지 않다. '앞에서가 아니라 뒤에서 남긴다'의 상황이기 때문이다. 가맹점 자원의 획득방법이 개설과정이 아니라 가맹 계약기간 중으로 변형된 형태로 나타나는 것이다. 가맹본부의 이익 획득이 개점 과정에서가 아니라 가맹점의 개점 이후에 반영된다. 이 문제는 역선택 이론에서 상세히 다루어 보겠다.

7. 낮은 수준의 직영점 현황

가맹사업에서 직영점은 중추적 역할을 한다. 그러나 국내 프랜차이즈 시장에서 브랜드들의 직영점의 현황은 실망적이다.

공정거래위원회의 발표에 따르면, 2019년 말 기준 가맹본부의 수는

5,175개, 브랜드 수는 6,353개, 가맹점 수는 254,040개이다. 전체 브랜드의 직영점 현황은 6,353개 브랜드 중 3,748개(59%)가 직영점이 하나도 없고 1~4개의 직영점을 보유한 브랜드는 2,221개(35.6%)로 나타났으며 5~24개는 299개(4.7%)로 밝혀졌다.

2020년 말 기준 전체 가맹본부의 수는 5,602개(8.3% 증가), 브랜드 수는 7,094개(11.7% 증가), 가맹점의 수는 258,889개(2% 증가)로 나타났다.
전체 브랜드의 직영점 현황은 7,094개 브랜드 중 4,522개(63.7%)의 브랜드가 직영점이 없고, 1~4개가 2,248개(31.7%), 5개~9개가 184개(2.6%), 10개 이상이 140개(2%)로 밝혀졌다. 2019년 대비 2020년의 직영점의 비율이 오히려 낮아졌다.

2021년, 가맹사업법에서 정보공개서 신규등록 시 1개 이상 직영점의 1년 이상 운영 의무가 신설되었다. 이로 인해 개정법의 시행 이전에 직영점이 없는 상태에서 정보공개서를 신규등록 하고자 하는 수요가 폭발하였다.
2021년 연말 기준 가맹본부는 전년 대비 1,740개 증가한 7,342개(31.1% 증가), 브랜드 수는 전년 대비 4,124개가 증가한 11,218개(58.1% 증가)로 급증하였다. 그러나 가맹점 수는 258,889개(4.5% 증가)로 소폭 증가에 그쳐 결과적으로 가맹본부와 브랜드의 수만 늘어난 상황이 되었다.
2021년 브랜드 수가 전년 대비 4,124개(총 11,218개)나 폭증하여 아마도 2021년 말 기준 직영점 자체를 보유하고 있지 않은 브랜드 비율은 약 70%가 넘을 것으로 예상된다.

8. 개설시장의 FOMO 현상

FOMO(fear of missing out)는 다른 사람들이 경험하고 있는 것을 자신만이 놓치고 있다는 '만연한 불안(pervasive apprehension)'에서 비롯된다. 개인은 자기 욕구 충족뿐만 아니라 사회 집단의 소속감이나 연결성도 중요하게 생각한다. 최근 SNS의 발전은 다른 사람들의 경험에 대한 최신 정보를 쉽게 추적할 수 있게 하여 개인이 집단에서 소외되고 있다는 막연한 두려움을 누그러뜨린다(Franchina 외 4인, 2018).

FOMO는 해석대로 소외, 누락, 배제, 놓침에 대한 공포감 또는 두려움의 심리적 증상이다. 일종의 고립 공포증이다. 나 혼자 어떠한 것을 모르면 유행에 뒤처지고 사회성이 부족하며 다른 사람들로부터 소외되고 있다고 느끼는 사회적 심리현상이다.

아파트 가격이 폭등할 때 자신만이 소외되고 있다는 두려움으로 많은 대출을 일으켜 아파트에 투자하는 '영끌족'은 국내 FOMO 현상의 대표적인 예이다. 그리고 주식시장의 상향기에 많은 빚을 내어서 시장 분위기에 올라타야 한다는 '조급함 또는 안절부절'과 비트코인 등 암호화 화폐의 가격이 폭등할 때 '묻지 마 투자'의 형태도 FOMO 현상이다. 모두 자기만이 좋은 투자 기회를 놓칠 수 있다는 두려움과 불안감에서 비롯된다.

이러한 FOMO 현상은 아파트와 주식시장에서 상당한 가격거품을 만든다. 그러나 시장이 하락기로 진입하면 무리하게 투자를 한 사람들은 엄청난 손실을 입게 된다.

국내 프랜차이즈 개설시장에서도 FOMO 현상은 그대로 발생하고 있다. 가입비, 보증금, 교육비의 최초가맹금 등을 받지 않는 가맹본부가 우세한 국내 개설시장은 정상적인 개설 마케팅을 하는 가맹본부를 소외시키고 불안감에 떨게 한다.

최초가맹금을 수령하면서 자기 브랜드만의 차별적인 개설 메시지로 개설영업을 해 왔던 가맹본부들은 '남들은 다 받지 않는데, 우리만…', '창업시장에서 우리만 소외되는 것 아니야?'라는 걱정을 하기 시작한다. 그들은 자기만이 개설시장에서 밀려나고 소외되고 있다는 두려움과 최초가맹금을 받지 않는 시장 분위기에 순응하여 프랜차이즈 판매가격을 낮추어야 한다는 압박감을 느끼기 시작한다.

그들은 결국 지금까지 고수해 왔던 최초가맹금을 받는 것을 포기하고 개설시장에서 다른 브랜드들처럼 낮은 창업비용의 '달리는 말(馬) 등의 위'에 올라타게 된다.

프랜차이즈 개설시장은 다양한 가격대와 다양한 유형의 창업선택들이 공존해야 함에도, 국내 개설시장은 낮은 창업비용에 소구하는 브랜드들이 우세한 상황으로 변하고 있다.

Ⅵ. 함께 생각해 봅시다

기억해야 할 부끄러운 역사

1997년 외환위기로 인해 IMF 구제금융을 받은 한국 사회는 모든 것이 바뀌었고 모든 것이 어려워졌다. 그러나 창업시장은 이와 반대였다. 외환위기로 많은 사람들이 실직하면서 프랜차이즈 창업시장은 폭발적으로 성장하였다.

그 당시 수많은 프랜차이즈 브랜드들이 쏟아지고 대기업 또는 규모가 있는 유통업체들이 프랜차이즈 사업에 뛰어들기 시작하면서 국내 프랜차이즈 산업은 급성장하였다.

2000년 초반부터 2010년대 초반까지는 신규 브랜드가 시장에 진입하게 되면 많은 브랜드들이 성공할 정도로 프랜차이즈 산업은 호황이었다. 이에 많은 창업자들이 프랜차이즈 사업에 몰렸다.

그렇지만 이 시기에 창업자의 투자비용만을 노리는 약탈적이고 사기적인 가맹본부들도 속출하였다. 이로 인해 창업자의 피해가 심해지자 2002년에 제정된 '가맹사업거래의 공정화에 관한 법률(이하 가맹사업법)'의 규제의 강도가 높아졌다.

이들은 대규모 창업설명회에서 일부 매장의 놀라운 매출성과를 내세우고 거짓된 방법으로 창업자들을 끌어들였다. 설명회 후, 현장에서 가맹계약 또는 가계약을 체결하는 경우 많은 개설혜택을 준다고 하면서 기만적으로 가맹계약을 유도하였고 가입비, 보증금, 교육비 등의 최초가맹금을 편취하였다.

일부 창업설명회가 사기행각으로 밝혀졌다. 설령 그것이 아니었어도, 인테리어 공사가 지연되거나 개점하기 힘든 수준으로 공사를 완료하는 경우가 많았다. 이로 인해 많은 창업자들이 피눈물을 흘렸다. 이 폐단을 막기 위해 제정된 것이 '가맹금 예치제도'이다.

나아졌다고는 하지만

현재는 어떠한가? 과연 그때와 본질적으로 다른가? 가맹본부는 가맹점이 보유한 자원을 적법한 절차와 적격의 과정을 거쳐 정정당당하게 수취하고 있는가?

분명히 현재 국내 시장은 과거의 그때보다는 확실히 나아졌다. 이는 명백한 사실이다. 과거의 약탈적 가맹본부는 이제 시장에서 찾아보기 힘들다. 가맹본부의 자정 노력, 가맹희망자의 정보획득과 판단능력의 향상, 가맹사업법의 규제 등으로 개설시장의 품질이 확실히 개선된 것이다.

그러나 현재 국내 프랜차이즈 개설시장이 합리적이고 건강한 시장문화의 수준에 도달했다고 말할 수는 없다. 현장에서 아직 개선할 점들이 많아 그렇다고 말하기에는 이른 감이 있다.

일부 가맹본부들은 아직도 가맹점의 금전적 자원과 물리적 자원들에 집착하고 적절하고 적법한 가맹계약의 과정을 준수하지 못하고 있다. 그리고 개점 후 가맹점에게 보여 주어야 할 가맹본부의 사업적 책임감을 망각한 가맹본부들도 시장에 여전히 존재한다.

적법한 방식으로 적격의 절차를 거쳐 가맹계약을 체결하는 것이 국내 프랜차이즈 개설시장을 지배하는 문화로 정착되려면 아직 시간이 더 필요한 것 같다.

제2장
대리인 이론
(Agency Theory)

> 가맹본부는 매장의 소유권과 운영권한을 가맹점에게 분리하여
> 사업적 비용과 위험을 낮추고 매장성과를 높인다.

Ⅰ. 대리인

1. 개요

　대리인 관계는 사회적, 경제적 관계에서 가장 오래되고 일반화되어 있는 사회 구성원들 간의 상호작용과 거래관계의 형태이다. 대리인 관계에서 대리인은 본인을 대신하여 상대방에게 어떠한 일이나 행동을 한다. 이에 대리인은 위임된 일의 완성을 위해 본인과 거래당사자 사이에서 중개자 역할을 한다.

　'대리(代理)'는 타인이 위임한 일을 어떤 사람이 대신 처리하는 일 또는 행위를 말한다. 어떤 일을 위임하는 사람이 본인(principal)이고 위임된 일을 대신하여 처리하는 사람이 대리인(agency)이다.

　대리인 관계(agency relationship)는 일 또는 사건을 '위임한 사람(본인, 위임자)'과 '일을 대신하여 수행하는 사람(대리인, 수임자)' 사이의 관계이다. 따라서 대리인 관계는 한 명 이상의 사람 또는 조직(본인)이 다른 사람 또는 조직(대리인)에게 어떤 일을 맡기고 그들이 대신하여 일을 처리시키는 관계

이다.

대리인 관계를 통해 대리인이 완수한 일의 성과와 결과는 궁극적으로 본인의 성과와 책임으로 귀결된다. 대리업무의 결과에 대한 이익과 손실이 본인에게 귀속되는 것이다. 대리인 이론의 가장 중요한 원리이다(Ross, 1973).

2. 대리인 관계의 예

현대사회에서 소유와 경영이 분리된 기업의 경영구조는 대리인 이론의 대표적인 예이다. 대리인인 경영자는 본인인 주주의 이익을 위해 사전에 설정된 방법으로 주어진 일을 성실히 수행해야 한다.

그러나 경영자는 더 많은 보상을 위해 기업의 장기적인 성장보다는 단기적인 실적추구에 집착하거나 경영상의 중요한 정보를 주주에게 숨기면서 주주의 이익을 해치는 행위를 할 때도 있다.

정치인과 유권자도 대리인 관계로 설명된다. 대통령과 지자체의 장(長)은 나라의 주인인 국민을 대신하여 국가와 지자체를 이끄는 대리인이 된다. 이들의 잘못된 선출은 사회적으로 막대한 비용을 치르게 하기에 올바른 투표권 행사가 중요하다.

일상생활에서 대리인 관계는 어떠한 사무적인 일을 다른 사람에게 위임하는 것부터 부동산 거래에서 대리인을 내세우는 일, 소송에서 변호사를 선임하는 일, 그리고 기업이 특정 프로젝트를 제3자에게 위임하는 일 등이 있다.

Ⅱ. 대리인 이론의 고찰

1. 대리인 문제의 발생 이유

본인과 대리인의 갈등을 초래하는 대리인 문제의 발생 원인은 아래와 같다.

첫째, 본인과 대리인이 서로 다른 목표의식을 가지고 있는 경우이다. 두 당사자의 목표의식이 다르기에 본인이 원하지 않은 방향으로 위임된 일이 처리되고 그 결과물 또한 사전 기대와 달라진다.

둘째, 대리인이 주어진 역할을 잘 수행하고 지금 무엇을 하고 있는지에 대해 본인이 확인하기 어려울 때 대리인 문제가 나타나고, 이를 완화 또는 해소하기 위해 확인비용이 발생한다.

셋째, 두 당사자의 위험 분담과 이익의 충돌로 특정 상황에 대응하는 서로의 인식과 태도가 다를 때도 대리인 문제는 발생한다.

대리인은 위임받은 일을 목표에 부합하게 처리해야 하는 의무가 있다. 그러나 대리인은 일의 처리하는 과정에서 발생하는 위험을 가능한 범위 내에서 회피하기를 원한다. 그래야 자신의 이익을 보호할 수 있고 일의 처리가 편리하기 때문이다(Eisenhardt, 1989).

2. 대리인 문제의 해결 원리

대리인은 본인이 부여한 권한(대리권)의 범위 내에서 본인의 이익이 최우선이 되는 방향으로 성실하게 주어진 일을 처리해야 한다. 한편, 본인은 대리인이 위임한 일에 최대한 성과를 낼 수 있도록 다음의 세 가지 방법을 활용할 수 있다.

첫째, 본인은 대리인이 주어진 역할을 성실히 수행하여 기대된 성과를 생산할 수 있도록 적절한 인센티브를 제공할 수 있다. 대리인의 업무수행에 대한 강한 성취동기를 유발하기 위함이다.

둘째, 이와 반대로 본인은 대리인을 감시 또는 통제할 수 있다. 본인은 대리인이 위임한 일을 제대로 이행하고 있는지를 원할 때 알 수 없어 상시적인 감시와 통제가 필요하다. 감시와 통제를 통해 본인은 대리인이 허용되지 않은 일을 사전에 제한하고 손해가 발생할 수 있는 가능성을 미리 차단할 수 있다.

셋째, 이행성과가 부족하거나 허용되지 않는 활동을 하는 경우 본인은 대리인에게 그 책임을 물어 계약관계를 종료시키거나 위법한 행위에 대해 법적 책임도 물을 수 있다(Jensen 외 1인, 1976).

3. 대리인 비용

소유와 경영이 분리된 기업소유 구조에서 대리인 문제가 발생하는 가장 큰 이유는 주주와 경영자 간에 정보의 불균형이 존재하기 때문이다.

정보의 비대칭은 경영자의 도덕적 해이와 기회주의 행동을 유발한다. 경영자는 주주가 기업의 상황을 잘 모르는 상황을 악용하여 자기 역할수행에 불성실하거나 주주 이익에 반하는 행위를 할 수 있다. 결과적으로 기대된 성과를 달성할 수 없게 되어 주주는 손해를 입는다. 대리인 문제가 발생하는 것이다.

이러한 대리인 문제를 완화 또는 해결을 위해 본인은 대리인 비용(agency cost)을 지불해야 한다. 대리인 비용은 대리인의 감시와 통제를 위해 본인이 지출하는 비용이다.

대리인 문제의 원인은 '소유와 통제권의 분리'에 있다. '분리(separation)'로 인해 발생하는 대리인 문제의 완화를 위해 지출되는 대리인 비용은 '본인에 의한 모니터링 비용(monitoring expenditures)', '대리인에 의한 확증비용(bonding expenditures)', '잔여손실(residual loss)'로 구분된다(Michael 외 1인, 1976).

모니터링 비용은 본인이 대리인을 일상적으로 통제하는 데 필요한 감시비용이다. 확증비용은 위임된 일이 잘 이행되고 있는지에 대한 확인비용으로 외부공시를 통해 경영 상태를 확인받는 과정에서 지출되는 비용이 이에 속한다. 잔여손실은 모니터링 비용과 확증비용을 지불하였음에도 언제나 최고의 결과물이 나올 수 없기에, 결과적으로 본인이 감수해야 하는 이익감소(손해)를 의미한다.

Ⅲ. 프랜차이즈 대리인 이론

1. 주요 가정들

프랜차이즈 대리인 이론이 성립하는 주요 가정들은 다음과 같다.

첫째, 두 당사자는 자기 이익을 추구하는 합리적인 존재이다.
둘째, 두 당사자는 각자의 이익추구라는 개별적 목표를 가지고 있으나 합리적인 존재이기에 더 나은 성과를 위해 서로 협력한다.
셋째, 가맹본부는 직영점을 운영하지 않고 매장의 소유권과 운영권을 가맹점에게 분리해 주어 사업비용을 줄이면서 사업성과를 높일 수 있다.
넷째, 직영점 직원들보다 가맹점사업자가 매장을 더 효율적으로 운영하고 높은 매장성과를 생산할 수 있다.

이 가정들은 가맹본부가 왜 매장을 직접 소유·운영하지 않고 가맹점사업자에게 매장의 소유권과 운영권한을 부여하는지에 대한 근본적인 이유를 설명한다. 이것은 기업이 다른 사업방식이 아닌 프랜차이즈 사업방식을 선택하는 이유도 된다.

프랜차이즈 사업방식을 선택한 가맹본부는 매장의 소유권과 운영권을 분리하여 가맹점에게 매장운영을 위임함으로써 더 높은 매장성과를 생산해 낼 수 있는 것이다. 이것이 프랜차이즈 대리인 이론의 요체이다(Combs 외 2인, 2004).

2. 프랜차이즈 사업의 이유와 사업적 효과

기업은 전략적 차원에서 관리적 영역을 분리하여 관리의 복잡성과 업무부담을 줄인다. 이를 통해 기업은 비용감소는 물론 빠른 성장을 위한 거점을 마련한다. 프랜차이즈 사업에서도 그러하다.

1) 소유권의 분리와 운영권한 위임의 효과

가맹본부는 일반적 기업처럼 자기 투자비용의 수준과 사업적 위험을 최대한 낮추기를 원한다. 그리고 사업 운영비용을 최소화하면서 효과적인 경영성과를 창출하기 위해 노력한다.

가맹본부는 '매장 소유권의 분리와 운영권한의 위임'을 통해 직영점에 대한 금전적 투자를 줄이고 매장운영의 사업적 위험을 가맹점에게 분산시킨다. 가맹본부는 또한 높은 매장성과를 위해 매장투자를 한 가맹점의 자발적인 경영적 노력을 북돋는다.

이처럼 사업비용의 감소, 사업적 위험 분담, 높은 매장운영의 효율성 및 매장성과의 기대감은 기업이 프랜차이즈 사업방식을 선택하는 근본적인 이유가 된다. 이를 통해 가맹본부는 매장운영을 가맹점에게 분리하여 자신은 전문적 경영, 마케팅, 브랜딩, 유통의 영역에 집중할 수 있는 여건을 조성한다.

이처럼 가맹본부는 매장의 분리와 위임의 사업적 효과로 매장을 직접 운영하지 않고 적은 비용으로 프랜차이즈 시스템의 유지를 하면서 안정적인 수익을 올릴 수 있다.

다른 한편으로 가맹본부는 상표권과 프랜차이즈 시스템을 통해 최초가맹금 및 계속가맹금을 가맹점으로부터 수취한다. 많은 가맹점 수에 기반한 높은 구매력(buying power)으로 가맹본부는 원부재료를 경쟁력 있는 가격에 가맹점에게 공급함으로써 유통이익도 함께 얻는다(Combs 외 2인, 2004; Michael, 1996).

2) 투자비용과 관리비용의 감소

가맹본부는 직영점을 운영할 때 많은 금전적 투자가 필요하다. 그리고 매장운영의 과정에서 직원 급여, 일반적 관리비용, 고객서비스 비용, 그리고 직영점의 모니터링 등 상당한 관리적 비용과 노력도 지출해야 한다.

직영점이 소수라면 가맹본부에게 큰 재정적, 관리적 부담이 되지 않는다. 그러나 직영점의 수가 많을 때에는 가맹본부의 매장 투자비용과 관리비용은 비례적으로 늘어난다.

이에 가맹본부는 직영점들을 운영하기보다는 가맹점에게 매장의 소유권과 운영권한을 부여하여 효율적으로 많은 매장을 간접적으로 관리할 수 있다(Combs 외 1인, 1999).

3) 위험 분담(Risk-Bearing)과 비용절감

가맹본부는 매장의 소유권자와 운영자를 가맹점사업자로 분리하기에 가맹점 운영에 직접 참여하지 않는다.

  가맹본부는 프랜차이즈 사업방식으로 투자비용과 관리비용을 줄이면서도 가맹점들에게 사업적 운영부담에 대한 위험을 가맹점에게 분담 또는 부담시킨다. 매장의 투자와 운영의 위험성을 부담하는 가맹점은 그 대가로 매장의 성과와 이익을 독점한다.

  이처럼 가맹점에 대한 간접적 통제방식은 가맹본부의 사업위험을 가맹점에게 분산하여 운영비용을 절감하는 효과적인 방법이다.

  특히 가맹점들이 가맹본부와 멀리 떨어져 있거나 해외에 있는 경우 이 간접적 관리방식은 사업적 위험 분담과 비용절감의 면에서 그 효과가 대단히 크다. 간접적 방식으로 멀리 떨어진 해외에서도 표준적인 매장의 운영이 가능하기 때문이다(Combs 외 2인, 2004; Michael, 1996).

4) 잔여청구권(Residual Claims)
① 잔여청구권의 개념

  잔여청구권은 어떤 일이나 과정이 끝나면 '남아 있는 것에 대한 청구권'이다. 잔여청구권은 기업 청산과정에서 채무를 갚은 후 남은 자본에 대하여 주주들이 청구할 수 있는 권리이기도 하다.

  일반적으로 잔여청구권의 개념은 주식시장에서 보통주주가 갖는 권리에 많이 인용된다. 주식을 산다는 것은 기업에 돈을 빌려주는 행위가 아니다. 주주는 채권자가 아니라 주식의 형태로 기업에 투자하여 기업의 남은 이윤에 대해 배당금을 청구할 수 있다.

② 프랜차이즈 잔여청구권

  프랜차이즈에서 잔여청구권은 가맹점에게 있다. 가맹점은 독립적 사업자로 가맹사업에 스스로 참여하고 매장에 직접 투자를 한다. 그리고 매장을 소유하고 주체적으로 매장을 운영한다.

가맹점은 매장운영에 필요한 모든 비용을 부담한다. 가맹점은 매장의 운영비용과 로열티 등 계속가맹금을 모두 지급한 후, 그 결과로 남은 이익의 모두를 차지한다. 이를 '가맹점의 잔여청구권'이라고 한다.

가맹점의 잔여청구권은 매장소유가 분리되고 가맹본부가 가맹점에게 운영권한을 위임하는 프랜차이즈 사업방식의 핵심적인 성립요소이다. 이에 가맹점의 잔여청구권은 프랜차이즈 사업방식에서 가맹점 운영의 원리이자 성과의 배분방식의 결정체이다.

가맹점은 매장운영의 결과물로써 높은 잔여이익을 취하기 위해 가맹사업에 참여한다. 가맹점은 매장운영의 과정에서 잔여이익의 수준을 높여 자기이익을 극대화하고자 한다. 따라서 가맹점의 잔여청구권은 가맹점이 프랜차이즈 사업에 참여하는 근원적인 이유가 되고 가맹본부가 가맹점으로부터 높은 매장성과를 기대할 수 있는 원동력이다(Lafontaine, 2002).

③ 가맹점 잔여이익 수준의 중요성

가맹점은 가맹본부보다는 매장운영과 직원관리를 효율적으로 수행한다. 게다가 지역상권의 정보를 잘 알고 있어 가맹점사업자는 지역 소비자에게 밀착된 지역 마케팅을 통해 높은 매장성과를 생산할 수 있다.

그러하기에 가맹본부가 잘 모르는 지역에서 직영점을 운영하는 것보다 가맹점이 이를 대신하는 방법이 훨씬 효과적이다. 가맹점의 뛰어난 매장성과는 높은 잔여이익을 생산하기에 가맹점사업자가 매장운영에 최선을 다할 수 있는 버팀목이 된다.

가맹점은 매장운영의 모든 비용과 가맹본부에게 정해진 지급의무만을 이행한다면, 나머지 이익은 모두 자신의 몫이 된다. 가맹점의 잔여이익이 높은 브랜드는 가맹희망자가 선호하는 창업 브랜드이다. 매장운영의 과정에서 자신의 책임만 수행하면 잔여이익에 대해 가맹본부는 그 어떤 간섭을 할 수 없다(Michael, 1996).

④ 사업확장 전략으로서 잔여이익 수준의 활용

가맹본부는 이와 같은 잔여이익 수준을 사업확장의 전략에서 활용할 수 있다. 가맹점의 높은 평균적 잔여이익 수준은 가맹희망자에게 매우 매력적이기 때문이다.

가맹희망자는 제시된 잔여이익의 수준이 자신이 투자해야 할 비용과 노력에 비하여 높다면 능동적으로 가맹사업에 참여할 것이다. 뛰어난 잔여이익 수준이 가맹희망자를 유인하는 결정적 역할을 하는 것이다.

따라서 가맹본부는 프랜차이즈 시스템의 성과적 측면에서 가맹점의 평균적 잔여청구의 이익 수준을 높이고 이를 사업확장 전략으로 적극적으로 활용할 필요가 있다(Michael, 1996).

3. 정보 비대칭과 대리인 문제

가맹점의 소유권과 운영권의 분리와 매장운영의 과정에서 나타나는 두 당사자의 정보 비대칭의 문제는 아래와 같은 대리인 문제와 대리인 비용을 발생시킨다.

첫째, 가맹본부는 프랜차이즈 사업방식을 선택하였기에 사업 성공을 위해 뛰어난 매장성과를 낼 수 있는 유능한 가맹희망자를 발굴해야 한다.

그러나 가맹본부는 정보의 비대칭으로 가맹희망자에 대한 상세한 정보를 알 수 없어 가맹점희망자의 선택과정에서 역선택의 위험이 있다. 가맹본부는 역선택의 가능성을 줄이고 가맹점을 책임 있게 잘 운영할 유능한 가맹희망자의 발굴하기 위해 탐색비용과 선별과정의 비용을 지출한다.

둘째, 가맹본부는 가맹점이 운영매뉴얼에 의해 표준적으로 매장운영을 하는지 상시적으로 또는 정확히 알 수 없다. 이에 가맹점을 감시하고 통제하는 데 모니터링 비용이 발생한다.

셋째, 가맹점에 대한 소유권과 운영권의 분리는 가맹점 운영현황에 대한 정보 비대칭의 상황을 만든다.

가맹점은 이 점을 악용하여 자기 본연의 역할을 성실히 이행하지 않는 도덕적 해이의 행동, 브랜드 명성이나 선도적 가맹점의 성과에 편승하는 무임승차의 행동, 그리고 약속의 파기나 적극적인 계약위반의 기회주의 행동을 할 수 있다.

넷째, 가맹본부 또는 가맹점은 정보의 비대칭 상황을 악용한다. 또한 거래 특유투자의 특징에 기반하여 상대방이 받아들이기 어려운 비상식적인 요구를 하거나 가맹계약의 변경을 시도하는 '홀드업(hold-up)'을 하는 경우가 있다. 홀드업(보류)은 터무니없는 요구로 인한 약속이행의 지체 또는 보류의 상황으로 기회주의의 극단적인 행동이다(Combs 외 1인, 1999; Shane, 1998).

4. 수직적 대리인 문제

프랜차이징에서 가맹본부와 가맹점의 대리인 문제를 '수직적 대리인(vertical agency)의 문제'라고 한다.

수직적 대리인은 가맹본부가 매장의 소유권과 운영권한을 가맹점에게 위임하여 가맹점이 소비자와 거래관계를 대신하게 하는 관계에서 형성된다.

이로 인해 상위조직인 가맹본부와 하위조직인 가맹점 간에 보편적인 대리인 관계와 유사한 거래관계가 나타난다.

'수직'은 가맹본부가 가맹점이 매장을 표준적으로 잘 운영하고 있는지 감시하고 통제한다는 것을 의미한다(Combs 외 2인, 2004).

Ⅳ. 시사점 또는 토론

1. 이론의 재조명

프랜차이즈 대리인 이론을 재조명하고 시사점들을 정리하면 아래와 같다.

첫째, 프랜차이즈 대리인 이론은 개념적으로 다른 프랜차이즈 관련 이론보다 상위이론으로 상정할 수 있다.

프랜차이즈 대리인 이론은 가맹본부와 가맹점 간의 관계에서 나타나는 거의 모든 현상들과 연결되어 있다. 프랜차이징에서 발생하는 현상들, 문제점들, 그리고 두 당사자의 관계특징들은 본질적으로 매장의 소유권과 운영권한의 분리에서 기인하기 때문이다.

둘째, 프랜차이즈 대리인 이론은 자원부족 이론과 거래비용 이론과 함께 기업이 왜 프랜차이즈 사업방식을 선택하는지에 대한 명확한 근거를 제시한다. 사업 투자비용과 운영비용 절감, 사업적 위험 분담, 높은 매장성과에 대한 기대감이 그것이다.

셋째, 이론은 가맹점의 잔여이익 수준이 프랜차이즈 사업에서 얼마나 중요한지를 알려 준다. 가맹점의 잔여이익 청구권은 프랜차이즈 대리인 이론의 핵심 요소이다. 높은 잔여이익 수준은 프랜차이즈 시스템의 경쟁력을 의미하고 가맹희망자가 가맹사업에 적극적으로 참여하는 동기가 된다.

넷째, 이론은 두 당사자의 관계특성에서 간접적 관리의 가능성을 제시하면서 이와 반대로 모니터링의 중요성도 강조한다. 가맹본부는 모니터링을 통한 간접적 관리로도 가맹점의 통일적 운영을 실현하고 많은 가맹점들을 효율적으로 관리할 수 있다.

다섯째, 매장의 소유와 운영권한의 분리는 프랜차이즈의 독특한 현상들의 직·간접적인 발생 원인이 된다.

이 책의 뒤에서 설명할 역선택, 도덕적 해이, 무임승차, 기회주의의 문제는 두 당사자 간의 정보의 비대칭으로 발생하는 프랜차이징의 주요 문제들이다. 이것들의 근본적인 발생 원인은 매장의 소유와 운영권한의 분리에 있다.

2. 이론의 본질에 대한 올바른 이해

프랜차이즈 대리인 이론의 잘못된 이해와 적용은 국내 시장에서 여러 오해를 낳고 이로 인한 부작용도 만만치 않다.

국내 프랜차이즈 시장에서 부정적인 사건들이 발생할 때 대리인 이론은 가장 많이 인용된다. 특히 가맹본부의 갑질 문제(적절한 표현은 아니다)와 불공정거래행위의 문제가 지적될 때 그러하다.

이러한 사회적 비판은 가맹본부가 본인이고 가맹점은 대리인이라는 위치 설정에서 출발한다. 가맹본부의 위치를 대리인 이론처럼 '본인'으로 승격시키고 가맹점은 가맹본부가 지시하는 일을 대신하여 처리하는 '대리인'으로 그 지위를 격하한다.

그러나 본질은 그렇지 않다. 프랜차이즈 대리인 이론은 아래와 같은 이유로 일반적인 대리인 관계에서 발생하는 대리관계와 근본적으로 다르다.

첫째, 가맹본부가 자신을 대신하여 가맹점이 소비자와의 거래를 하게 했다고 해서 가맹본부가 본인이 되고 가맹점이 대리인이 되는 것이 아니다. 판매 및 영업활동의 역할을 분리한 것이다.

둘째, 프랜차이즈 대리인 이론은 기업이 프랜차이즈 사업방식을 선택하여 가맹점을 대리인으로 활용한다는 것이 아니라, 매장의 소유권과 운영권한을 가맹점에게 분리하여 사업적 비용과 위험을 낮출 수 있다는 점을 설명한다.

셋째, 이는 기업이 어떠한 이유로 프랜차이즈 사업방식을 선택하고 어떠한 방법으로 매장운영과 프랜차이즈 사업을 전개하는지에 대한 원리를 설명한다.

넷째, 이론은 매장의 분리로 인해 발생하는 가맹본부와 가맹점 간의 다양한 문제점들을 설명하고 그 해결책으로 모니터링의 통제 시스템과 인센티브의 보상 시스템 등을 현실적인 방안으로 제시한다.

따라서 이론은 보편적인 대리인 이론을 차용하여 이를 프랜차이즈 사업에 적용한 것이다. 이론은 가맹본부가 본인이고 가맹점은 대리인이라는 것이 아니라, 프랜차이징 사업의 원리 및 특성과 가맹본부와 가맹점의 관계성을 대리인 이론의 관점에서 논리적으로 설명한다.

3. 프랜차이즈 대리인 문제의 해결방법

매장의 소유권과 운영권한의 위임을 통한 가맹본부의 간접적 관리방식은 두 당사자 간에 여러 문제를 발생시키는데, 이에 대한 완화 또는 해결방법을 제시하면 아래와 같다.

1) 일치된 목표인식의 공유

본인이 위임한 일의 목표와 주어진 실행방법을 이해하지 못한다면, 대리인은 높은 성과를 낼 수 없다. 프랜차이즈에서도 브랜드의 공동목표와 운영방침을 충분히 이해하지 못한다면, 가맹점은 높은 매장성과를 낼 수 없다. 브랜드 공동목표의 불일치는 서로 다른 목적지를 보고 사업을 하는 상황으로 의견의 충돌이나 갈등의 원인이 된다.

따라서 가맹본부는 가맹점을 감시하고 통제하기 전에 가맹점들이 브랜드의 사업목표와 매장 운영매뉴얼에 대해 정확하게 알고 있는지부터 점검해야 한다. 두 당사자가 일치된 목표인식을 갖는다면, 매장소유의 분리와 운영의 위임으로 나타날 수 있는 다양한 문제점들을 사전에 상당히 줄일 수 있다.

2) 충분한 잔여이익 수준의 확보

가맹점이 가맹사업에 참여하는 근본적 이유는 잔여청구권에 있다. 가맹점이 매장을 소유하고 매장을 운영한 대가로 충분한 잔여이익을 받지 못한다면 가맹점은 가맹사업을 유지할 이유가 없다.

가맹점은 매장운영에 필요한 원부재료 비용, 판매관리비, 그리고 가맹본부에게 분담금 또는 부담내역의 비용을 지급하는 책임이 있다. 그 비용을 제외한 후, 기대할 수 있는 잔여이익의 수준이 곧 가맹점이 가맹사업에 참여하고 가맹계약을 유지하는 결정적인 요인이 된다.

특히 두 당사자 간에 장기적인 거래관계가 유지되려면 가맹점들이 실질적으로 획득할 수 있는 잔여이익에 대한 수준이 합리적이고 타당해야 한다. 매장운영의 성과물이 공정한 방식과 비율로 가맹점에게 배분되고 있는지 가맹본부가 지속적으로 살펴야 하는 이유가 여기에 있다. 가맹점의 잔여이익의 수준이 높으면, 프랜차이징에서 발생하는 대리인 문제는 자연스럽게 감소한다.

3) 모니터링의 강화

모니터링의 역할은 가맹점의 감시와 통제에 있다. 가맹점의 감시와 통제는 가맹점의 운영에 통일성과 일관성을 실현하여 브랜드의 공동목표를 효과적으로 달성하는 데 중요한 공헌을 한다.

가맹본부의 모니터링은 프랜차이즈 사업의 특성상 피할 수 없는 것이다. 가맹본부가 적절한 모니터링을 하지 않으면 가맹점들은 제각기 영업활동을 하기 때문이다. 그러므로 가맹본부는 적절한 모니터링을 통해 운영방침, 매뉴얼, 가맹계약서를 가맹점이 잘 따르는지 사전에 관리하고 이를 통제할 의무가 있다.

이 책에서는 모니터링은 '가맹점에 대한 합법적이고 타당한 가맹본부의 감시와 통제'로 정의한다. 좀 더 자세히 말하자면, '가맹본부가 가맹사업의 합목적성과 통일성의 실현을 위해 표준적인 운영방침과 가맹계약서를 통한 합법적이고 타당한 감시와 통제'이다. 가맹본부는 이러한 모니터링을 통해 가맹점의 도덕적 해이, 무임승차, 기회주의 행동을 줄일 수 있다.

4) 인센티브(Incentives) 정책

대리인 이론에서 '인센티브'는 위임한 일의 성공적인 완성을 위해 본인이 대리인에게 사전 또는 사후에 지급하는 보상이다. 인센티브는 대리인이 임무를 성실하게 수행하여 최고의 성과를 낼 수 있도록 강한 동기를 부여한다.

프랜차이즈에서도 가맹본부의 인센티브 프로그램은 효과적으로 작동된다. 가맹본부는 가맹점이 더 나은 성과를 낼 수 있도록 여러 지원책과 인센티브를 제공하여 높은 매장성과를 유도할 수 있다.

'프랜차이즈 인센티브(franchise incentives)'는 '가맹점이 프랜차이즈 시스템의 운영방침을 잘 준수하고 높은 매장성과를 낼 수 있도록 가맹본부가 가맹점에게 제공하는 모든 혜택, 지원, 보상'으로 정의된다. 그 형태는 가맹점에 대한 교육과 지원 프로그램이 될 수 있고 매장운영 성과에 따른 사후의 금전적, 비금전적 보상도 될 수 있다.

프랜차이즈 인센티브는 가맹점이 거래관계에 결속하고 능동적인 매장운영에 상당한 동기부여를 한다. 또한 가맹점의 도덕적 해이, 무임승차, 기회주의 행동을 자연스럽게 감소시키는 긍정적인 기능도 한다.

5) 제재와 조치의 표준화와 공식화

가맹점에 대한 '제재와 조치'는 프랜차이즈 인센티브와 반대되는 개념이다. 가맹점이 운영매뉴얼을 잘 따르지 않거나 표준적 운영품질 이하로 매장을 운영할 때 가맹본부는 해당 가맹점을 제재하거나 그에 상응하는 조치를 해야 한다.

주주는 대리인 문제의 해결을 위해 인센티브 제공과 함께 별도로 벌칙을 사전에 공표하여 경영인의 도덕적 해이나 기회주의 행동을 억제한다.

프랜차이즈에서도 가맹점의 뛰어난 매장성과에 대해 가맹본부는 인센티브를 제공해야 하지만, 이와 반대의 경우 그에 상응하는 제재와 조치를 해야 한다. 프랜차이즈 시스템을 보호하기 위함이다.

표준적 매장운영에 미달하는 가맹점들이 늘어날수록 브랜드의 명성은 훼손되고 다른 가맹점들에게 부정적 외부효과를 미친다. 이에 가맹본부의 제재와 조치는 프랜차이징에서 필수적인 가맹본부의 관리적 행위라 하겠다.

V. 한국 프랜차이즈에서 적용과 제안들

1. 전문적인 역할의 분담

프랜차이즈 대리인 이론은 가맹사업에서 가맹본부와 가맹점의 효율적이고 효과적인 관계성을 분명히 한다. 전문적인 역할 분담을 통한 사업적인 본연의 임무를 명확히 구분하는 것이다.

성공적인 가맹사업을 위해 가맹본부는 매장의 투자와 책임 있는 매장운영의 대가로 가맹점에게 교육, 지원, 경영적 조언은 물론 다양한 인센티브를 제공하여 매장성과를 높일 수 있도록 해야 한다.

가맹점은 그러한 가맹본부의 교육과 지원에 대한 대가로 매장의 표준적 운영, 계속가맹금의 지급의무 준수, 높은 고객서비스, 매장의 선량한 관리자의 역할을 성실히 수행해야 한다.

두 당사자가 전문적으로 분담된 자기 역할을 성실하게 수행할 때 매장의 소유와 운영의 분리에 의한 사업적 성과는 극대화된다.

2. 독립창업보다 우월해야

국내 프랜차이즈 산업이 지속적으로 성장을 하기 위해서는 예비 창업자가 독립창업을 했을 때보다 프랜차이즈 사업방식을 선택했을 때 사업적 성과가 뛰어나야 한다. 결과적으로 가맹점들의 평균적 잔여이익의 수준이 독립창업의 평균치보다 우월해야 한다.

보편적으로 가맹점 창업은 독립창업보다 상대적으로 더 많은 투자비용을 요구한다. 게다가 가맹점은 가맹본부의 운영방침에 따른 감시와 통제를 받는다. 더 많은 돈을 투자하고 경영활동의 제한을 받는데, 평균 잔여이익의 수준이 독립창업과 유사하거나 낮다면 어떤 누가 프랜차이즈 창업을 하겠는가?

프랜차이즈가 아무리 신속한 창업과 편리한 운영 등의 다양한 강점들이 있더라도, 창업 후 가맹점의 평균적 잔여이익이 독립창업의 그것보다 우월한 것이 없다면 예비 창업자는 프랜차이즈 창업을 외면할 것이다.

최근 가맹본부의 부실한 경영관리와 원부재료 및 인건비 등의 비용 상승으로 가맹점의 평균적 잔여이익 수준이 점차 낮아지고 있다. 가맹본부의 경영관리 부실로 구조적으로 가맹점의 잔여이익 수준이 낮아지고, 매출은 정체되어 있는데 비용지출은 더 늘어나서이다. 이렇게 가다가는 프랜차이즈 창업의 매력은 줄어 프랜차이즈 산업 자체가 큰 위기에 봉착할 수 있다.

3. 가맹점은 종속적이다?
1) 가맹점의 위상에 대한 논쟁

최근 사회적으로 가맹점의 정체성의 문제가 상당히 불거지고 있다.

가맹본부는 본인이고 가맹점은 대리인이라는 관점이다. 가맹점은 가맹본부를 대리하여 소비자와 거래관계를 맺고 있다는 것이다.

문제는 이 관점이 가맹점을 독립적이고 주체성 있는 사업자로 보지 않고 가맹본부에게 종속된 객체로 설정하는 데 있다. 이는 가맹본부의 불공정성을 강조하면서 가맹점이 구조적으로 종속적 계약관계에 있는 것처럼 가맹점의 정체성을 왜곡하고 있다.

프랜차이징을 본인-대리인 관계로 바라보는 관점은 두 당사자 간에 발생하는 여러 현상들의 원인을 지나치게 단순화시킨다. 가맹점은 본인인 가맹본부의 말과 지시에 무조건 따라 해야 하는 대리인으로 왜곡하고 그러한 종속적인 계약관계가 프랜차이즈에서 발생하는 문제들의 근본적인 원인이라고 주장한다.

2) 잘못된 번역으로 인한 오해의 강화

왜 이러한 주장이 나올까? 아마도 프랜차이징의 불공정한 거래관계를 설명하기에 대리인 이론의 유용성이 높아서 그런 것 같다.

다른 측면에서 이 주장은 대리인 이론의 다른 형태로 표기인 'Principal-agent Problem'의 잘못된 번역에서 비롯된 것으로 추정된다.

Principal은 '상법에서 대리인에 대한 본인'을 의미한다. 이에 'Principal-agent Problem'은 '본인-대리인 문제'로 번역하는 것이 적합하다. 그러나 어느 순간 Principal을 '주인'으로 번역하다 보니 가맹점은 '하인'이 되었다. '본인-대리인 문제'가 '주인-하인 문제'로 오역되어 잘못 전파되고 있는 것이다.

이로 인해 가맹점은 '주인(가맹본부)의 말을 따라야 하는, 순응해야 하는, 독립성이 없는 수동적 존재'로 위상과 신분이 강등되었다. 가맹계약이 구조적으로 종속적인 계약이라는 바람직하지 못한 인식은 이 잘못된 번역으로 강화되고 확산하는 것 같다.

3) 부적절한 프레임(Frame)의 경계

'주인-하인 문제'의 접근은 가맹본부의 불공정한 행위와 가맹점과의 분쟁이 발생했을 때 문제의 심각성을 자극적으로 부각시킨다.

마치 정치적, 사회적 이슈의 문제를 사전에 해석과 결과의 방향을 정해 놓고 어떤 프레임을 통해 자기주장을 펴는 것과 유사하다. 대중에게 프레임에 기반한 메시지의 전달은 간결하고 효과적이기 때문이다.

국내 시장에서 불공정한 거래관계를 강요하는 일부 가맹본부들은 분명히 존재한다. 이와 반대로 가맹점과의 상생협력과 동반성장을 위해 노력하는 가맹본부도 상당히 많다. 그 비율은 정확히 알 수 없으나, 적어도 불공정한 거래관계를 강요하는 곳보다 자기 역할과 임무에 충실한 가맹본부의 수가 훨씬 많은 것은 분명하다.

4) 가맹점은 그 어떤 권리 주장도 할 수 없게 된다

주인-하인의 프레임이나 가맹본부와 가맹점을 종속적인 계약의 적대적인 관계로 엮는 비판들은 한국 프랜차이즈 산업의 발전에 아무런 도움을 주지 못한다. 특히 '가맹계약은 종속적인 계약이다'라는 메시지는 가맹점에게 그 어떤 위로조차도 줄 수 없다.

이 시각은 가맹점이 독립적이고 주체적인 사업자임에도 가맹점의 거래상의 위치를 스스로 낮추는 결과만을 초래한다.

이 관계설정이 맞다면, 가맹점은 부당하고 불공정한 거래관계에 대해 가맹본부에게 그 어떤 반론이나 개선을 요구할 수 없는 처지가 된다. 종속적 관계에 있는 하인(대리인)이 주인(본인)에게 자기 권리를 주장하는 것이 원천적으로 불가능하기 때문이다.

따라서 가맹점을 가맹본부의 대리인으로 보는 사회적 시각은 그렇게 보호하고자 하는 가맹점의 신분을 강등시키고 가맹점의 권리와 존엄성을 박탈한다. 이 목소리는 두 당사자의 갈등 문제에 대한 통찰력이 있는 접근이 아니라, 두 당사자의 관계를 서로 섞일 수 없는 '물과 기름'의 관계로 만든다. 오히려 두 당사자의 갈등관계만 부추기는 것이다.

4. 가맹점은 대등한 사업 파트너

가맹점이 가맹본부의 대리인이 아니고 두 당사자의 거래관계가 종속적인 계약관계가 아니라는 사실을 입증하면 아래와 같다.

1) 가맹사업법 등의 검토

가맹사업법 제1조(목적)에서 '이 법은 가맹사업의 공정한 거래질서를 확립하고 가맹본부와 가맹점사업자가 대등한 지위에서 상호보완적으로 균형 있게 발전하도록 함으로써'라고 규정하고 있다. '대등한 지위'와 '상호보완적'의 의미는 가맹점이 종속된 객체가 아니라 정정당당한 독립적 사업자임을 분명히 한다.

표준 정보공개서에서도 가맹점운영권의 양도의 문제에서 '가맹점사업자는 가맹본부와 독립된 사업자로서 가맹본부가 양도조건을 지나치게 까다롭게 설정하는 경우 불공정거래행위에 해당할 수 있다'라고 안내하고 있다.

더불어 표준 가맹계약서의 제3조 9(계약당사자의 지위) ①항은 '두 당사자는 독립한 사업자로서 대등한 관계에서 가맹계약을 체결한다', ②항에서 '가맹본부와 가맹점사업자 사이에는 상호 간에 대리관계나 위임관계, 사용자와 피용자 관계, 동업자 관계 등 어떠한 특별한 관계도 존재하지 아니한다'라고 명시하고 있다. 이처럼 표준 가맹계약서도 두 당사자의 대리관계나 위임관계를 명확하게 부인하고 있다.

따라서 가맹사업법, 표준 정보공개서, 표준 가맹계약서 모두 두 당사자가 독립적 사업자면서 대등한 지위의 사업 파트너라는 사실을 명확히 지지해 주고 있다.

2) 매장운영의 성과물과 책임은 모두 가맹점에게 귀속된다

가맹점이 가맹본부의 대리인이 아니라는 현실적 근거는 가맹점의 매장운영 성과가 가맹본부가 아닌 가맹점사업자에게 모두 귀속된다는 점이다. 프랜차이즈 사업에서 가맹점의 잔여이익 수준이 중요한 이유도 여기에 있다.

민법에서 대리인의 행위의 결과는 본인에게 귀속된다. 반면에 프랜차이징은 가맹점이 매장을 직접 투자하고 실제 운영자로서 자신의 계산하에 매장을 운영한다. 매장운영의 책임자가 가맹점사업자이기에 매장운영의 잔여이익과 손실은 모두 가맹점에게 귀속된다.

가맹본부와 가맹점은 상대방의 사업적 실패를 책임지지 않는다. 그리고 가맹본부가 사업방침과 운영매뉴얼에 해당되는 사항들을 제외하고 가맹점의 자유로운 사업활동, 영업활동, 경영활동을 간섭하는 경우 불공정거래행위가 된다.

3) 모니터링을 한다고 종속적인 관계가 아니다

가맹점이 계약상이나 구조적으로 가맹본부에 종속된 관계라고 보는 관점은 가맹본부의 가맹점에 대한 관리와 통제에 대한 비판적 시각에 기인한다.

이것은 적절하지 못한 접근이다. 가맹점은 프랜차이즈 시스템의 운영방침, 가맹계약서, 운영매뉴얼에 의해 영업과 판매활동에 제한을 받는다. 매장운영의 통일성 유지와 표준적 운영을 위한 프랜차이즈 시스템의 사업적 특성이다.

이 특성은 가맹점에 대한 가맹본부의 감시와 통제활동을 동반한다. 이 이유로 프랜차이즈 시스템은 두 당사자의 거래관계에서 불공정거래행위의 발생 가능성이 항상 존재하는 것이다.

그러나 그러한 가능성만으로 그리고 가맹본부의 잘못된 행동이 일부 있더라도, 가맹점이 가맹본부에게 종속된 관계에 있다고 일반화할 수는 없다. 두 당사자의 거래관계의 불공정성은 반드시 개선되고 극복해야 할 문제이지, 일부의 잘못을 전체의 문제나 본질적 문제로 덮어 버리는 것은 바람직하지 않다.

국내에는 대리점거래의 공정화에 관한 법률(약칭 대리점법)이 별도로 존재한다. 가맹점이 대리점이었다면 가맹사업법은 존재할 필요가 없다. 현재의 가맹점들은 대리점법에 적용받으면 되기 때문이다.

앞으로 가맹점을 한낱 가맹본부의 지시와 통제를 무조건 따라야 하는 종족적인 관계로 보는 시각은 국내 시장에서 이제는 극복되어야 한다.

Ⅵ. 함께 생각해 봅시다

가맹계약은 노예계약인가?

특히나 '가맹계약은 노예계약이다'라는 사회적 비판의 관점은 바람직한 방향으로 조정이 필요하고 국내 프랜차이즈 업계가 반드시 극복해야 할 대상이다.

설령 가맹사업의 불공정성을 지적하기 위한 좋은 취지라도, 그 시각은 가맹사업을 업(業)으로 하는 가맹사업자들에게 결코 도움이 되지 않는다. '가맹점사업자들이 프랜차이즈 창업을 선택한 것이 애초부터 잘못된 선택이었다'라는 말밖에 되지 않기 때문이다.

이 자극적인 목소리는 가맹점사업자의 업(業)에 대한 희망, 기대, 열정, 그리고 자기 선택을 송두리째 폄하한다. 가맹계약이 노예계약이라면 애초부터 그들의 창업 선택은 말도 안 되는 결정이 아니겠는가?

가맹점사업자들은 경제적 이유나 자아실현 등과 같이 더 나은 삶을 살기 위해 프랜차이즈 창업을 한다. 이 업(業)을 통해 가족의 생계를 책임을 지는 그들에게 그러한 비판이 무슨 도움이 되겠는가?

프랜차이즈 사업에서 실패한 사람들도 많지만 이와 반대로 사업적 성공을 이루거나 아주 오랫동안 가맹사업을 유지하고 있는 가맹점사업자도 상당수다.

그런데 프랜차이즈 사업의 특징을 오해 또는 왜곡하여 그들을 '노예계약을 한 사람'으로 몰아간다면, 그 취지가 좋다고 하더라도 매우 부적합한 주장이 아닌가 싶다.

이 주장은 가맹점사업자의 삶과 그들의 창업 선택을 더 비참하게 만든다. 그리고 성실히 자기 역할을 하고 있는 가맹본부의 좌절감을 유발하고 결과적으로 두 당사자의 갈등만을 부추긴다.

가맹점은 가맹본부와 동등하고 대등한 관계로 여겨지고 그것이 상식적인 시장문화가 되어야 한다.

제3장
거래비용 이론
(Transaction Cost Theory)

> 거래비용이 경쟁력 있고 거래관계의 효율성이 높아야
> 프랜차이징은 성립하고 지속된다.

Ⅰ. 거래비용

1. 개요

기업이 필요한 물품을 거래할 때에 거래비용이 발생한다. 경제학에서 거래비용 이론은 거래관계에서 발생하는 비용과 거래형태 및 거래과정의 효율성과 효과성을 주요 주제로 다룬다.

기업은 사업목표를 효율적으로 달성하기 위해 시장에서 생산, 유통, 판매의 시장참여자들과 거래관계를 형성한다. 하나의 기업이 모든 것을 다 할 수 없기 때문이다. 이에 생산기업, 유통기업, 판매기업들은 상품들의 원활한 거래를 위해 서로 긴밀하게 협력한다.

기업은 각 영역에서 전문적 역할을 하는 상대방과 거래를 하는 과정에서 거래비용을 지불한다. 거래비용은 시장에 있는 외부 거래상대방과 거래하는 데 소요되는 모든 비용이다. 기업이 외부 상대방과 거래를 하는 이유는 거래비용의 절감을 통한 이익의 확대와 거래관계의 효율성을 높이기 위함이다.

거래비용의 수준은 기업의 이익 규모를 확정하는 핵심 요소이다. 기업은 거래비용을 최소화하고 거래관계의 효율성을 높여 자기 이익을 높이기를 원한다. 이를 위해 기업은 내부적 거래 또는 외부적 거래 가운데 하나를 선택하거나 이를 혼합하는 방식으로 최적의 거래형태를 구성하고자 한다.

2. 거래관계를 왜 내부화하는가?

일부 기업은 원부재료의 조달, 생산, 유통, 판매의 전체 또는 일부를 시장에 맡기지 않고, 자신이 관리·통제하는 조직으로 내부화(internalization)한다.

거래관계의 내부화는 상위기업을 중심으로 계층적 위계질서를 가지고 구매, 제조, 유통, 판매 등을 수직적으로 통합하는 것이다. 기업의 거래관계의 수직적 통합은 유통경로의 길이가 가장 짧거나 효율적인 경로를 선택하려는 기업의 유통전략이다.

거래관계의 내부화를 통한 수직적 통합은 외부 거래상대방과 거래하는 것이 사전 기대와 달리 비용적으로 더 비싸고 거래의 효율성도 떨어지는 '시장실패'에서 비롯된다.

기업은 이러한 시장실패를 피하기 위해 거래관계를 수직적 통합하여 거래비용을 낮추고 거래관계의 효율성을 높인다. 그리고 수직적 통합은 시장환경의 급격한 변화로 인한 거래단절과 같은 시장 변동성을 미리 대비하여 거래관계의 안정성 확보에 기여한다.

Ⅱ. 거래비용 이론의 고찰

1. Coase의 '기업의 본질'

로널드 코즈(R. H. Coase)는 "기업의 본질(The nature of the firms, 1937)"에서 기업이 설립되고 유지되는 이유를 거래비용의 최소화에서 찾았다.

Coase는 거래비용을 최소화하여 자기 이익을 최대화하는 것이 기업의 존재 이유라고 하였다. 기업이 존재함으로써 궁극적으로 거래비용이 최소화되는 것이다. 그의 주장을 정리하면 아래와 같다.

『기업은 거래비용을 최소화하기 위해 기업을 설립하고 조직한다. 기업은 전체 또는 일부의 거래를 내부적으로 처리하여 전체적인 거래비용을 감소시킨다. 사업가는 기업의 설립을 통해 거래비용을 최소화하여 자기 이익을 최대화하려는 사업적 욕구와 동기를 갖는다.

기업은 설립 후 적합한 기업의 규모, 거래범위, 거래형태를 스스로 선택한다. 이 때, 거래비용의 최소화는 기업의 가장 중요한 의사결정의 요인이다.

기업은 직원들을 채용하고 내부적 하위조직들을 구축하여 모든 거래를 내부적으로 직접 해결할 수 있다. 이와 다른 형태로, 기업은 시장에서 적합한 거래상대방을 모색하여 외부적 거래형태를 선택할 수도 있다. 그리고 기업은 일부 거래를 기업 내부에서 구현하고 일부 거래는 외부로 맡기는 방식으로 내부적, 외부적 거래방식을 혼용하기도 한다.

기업은 내부적 거래비용과 외부적 거래비용을 비교하여 이 두 비용이 같아지거나 거래비용의 총합이 가장 낮은 지점까지 기업의 규모를 확대한다. 이 조정과정을 통해 기업은 내부적, 외부적 거래업무의 경계를 적절히 설정한다. 어떤 형태로건 기업은 거래비용의 최소화에 관심을 가지고 전체의 거래범위와 거래형태를 조정한다.』

이처럼 Coase는 기업의 설립이유와 기업의 존재가치를 '거래비용을 최소화를 위한 거래의 내부화 과정'으로 설명하였다. 내부적 거래비용이 시장의 다른 거래상대방과 거래하는 것보다 더 적게 들면 기업은 존속하고 발전할 수 있고 거래비용이 가장 효율적인 지점까지 기업의 규모를 확장할 수 있다고 하였다.

이와 같은 기업의 설립이유와 존재가치에 대한 Coase의 주장은 잘 알려진 '코즈의 정리(Coase's theorem)'의 원리의 밑거름이 된다.

특별한 지출이나 추가적인 거래비용이 없이 당사자들이 어떠한 문제들을 자발적으로 협상할 수 있다면, 시장참여자들은 정부의 개입 없이 스스로 그 문제를 해결할 수 있다고 하였다.

자율적 협상을 통하여 거래비용의 추가적 발생과 시장실패로 인한 부정적인 외부성의 문제를 막을 수 있다는 코즈의 정리는 비용의 절감과 효율성을 향한 시장의 자체적 힘을 믿는 후속 이론과 정책들의 바탕이 되어 왔다.

2. 시장과 위계와 시장실패

올리버 윌리암슨(Oliver Williamson)은 Coase의 기업의 존재 이유와 거래의 내부화에 관한 초기 논리를 거래관계의 위계체계와 수직적 통합의 관점에서 발전시켰다.

위계(hierarchy)는 내부조직과 외부조직 간의 지위 등급이나 계층이 있는 상태이다. 거래관계의 위계체계(질서)는 비용절감과 거래관계의 효율성 제고를 위해 상위기업(upstream)과 하위기업(downstream)이 계층적 위계질서를 형성하는 것을 말한다.

Williamson은 "시장과 위계(Markets and Hierarchy, 1973)"에서 시장은 우리가 생각하는 것만큼 합리적이거나 효율적이지 않다고 하였다.

시장에서 기업이 거래상대방을 찾아 거래하는 것이 오히려 거래비용을 높이고 거래관계의 효율성도 떨어뜨릴 수 있다고 하였는데, 그의 주장을 정리하면 아래와 같다.

『높은 거래비용과 시장의 비효율성의 원인은 인간적 요인(human factors)과 거래적 요인(transactional)으로 구분된다.

인간적 요인은 첫째, 인간은 필요한 모든 정보를 획득할 수 없고 경제적 선택에서 제한된 합리성(bounded rationality)으로 항상 최적의 선택을 하지 못한다.

둘째, 기업은 상황에 따라 상대방보다 자기 이익을 우선 추구하는 기회주의 행동을 하는데, 이로 인해 거래비용이 증가한다.

셋째, 개인은 상대방 또는 거래관계의 분위기(atmosphere)에 영향을 받기에 자기 혼자만을 위한 이익을 극대화할 수 없다.

한편, 거래적 요인은 첫째, 시장환경과 시장참여자들의 불확실성은 외부 거래관계에서 더 많은 비용과 노력을 발생시킨다.

둘째, 시장은 이상적인 완전경쟁 체제가 아니다. 시장의 현실은 독점적 경쟁시장의 형태로 나타나고 소수의 거래자(small numbers)에 의해 지배를 받아 높은 거래비용을 초래한다.

셋째, 어느 한쪽으로 정보가 쏠리는 정보 밀착성(impactedness)으로 시장의 거래관계에서 정보의 비대칭이 발생한다. 정보가 부족한 일방은 거래를 위해 더 많은 거래비용을 부담하게 된다.

이러한 인간적 요인과 거래적 요인은 기업이 외부 상대방과 거래를 하는 경우 사전 기대와 달리 더 많은 거래비용과 낮은 거래 효율성을 발생시켜 자원의 비효율적인 배분을 낳는다.

이를 '시장실패(market failure)'라고 하고 시장실패는 외부적 거래를 하는 기업에게 의도하지 않은 고비용과 비효율을 부담시킨다.』

3. 거래비용 경제학

Williamson은 거래비용 경제학의 후속 연구들에서 '최적의 기업형태'는 궁극적으로 거래비용이 가장 적으면서 거래관계의 효율성이 가장 높은 조직이라고 하였다. 그리고 기업과 시장 사이의 '거래비용의 효율적인 경계'를 설정하기 위한 기업의 노력은 기업의 소유구조와 거래활동의 형태를 결정하고 기업 이익의 근간이 된다고 하였다.

그는 반복적인 거래로 거래빈도(frequency)가 높은 경우, 거래당사자들이 서로에게 투자한 자산특유성이 높은 경우, 거래상대방을 바꾸거나 관계를 종료시키는 데 어려움이 많은 경우, 시장환경이 불확실하여 새로운 거래상대방을 찾기 어려울 때 기업은 거래관계를 내부적으로 수직적 통합하여 시장실패의 위험을 피할 수 있다고 주장하였다.

III. 프랜차이즈 거래비용 이론

가맹본부와 가맹점은 프랜차이즈 사업화 과정에서 많은 거래비용을 지불한다. 프랜차이즈 거래비용은 가맹본부, 가맹점, 외부 공급업체 간의 거래관계에서 발생하는 직·간접적인 비용이다. 구체적인 프랜차이즈 거래비용을 살펴보면 아래와 같다.

1. 가맹본부의 거래비용의 유형

가맹본부의 거래비용의 유형과 종류를 시간적 순서에 따라 범주화하여 설명하면 아래와 같다(이성훈 외 3인, 2015; 최용훼 외 1인, 2014; 허양희, 2012; Gillis 외 1인, 2012).

1) 가맹계약 체결 전
① **정보수집 비용(Information Collection Costs)**

　정보수집 비용은 새로운 지역에 성공적인 가맹점 출점을 위해 지역의 상품 수요, 지역상권, 지역특성, 소비자 특성 등에 관한 정보들을 획득하는 데 필요한 비용이다.

　가맹본부는 모든 지역의 특성을 사전에 알 수 없고 직접 지역시장을 조사하는 경우 많은 시간과 비용이 든다. 이에 가맹본부는 해당 지역의 출점을 원하는 가맹희망자를 통하여 지역시장의 세부적인 정보를 획득한다. 그리고 출점한 가맹점으로부터 얻는 유용한 지역 정보들을 경영 및 출점전략에 활용한다.

② **탐색비용(Search Costs)**

　탐색비용은 브랜드에 적합하고 적격의 가맹희망자(거래상대방)를 찾는 과정에서 발생하는 비용이다.

　가맹본부는 신규 가맹점을 모집을 위해 광고비와 가맹희망자의 적합성 여부를 검증하는 데 비용을 지출한다. '탐색'은 적합하고 적격의 가맹희망자를 찾거나 모집을 위한 활동이다.

2) 가맹계약 체결과정
① **교섭비용(Bargaining Costs)**

　교섭비용은 계약체결 과정에서 가맹본부가 자기에게 유리한 거래조건을 성사시키기 위한 협상비용이다. 교섭비용은 금전적 비용보다는 협상과정에 필요한 시간과 노력의 비용이 크다.

② 계약비용(Contract Costs)

계약비용은 가맹본부가 가맹희망자와 계약체결의 완료를 위해 지출하는 비용이다.

가맹계약서 등과 관련된 서류처리 비용은 거의 발생하지 않는다. 그러나 가맹본부가 계약서 체결을 위해 투여하는 시간과 노력 비용은 항상 따라 다닌다. 특히 가맹본부가 가맹금 예치제도가 아니라 피해보상보험을 활용하는 경우 보험료는 계약비용이 된다.

3) 가맹계약 체결 이후
① 계약유지 비용(Maintenance Costs)

계약유지 비용은 가맹본부가 이미 체결한 가맹계약서를 가맹사업법에 규정된 방법으로 이를 보관하고 가맹점과의 정상적인 계약관계를 유지하기 위해 지출하는 일반적 관리비용이다. 계약유지 비용은 일회성이 아니라 낮은 수준으로 꾸준히 발생한다.

② 계약이행 비용(Fulfillment Costs)

계약이행 비용은 가맹점이 가맹본부의 사업방침과 운영매뉴얼을 잘 따르고 있는지와 계약 내용을 잘 이행하고 있는지를 확인하는 과정에서 발생하는 관리비용이다. 그리고 가맹점이 계약이행을 잘할 수 있도록 가맹본부가 이를 지원하고 관리하는 비용도 이에 속한다.

③ 계약강제 비용(Compulsion Costs)

계약강제 비용은 운영매뉴얼과 가맹계약서를 따르지 않은 가맹점을 통제하고 이를 정상화시키는 데 소요되는 비용이다.

가맹본부는 매장운영의 통일성을 해치거나 표준 이하로 운영하는 가맹점에 대해 실질적인 개선요구를 해야 한다. 개선요구가 이행되지 않을 경우 가맹본부는 이에 상응하는 제재 및 조치나 가맹계약의 해지를 통보할 수 있다.

④ 계약종료 비용(Termination Costs)

가맹점의 귀책사유나 가맹계약서의 위반으로 계약을 유지하는 것이 어렵다고 판단될 때 가맹본부는 가맹점과의 계약을 해지한다. 이러한 계약종료 비용은 계약만료로 정상적으로 종료되는 가맹계약에서도 발생하지만, 주로 가맹계약의 중도해지의 과정에서 발생한다.

가맹본부가 가맹계약을 정상적으로 해지하려면 가맹사업법 제14조(가맹계약해지의 제한)에 기초하여 '2개월 이상의 유예기간을 두고 계약의 위반 사실을 구체적으로 밝히고 이를 시정하지 아니하면 그 계약을 해지한다는 사실을 서면으로 2회 이상 통지'해야 한다.

이러한 적법한 해지 절차를 지키기 위해 가맹본부는 많은 시간과 노력을 투여해야 한다. 그러하기에 계약해지 비용은 금전적인 것보다 가맹본부의 시간적, 정신적 비용이 훨씬 더 크다.

⑤ 계약갱신 비용(Renewal Costs)

계약갱신 비용은 가맹사업법 제13조(가맹계약 갱신 등)의 법 규정에 기초하여 가맹본부가 가맹계약의 갱신과정에서 필요한 통보, 협의, 계약갱신 계약서의 완료를 위해 지출하는 비용이다.

계약갱신 비용은 최초 계약기간이 완료되는 시점에서 처음 발생하고 이후 갱신계약에서 꾸준히 발생한다. 단, 두 당사자 간의 묵시적 갱신이 이루어지는 경우 계약갱신 비용은 발생하지 않는다.

국내 시장에서 계약갱신 비용은 크지 않고 큰 실익이 없는 관계로 대부분의 가맹본부들은 이를 청구하지 않고 있다.

4) 프랜차이즈 시스템의 관리와 유지비용
① 보호비용(Protection Costs)

보호비용은 가맹본부가 상표권, 특허권, 실용신안권, 디자인권 등 지식재산권의 등록 및 유지하는 데 필요한 비용이다.

보호비용은 단순히 지식재산권을 등록하거나 유지하는 비용만은 의미하지 않는다. 가맹본부가 다른 사업자들로부터 자신의 지식재산권에 대한 침해가 있는지 감시하고 다른 사업자의 실제적 침해에 대해 대응 또는 법률적 행위를 하는 모든 비용이 포함된다.

② 모니터링 비용(Monitoring Costs)

모니터링 비용은 가맹점의 통일적이고 표준적인 운영을 위한 감시와 통제의 관리비용이다. 가맹본부는 브랜드의 공동목표를 달성하기 위해 가맹점들이 사업방침, 운영매뉴얼, 가맹계약서를 잘 준수하고 있는지에 대한 감시와 통제를 해야 한다.

발주 및 재고관리 시스템과 POS 등 판매관리시스템은 매장운영의 상황과 매장성과를 모니터링하는 경영관리 시스템이다. 다른 하나는 가맹점을 현장에서 모니터링하고 가맹점과 소통하는 슈퍼바이저(supervisor, 이하 SV) 운영시스템이다.

이 두 가지 모두 프랜차이징에서 매우 중요한 모니터링 형태로 가맹본부의 거래비용에서 가장 큰 규모를 차지한다.

③ **교육 · 훈련 비용(Education & Training Costs)**

교육 · 훈련 비용은 가맹점의 필수교육(개점교육), 계약기간 중에 가맹점의 부족한 역량을 채워 주는 보수교육, 그리고 새로운 상품 등에 대한 추가적 교육과 훈련에 소요되는 비용을 말한다.

가맹계약의 체결과 계약의 종료 때까지 가맹본부는 사업방침, 운영방침, 각종 매뉴얼에 대해 가맹점에게 필요한 교육과 훈련을 수행해야 한다. 일반적으로 개점 전 교육 · 훈련 비용은 '교육비'의 행태로 지급받고 보수교육은 가맹본부에 따라 청구 유무가 다르다.

④ **지원비용(Support Costs)**

가맹점의 영업활동 활성화를 위해 가맹본부가 지원형태로 투여하는 모든 비용을 말한다. 교육 · 훈련 비용은 제외된다.

시간적으로 개점 판촉행사의 지원이 대표적이다. 그 후 진행되는 지역광고 지원, 마케팅 지원, 경영 컨설팅 지원, 부진 가맹점 활성화 프로그램 지원, 사인물 및 메뉴판의 교체비용 지원 등은 계약기간 중에 발생하는 가맹본부의 지원비용이라고 하겠다.

지원비용은 일반적으로 금전적 지원의 형태를 띠지만, 판촉물과 물류 지원처럼 현물 지원도 가능하다. 그리고 매장상황 진단, 경영적 조언, 매장 활성화 프로그램 기획과 같은 가맹본부의 비경제적 역량지원도 지원비용에 속한다.

⑤ **갈등 · 조정비용(Coordination Costs)**

가맹점과의 갈등(conflict)과 분쟁(dispute)을 조정하고 이를 원만히 해결(resolution)하기 위해 필요한 시간과 노력의 비용이다.

갈등·조정 비용은 가맹본부가 갈등관계에 있는 가맹점들과 부딪치고 있는 주요 현안들을 해결하기 위해 소요되는 비용이다. 동시에 향후 유사한 문제가 미래에 발생하지 않도록 가맹계약서의 조항이나 운영매뉴얼의 개선 조치를 하는 비용도 포함된다.

2. 수직적 통합과 거래비용

가맹본부는 가맹점과 거래가 빈번한 외부 공급업체들을 내부화하여 하나의 수직적 위계체계로 묶는다. 이는 생산, 유통, 판매의 수직적 통합으로 프랜차이즈 시스템의 경쟁력과 수익성을 향상시킨다. 그리고 수직적 통합에 의한 거래관계의 내부화는 가맹본부를 중심으로 가맹점과 외부 공급업체와의 장기계약을 유도하여 거래의 안정성에도 많은 기여를 한다.

수직적 통합은 일반적 거래관계와 다른 프랜차이즈 유통구조의 차별적인 특성이다. 수직적 통합은 가맹본부와 가맹점, 가맹본부와 공급업체, 가맹점과 공급업체 간의 자산 특수성을 강력하게 구축하여 프랜차이즈 거래관계의 의존성과 결속력을 높인다(Minkler 외 2인, 1994).

3. 출점방식과 거래비용

복수 가맹점 프랜차이징(multi-unit franchising, 이하 MUF)은 단일 가맹점 프랜차이징(single-unit, 이하 SUF)보다 가맹본부의 출점과정에서 발생하는 거래비용을 상당히 낮춘다. 한 명의 가맹점사업자가 특정 지역에서 2곳 이상의 복수 가맹점을 출점하면 가맹본부는 정보 수집비용, 탐색비용, 계약비용 등을 줄일 수 있기 때문이다.

그러나 경기상황과 사업환경의 불확실성이 큰 경우 그 선택의 해석은 달라질 수 있다.

특정 지역의 환경적 불확실성이 클 경우 MUF보다 위험분산의 차원에서 SUF가 더 효과적이다. 한 명의 가맹점사업자에게 여러 개의 가맹점의 운영을 맡길 경우, 부정적인 외부환경에 의해 해당 계약이 종료되면 한꺼번에 가맹점들을 잃기 때문이다.

이와 반대로 가맹점사업자의 행동의 불확실성이 클 경우 SUF보다 MUF를 선택하는 것이 더 효과적이다. 가맹본부는 한 명 또는 소수의 가맹희망자를 상대하는 MUF를 통해 탐색비용 등의 거래비용을 줄일 수 있다. 게다가 개점 후 관리해야 할 가맹점사업자의 수가 적기에 가맹점의 도덕적 해이, 무임승차, 기회주의 행동을 최소 비용으로 통제를 할 수 있다(Hussain 외 2인, 2015).

4. 해외 프랜차이징과 거래비용

가맹본부가 해외시장으로 진출할 때 진출국의 경제적, 제도적, 문화적 시장특성을 사전에 파악하는 것은 매우 중요한 일이다. 그리고 진출국에서 가맹본부가 직접 프랜차이즈 사업을 할지, 아니면 현지 파트너와 함께 사업을 진행할지 선택하는 것도 신중하게 내려야 할 전략적 결정이다.

그 이유는 진출국의 사업방식과 그 형태에 따라 가맹본부의 거래비용이 크게 차이가 나기 때문이다. 이에 가맹본부는 해외 진출 시 동반되는 모든 거래비용을 고려하여 적합한 사업형태와 사업방식을 결정해야 한다.

해외 프랜차이징의 유형으로는 가맹본부가 직접 투자한 전액 출자 자회사, 합작 투자 프랜차이징, 지역개발 프랜차이징, 마스터 국제 프랜차이징(master international franchising, 이하 MIF)으로 구분된다.

특히 MIF는 가맹본부가 현지 정보에 밝고 유통 등 사업기반을 갖춘 지역사업자와 파트너 계약을 맺는 방식이다. 가맹본부는 현지 파트너에게 가맹사업의 운영권을 부여하고 그 대가로 개설이익과 로열티 등의 수익을 얻는다.

가맹본부는 MIF로 초기 투자비용을 줄이고 사업적 위험을 현지 파트너에게 분담시키면서 궁극적으로 전체적인 거래비용을 최소화할 수 있다. 이 이유로 MIF는 위험분산과 거래비용의 관점에서 보편적으로 가장 선호되는 해외 진출 방식이다(Jell-Ojobor 외 2인, 2022).

Ⅳ. 시사점 또는 토론
1. 거래비용 이론의 특징

거래비용 이론의 핵심 내용과 특징을 정리하면 아래와 같다.

첫째, 이론은 거래관계에서 어떠한 거래형태와 거래방식이 거래비용을 최소화할 수 있고 거래관계의 효율성을 높일 수 있는지를 탐구한다.

둘째, 거래비용의 최소화는 기업의 이익을 증가시키는 핵심 요인이자 기업의 존재 이유가 된다. 거래비용이 높으면 기업은 존재할 가치가 없어진다.

셋째, 이론은 경제적 비용에 근간을 두고 있다. 이것은 금전적인 비용은 물론 시간 및 노력 같은 비금전적 비용도 포함한다.

넷째, 이론은 일반적으로 기업과 소비자와의 관계보다 기업과 기업의 B2B 거래관계에 집중한다.

다섯째, 시장실패의 위험성과 외부환경의 불확실성은 기업이 거래관계를 내부적으로 수직적 통합을 하는 결정적 이유가 된다.

여섯째, 프랜차이징은 수직적 통합의 거래방식의 대표적인 예이다. 가맹본부는 가맹점들과 외부 공급업체들을 내부적으로 수직적 통합하여 거래비용을 최소화하고 프랜차이즈 시스템의 효율성을 높일 수 있다.

2. 가맹본부의 존재 이유

Coase의 주장에 따르면, 가맹본부가 존재하는 이유는 프랜차이징에서 발생하는 거래비용의 최소화에 있다. 가맹본부가 존재하기에 프랜차이징의 거래비용이 최소화될 수 있는 것이다.

따라서 원론적으로 가맹점은 시장에서 외부 상대방과 거래하는 것보다 가맹본부와 직접 거래를 하는 것이 거래비용이 가장 낮고 거래관계의 효율성도 가장 높아야 한다. 이는 어떤 프랜차이즈 시스템의 거래비용이 높으면 가맹사업 자체가 성립하기 힘들고 해당 가맹본부의 존재가치가 없다는 강력한 메시지가 된다.

가맹점은 시장의 평균적인 수준보다 거래비용이 높고 거래의 효율성이 떨어지는 가맹본부와 프랜차이징을 할 이유가 없다. 거래비용과 거래관계의 효율성의 수준이 프랜차이즈 시스템의 경쟁력 수준인 것이다.

3. 프랜차이즈 사업의 성립 근거: 세 이론들의 비교

거래비용 이론은 자원부족 이론과 대리인 이론과 함께 프랜차이즈 사업방식이 시장에서 성립하는 근거를 명확히 제시해 준다.

세 가지 이론들은 모두 기업이 왜 다른 사업방식이 아니라 프랜차이즈 사업방식을 선택하는지와 가맹점은 왜 능동적으로 가맹사업에 참가하는지에 대한 근원적인 이유를 밝히고 있다.

프랜차이즈 자원부족 이론은 가맹본부가 생존과 빠른 성장을 위해 가맹점으로부터 부족한 경영자원들을 보충하기 위해, 그리고 프랜차이즈 대리인 이론은 매장의 소유권과 운영권한을 가맹점에게 분리·위임의 방법으로 사업적 비용과 위험을 낮추는 것이 가능하기에 기업이 프랜차이즈 사업방식을 선택한다고 하였다.

이와 비교하여 프랜차이즈 거래비용 이론은 가맹점과 외부 공급업체와의 거래관계를 수직적 통합을 하여 거래비용을 최소화하고 거래관계의 효율성을 높일 수 있기에 기업은 프랜차이즈 사업방식을 선택한다고 설명하고 있다. 프랜차이징이 거래당사자들의 거래비용을 우월하게 줄이고 거래관계의 효과성도 높다는 입장이다.

따라서 핵심적으로 프랜차이징에서 프랜차이즈 자원부족 이론은 가맹사업의 '성장', 프랜차이즈 대리인 이론은 '운영과 관리', 그리고 거래비용 이론은 '비용과 이익'과 관련되어 있다고 하겠다.

4. 필수품목은 수직적 통합의 요체

가맹본부와 가맹점은 반복적이고 계속적인 거래관계에 있다. 가맹점은 거의 매일 주문하고 가맹본부는 거의 매일 주문된 물품을 가맹점에게 공급한다. 가맹사업법에서 '계속적인 계약관계'가 프랜차이즈 사업의 성립요건으로 포함되어 있는 이유이다.

가맹본부는 반복적이고 계속적인 거래관계의 효과성을 높이기 위해 가맹점과 외부 공급업체와의 거래관계를 수직적으로 통합한다. 거래관계의 수직적 통합은 필수품목 등의 가격 경쟁력과 공급의 안정성을 높일 수 있기 때문이다.

현실에서 '프랜차이징의 수직적 통합'은 필수품목 등 가맹사업에 필요한 물품들을 가장 저렴하고, 가장 빠르게, 그리고 가장 안정적으로 공급하기 위해 존재한다.

그것이 프랜차이즈 사업의 특징이자 다른 사업방식과 비교되는 차별적 우월성이다. 이에 브랜드의 필수품목의 가격과 품질의 경쟁력은 프랜차이징의 수직적 통합의 요체라고 할 수 있다. 그리고 필수품목의 경쟁력은 프랜차이즈 시스템의 경쟁력과 수익성에 대한 가장 중요한 평가척도가 된다.

이와 달리 공급업체가 자주 바뀌는 경우, 공급물품의 품질과 공급가격의 변동성이 심한 경우, 공급물품의 가맹점 도착시간의 변화가 심한 경우 프랜차이즈 시스템의 수직적 통합은 효율성과 효과성이 떨어지고 가맹사업의 존재 타당성도 취약하다.

Ⅴ. 한국 프랜차이즈에서 적용과 제안들

1. 가맹점의 거래비용의 유형

국내 가맹점의 거래비용은 영업개시 이전의 부담, 영업 중 부담, 계약갱신 비용, 계약종료 비용, 일반적 관리비용, 부차적 거래비용으로 유형화하여 아래와 같이 설명할 수 있다.

가맹점의 거래비용은 가맹본부에 지급해야 할 '부담비용'이고 그 성격과 내용은 가맹본부의 거래비용과 다르다.

첫째, 개점을 위한 매장 투자비용, 개점 물품비용, 최초가맹금은 '영업개시 이전의 거래비용'이다. 매장 투자비용은 매장 인테리어와 시설 및 장비의 설치비용이고 개점 물품비용은 초도물품과 개점준비물 등이다. 최초가맹금은 예치가맹금의 형태인 가입비, 교육비, 계약이행보증금이 있다.

둘째, 로열티, 광고분담금, 판촉분담금, 보수교육비, POS와 같은 프로그램 사용료 등은 '가맹점의 영업 중의 거래비용'이다.

셋째, 가맹계약 자체의 갱신비용과 갱신과정의 보수교육 비용 등은 '가맹계약 갱신비용'이다.

넷째, '계약종료 비용'은 계약의 종료 시 간판, 시설, 장비, 물품, 사인물 등에 새겨진 브랜드 상표권 등을 제거해야 하는 원상회복 비용이 대표적이다.

다섯째, '계약 중도해지 비용'은 가맹점의 귀책사유나 개인적 이유로 가맹계약이 중도에 해지되는 경우에 발생한다. 가맹본부의 기대이익에 대한 손해배상과 위약금 등이 이 비용에 속한다.

여섯째, 가맹점의 '일반적 관리비용'은 직원 채용비용, 매장 관리비용, 매장 유지와 보수비용, 매출과 비용관리 비용, 운영매뉴얼의 준수비용 등을 말한다.

일곱째, 가맹점의 '부차적 거래비용'은 가맹사업의 시작과 종료 때까지 가맹점이 지출하는 일회성 성격이 강한 비용이다. 매장 탐색비용, 중개보수, 임대차 계약비용, 가맹점 양도비용 등이 이에 속한다.

2. 프랜차이즈 실패(Franchise Failure)

시장실패는 거래비용이 낮고 거래관계의 효율성이 높아야 할 시장이 인간적 요인과 거래적 요인으로 더 많은 거래비용과 거래관계의 비효율성을 초래하는 상황이다. 이러한 시장실패의 문제는 국내 프랜차이즈 시장에게 매우 중요한 시사점을 제공한다.

가맹본부는 필수품목 등을 경쟁력 있는 품질과 가격으로 가맹점에게 공급해야 한다. 그러나 그러하지 못하여 가맹점이 필수품목 등을 다른 경로를 통하여 큰 어려움 없이 더 낮은 가격으로 구매할 수 있는 경우 '프랜차이즈 실패'가 발생한다.

프랜차이즈 실패는 거래비용의 측면에서 '가맹점이 가맹본부와 거래를 하는 것이 외부 공급업체와 거래하는 것보다 거래비용이 더 많이 들어가고 거래관계의 효율성도 낮은 상태'를 말한다.

프랜차이즈 실패는 프랜차이징의 존재 타당성이 약하고 수직적 통합의 거래관계의 효과성이 낮은 상태이다. 따라서 프랜차이즈 실패는 '브랜드 실패' 또는 '프랜차이즈 시스템의 실패'를 의미한다.

프랜차이즈 시스템의 경쟁력과 효과성이 낮은 상태는 가맹점이 가맹계약을 맺거나 계약관계를 유지할 이유가 없는 상태이다.

거래비용 이론의 관점에서 보면, 실패한 프랜차이즈 시스템은 높은 거래비용과 거래관계의 낮은 효율성으로 시스템의 존재가치와 존재 타당성이 미약하다.

3. 거래비용의 경쟁력 평가

거래비용 이론이 던지는 강력한 메시지는 '당신의 프랜차이즈 시스템이 과연 거래비용을 최소화하고 있는가?'이다. 문제는 국내 시장에서 이 질문에 대해 '그렇다'라고 답할 수 있는 가맹본부 또는 브랜드가 실제로 그렇게 많지 않다는 데 있다.

프랜차이즈 시스템의 거래비용 최소화의 여부는 객관적인 측정이 사실상 어렵다. 기본적으로 거래되는 품목들이 많고 브랜드마다 거래품목들이 차이가 나기 때문이다.

이러한 이유로 브랜드 간의 거래비용의 경쟁력을 평가하는 현실적인 방법은 경쟁 브랜드의 주요 물품들과 대조하여 자신의 동일 또는 유사한 물품의 공급가격과 품질의 차이를 대조하여 평가하는 방식이다. 이 비교사례의 평가방법은 특정 브랜드의 필수품목에 대한 가격과 품질의 경쟁력을 전반적으로 평가하는 데 간결하면서 유용하다.

4. 필수품목은 거래비용의 핵심

가맹본부는 가맹사업을 하면서 필수품목을 정확히 이해해야 한다. 필수품목은 가맹본부와 가맹점 간에 발생하는 거래비용의 요체이다. 그리고 계약 기간 중에 가장 빈번히 그리고 가장 큰 거래 규모로 발생하는 두 당사자의 비용과 이익의 원천이다.

1) 가맹사업법상 필수품목

필수품목은 가맹사업법 시행령 불공정거래행위의 '구속조건부거래' 유형에서 '거래상대방의 구속'의 아래 조건들을 통해 그 정의와 범위를 추론할 수 있다.

첫째, 가맹사업의 경영에 필수적이라고 객관적으로 인정되고, 둘째, 특정 거래상대방과 거래하지 않을 경우 가맹본부의 상표권의 보호와 상품의 동일성을 유지하기 어렵다는 사실이 객관적으로 인정되어야 하고, 셋째, 가맹본부가 미리 정보공개서를 통하여 해당 사실을 알리고 가맹점사업자와 계약을 체결해야 한다.

이 세 가지 조건을 모두 충족하는 경우에 가맹본부는 가맹점에게 자기 또는 거래상대방을 지정하여 물품의 구입을 강제할 수 있다. 이를 필수품목의 정의와 범위라 하겠다.

2) 강제품목, 권장품목, 자율품목

필수품목은 가맹본부가 '가맹점에게 자기 또는 자신이 지정한 자로부터 물품 등을 구매할 것을 강제하는 품목'이다. 이에 필수품목을 가맹본부의 '구입요구품목'이라고 한다.

가맹본부가 직접 제조하여 공급하건, 아니면 특정 거래상대방을 지정하여 공급하건, 그 거래형태는 상관이 없다. 거래상대방의 지정 여부가 필수품목의 판단기준이 된다.

그런데 유의해야 할 사안은 권장의 형태도 필수품목에 속한다는 사실이다. '권장품목'도 필수품목으로 해석되는 것이다. 따라서 필수품목은 강제품목과 권장품목으로 구성된다.

강제품목은 '전용상품'이라고 한다. 외식 브랜드인 경우 동일한 맛과 품질을 위해 브랜드만의 육수, 소스, 기타 원부재료가 이에 해당된다.

권장품목은 물품에 '특정한 Spec이 있거나 일반적 물품과 차별적 특성을 가진 특정업체의 제품'을 말한다. 다른 제조사나 다른 브랜드의 제품으로 대체되면 고객에게 제공하는 상품의 일정한 품질을 유지하기 힘든 경우에 가맹본부는 일부 품목을 권장품목으로 지정할 수 있다. 가령 특정 브랜드와 특정 Spec이 있는 치즈, 소스, 식용유 등이나 보관과 조리 과정에 영향을 미치는 특별한 장비 등이 이에 속한다.

권장품목은 가맹점이 동일한 물품을 구할 수 있다면 스스로 구매하면 된다. 이에 강제품목과 권장품목의 차이는 구매해야 할 상대방이 가맹본부에 의해 특별히 지정되어 있고 강제되고 있느냐의 여부에 있다.

필수품목(강제품목과 권장품목)을 제외한 나머지 품목은 '자율품목'이다. 이를 '범용상품'이라고 한다. 가령 쌈장, 고추장, 쓰레기통, 주방 소모품 등이 이에 속한다. 가맹점이 거래상대방의 구속 없이 온라인이나 마트 등에서 직접 구입할 수 있는 일회용품, 소모품, 일반 공산품들이 자율품목에 속한다.

3) 필수품목의 정체성

필수품목은 가맹사업의 합목적성 달성과 가맹점의 표준적인 운영 및 일정한 기준의 통일적인 품질 유지를 위해 존재한다.

　필수품목은 프랜차이징의 수직적 통합에 핵심적 역할을 한다. 프랜차이징에서 필수품목의 반복적이고 계속적인 거래는 가맹본부가 거래관계를 수직적 통합을 하는 명확한 이유를 제공한다. 수직적 통합의 유형적인 대상이 필수품목이고, 필수품목의 가격과 품질의 경쟁력이 프랜차이즈 시스템의 경쟁성과 수익성이 된다.

　필수품목은 가맹본부의 유통이익의 근간이다. 이는 차액가맹금 또는 리베이트 형태로 나타나고 정보공개서의 중요한 기재사항이다. 정보공개서에 필수품목 대상과 수익을 얻는 사실 등에 대해 허위과장으로 기재하거나 이를 누락시키는 경우 가맹사업법에 위반될 가능성이 크다.

　한편, 가맹점의 입장에서 필수품목의 경쟁력은 가맹점의 지속가능성의 척도이다. 가맹점의 비용과 이익의 근간이기 되기 때문이다.

　필수품목의 공급가격이 경쟁력 있어야 가맹점의 거래비용(비용지출)이 낮고 매장의 잔여이익 수준이 높다. 그리고 필수품목의 공급가격이 안정적이어야 매장운영의 안정성도 확보되고 지속가능한 매장의 수익성도 유지될 수 있다.

5. 다른 거래비용 줄이기

1) 탐색비용 줄이기

　탐색비용을 줄이고 가맹계약의 실질적 성과를 늘리기 위해 최근 가맹본부들이 '가맹점 모집 또는 개설영업 대행업체(이하 개설 대행업체)'를 활용하는 사례들이 늘고 있다.

　이들은 '프랜차이즈 인큐베이팅 회사' 등 다양한 명칭을 사용하지만, 기본적으로 가맹점 모집과 가맹계약 체결을 대행하는 광고 또는 마케팅 회사의 성격이 강하다. 최근 그 업체 수도 폭발적으로 늘고 있어 이제는 경쟁이 치열한 시장이 되었다.

개설 대행업체와의 업무제휴는 소규모 가맹본부나 아직 본사 조직구성이 완성되지 않은 신규 브랜드들이 선호한다. 개설 마케팅팀을 구성하지 않아서 인건비를 낮출 수 있고 광고비 등 마케팅 비용을 분담하는 방법으로 개설 마케팅 비용을 낮출 수 있기 때문이다.

최근에는 사업기간이 오래되거나 중대형 가맹본부도 개설 대행업체와 업무제휴를 하는 사례가 늘고 있어 해당 시장규모는 물론 개설 대행업체의 시장 영향력은 점차 커지고 있다.

개설 대행업체는 가맹점 모집과정에서 가맹본부로부터 일부 비용을 받거나 가맹계약의 성과에 기반하여 최초가맹금, 물류이익, 로열티들로부터 이익을 배분받는다. 이와 같이 개설비용의 지출이 가맹계약 후에 주로 발생하기에 소규모나 신규 가맹본부에게 매력적인 선택이 된다.

그러나 이 개설방식은 다음과 같은 문제점들을 발생시킬 수 있다.

첫째, 비용지출 면에서 가맹본부의 정보 획득비용, 탐색비용, 계약비용 등의 지출 시점만 달라진 것뿐이다.

가맹본부가 본사 조직 내에서 개설영업을 직접 해결하는 것보다 개설 대행업체를 통한 일의 처리가 실제로 거래비용을 감소시켰는지 검증하기 어렵다. 가맹본부는 특정 시점에서 개설 대행업체에게 기본적 비용, 수수료, 성과수당 등에 대해 어떠한 형태로든 보상해야 하기 때문이다.

둘째, 가맹본부가 개설수익을 낮추거나 포기하지 않는다면 가맹희망자의 창업비용의 수준이 높아질 수 있다.

가맹본부는 모집대행 비용, 광고비용, 그리고 가맹계약 성과에 대한 보상을 개설 대행업체에 지급해야 한다. 이로 인해 가맹본부는 개설 대행업체에게 지급하는 비용을 최초가맹금, 인테리어 등의 수익, 그리고 계속가맹금에 반영할 가능성이 크다.

셋째, 무엇보다 가맹점 모집과정이 적법하고 적절한 과정을 거쳤는지에 대해 계약시점에 가맹본부가 확신할 수 없다는 점이다. 적법한 절차나 적절한 영업에 의해 개설되지 않았던 가맹점의 문제들은 개점 후 2~3년이 지나서야 수면 위로 올라온다.

넷째, 이를 막기 위해 가맹본부는 계약체결 시점에 개설 서류들을 점검하여 계약의 적법성과 적격성을 확인할 수 있다.

그렇지만 가맹본부가 가맹희망자하고 다시 상담 또는 인터뷰하지 않고서는 계약과정에서 개설 대행업체가 가맹희망자들과 소통한 구체적 내용까지는 확인할 방법이 없다. 만약 개설 대행업체가 개설과정에서 허위·과장 정보를 가맹희망자들에게 제공하거나 잘못된 정보로 가맹계약을 마무리하는 경우 가맹본부도 그 결과물에 책임져야 한다.

다섯째, 지속가능성과 가맹본부의 자생력의 문제이다.

가맹본부가 높은 수준의 적법한 개설절차의 준수와 개설성과를 달성하면서 개설 대행업체와 장기적인 계약관계를 유지하면 큰 문제가 없다.

그러나 변화된 사업환경이나 두 당사자의 갈등 등의 문제로 인해 거래관계가 종료되면 가맹본부는 본사 내에서 개설 조직을 구성해야 한다. 이 경우 사업 초기보다 더 많은 비용과 노력이 필요할 수 있다. 처음부터 모든 것을 다시 시작해야 하기 때문이다.

2) 교섭비용과 계약비용 줄이기

가맹본부는 변호사 또는 가맹거래사에게 교섭과 계약과정을 위임할 수 있다.

이 위임방식은 계약과정의 적법성과 완성도를 높이고 담당 직원을 채용하지 않아 인건비를 줄일 수 있다. 게다가 가맹본부는 이 위임방식을 통해 정보공개서의 숙고기간을 14일에 7일로 앞당길 수 있어 신속한 계약도 기대할 수 있다.

그러나 이 위임방법은 가맹본부가 회사 내부에 가맹거래사 등 계약과정을 담당하는 전문적 직원을 채용하는 것보다 거래비용이 실질적으로 낮은지 직접 비교해 봐야 알 수 있다.

예를 들어 가맹계약이 간헐적이라면 분명히 비용적으로 효과적이지만 가맹계약이 꾸준하다면 그 위임비용이 더 들어갈 수 있다. 게다가 교섭과정에서 가맹희망자와 계약 내용에 이견이 있는 경우 합의를 위한 빠른 대처가 어렵고 소통의 오류도 생길 수 있다.

추가적으로, 가맹계약 체결과정에서 가맹본부의 입장과 의견이 제대로 반영이 되었는지 확인이 필요한 경우 가맹본부는 계약시점에 이를 다시 검증해야 하는 번거로움도 발생한다.

3) 경영관리 시스템의 고도화

가맹본부의 경영관리 비용은 절대적인 금액이 크지는 않지만 개별 영역마다 소액으로 꾸준히 발생한다. 그런데 그 비용 항목이 워낙 다양하다 보니 전체적인 합산액의 규모는 적지 않다.

경영 관리비용은 가맹본부의 회사조직과 프랜차이즈 시스템을 유지하는 데 필요한 비용이다. 특히 모니터링 비용은 SV 시스템을 포함하기에 비용적으로 가장 큰 부분을 차지한다.

가맹본부가 경영관리 비용을 줄이는 유효한 방법은 경영관리 시스템의 고도화에 있다. 가맹본부가 발전된 IT를 바탕으로 계약관리, POS 판매관리,

발주관리, 재고관리에 관한 프로그램들을 활용하여 관리비용을 줄이고 업무의 효율성을 향상시킬 수 있다. 효과적인 경영정보시스템(이하 MIS)의 구축이 필요한 것이다.

MIS의 고도화는 본사 조직의 운영 효율성을 높여 가맹본부의 판매관리비를 줄이고 결과적으로 영업이익의 수준을 높인다. 그리고 MIS는 시스템의 표준적 운영으로 가맹점의 출점부터 폐점까지 직원들의 업무 실수를 최소한으로 줄여 직무 완성도를 높인다.

다만, 현장 확인과 점검이 충실하게 이루어지지 않은 상태에서 지나치게 MIS에 의존하는 경우 그 정보들이 현실성이 떨어지거나 가맹점과의 소통 등의 부재를 낳을 수 있다는 점을 가맹본부는 유의해야 한다.

Ⅵ. 함께 생각해 봅시다

수요자 중심의 거래비용 인식의 중요성

최근 소비자는 상품가격만이 아닌 최종 지출비용의 합으로 거래비용을 인식하는 경향이 높아졌다. 가령 소비자는 온라인에서 주문한 상품의 거래비용을 상품가격 자체가 아니라 상품가격에 택배비를 합한 최종 결제금액으로 인식한다.

그러하기에 가맹본부도 앞으로 공급자의 중심의 사고방식에서 벗어나 수요자의 관점에서 소비자가 인식하는 최종 거래비용에 관심을 가질 필요가 있다.

특히 배달업종에서 그러하다. 그 예로 프랜차이즈 치킨의 매장 판매가격이 2만 원이라고 가정하자. 이 경우 포장판매는 보편적으로 할인이 되므로 2만 원보다 낮을 것이다. 그러나 배달은 다르다. 배달비용이 합쳐져서 거래비용은 2만 5천 원 또는 그 이상이 될 수 있다.

 프랜차이즈 치킨 가격이 3만 원에 육박했다는 자극적인 언론 기사들은 이를 근거로 한다. 이제는 메뉴 자체의 가격보다 소비자가 지불하는 최종적인 배달 도착가격이 중요한 시대가 되었다.

 다른 예로 가맹점의 매장 판매와 배달 판매 간의 가격 차이가 사회적 이슈가 된 적이 있다. 가맹점이 배달비용의 일부를 배달 메뉴의 가격에 포함시킨 결과다. 같은 메뉴의 매장 판매가격과 배달 판매가격이 서로 다른 것이다.

 거래관계에서 가장 중요한 것은 가격이다.

 최근 매장, 포장, 배달 판매방식에 따라 소비자가 인식하는 가격의 차이가 심해지고 있다. 따라서 다양한 판매방식을 채택하고 있는 프랜차이즈 브랜드는 가격 설정과 가격 마케팅에 각별한 주의를 기울여야 한다. 소비자는 상황에 따라 또는 판매방식에 따라 그 가격의 차이를 불공정하게 인식할 수 있기 때문이다.

 특정 브랜드의 특정 메뉴 가격이 얼마였는지 소비자는 점차 기억하기 어렵게 되고 있다. 프랜차이즈 브랜드의 품질을 대표하는 가격의 일체성 또는 정체성(identity)이 점차 약해지고 있다.

제2부
프랜차이즈의 관계특성

2부에서는 프랜차이즈 계약관계에 있는 가맹본부와 가맹점 간의 관계특성이 다른 사업방식과 차별적이고 두드러지게 다른 점이 무엇인지 살펴보고자 한다.

가맹본부와 가맹점의 거래관계에서 나타나는 다양한 관계특성들 가운데 가장 대표적인 것이 거래특유투자와 거래관계의 공정성의 문제이다.

프랜차이즈 사업방식은 다른 사업방식과 달리 가맹본부의 '보이지 않는 힘'인 거래특유투자의 특징이 강하다. 그리고 프랜차이즈 공정성의 문제는 프랜차이즈 브랜드와 소비자 사이에서 존재하면서도 가맹본부와 가맹점 간의 거래관계에서 매우 중요한 문제이기도 하다.
특히 이 책은 가맹본부와 가맹점 간의 불공정한 거래관계에서 사업적 성과와 이익의 불공정한 배분의 문제에 집중할 것이다.

거래특유투자
공정성 이론

제4장
거래특유투자
(Transaction Specific Investment)

> 거래특유투자는 거래관계의 의존성과 결속력을 높이고
> 프랜차이즈 시스템의 효율성과 효과성을 극대화한다.

Ⅰ. 거래특유투자

1. 개요

거래특유투자는 거래특유자산(transaction specific assets) 또는 자산특유성(asset specificity)라고도 한다. 거래특유투자는 두 기업 이상이 거래비용의 최소화와 거래관계의 효율성 증대를 위하여 의도적으로 서로에게 투자한 물리적, 인적, 지적 자산 등을 말한다.

이를테면 특정 육가공 상품들을 효율적으로 보관하기 위해 유통업체가 대형 냉장·냉동 시설에 투자한다든지, 판매업체가 특수제작한 쇼케이스 시설을 갖추는 투자행위 등이 이에 속한다.

이러한 특정 거래를 위한 물리적인 시설 및 장비의 투자뿐만 아니라 두 당사자 간의 전문적 지식교류, 판매 및 마케팅 협력, 경영정보시스템 공유, 인적교류 투자도 거래특유자산이 된다.

거래특유투자 이론은 거래비용 이론 및 거래비용의 경제학과 직접적인 관련성이 있다. 거래특유투자는 거래당사자들이 서로에게 필요한 유형적, 무형적 투자를 하여 거래비용을 낮추고 거래관계의 효율성을 향상하여 궁극적으로 장기적인 거래관계를 유지하는 구체적인 실천방법이 된다.

따라서 거래특유투자는 장기적인 거래관계에 대한 두 당사자의 기대감의 실천과 약속의 현실적 증거라고 할 수 있다.

거래특유투자의 수준이 높다는 것은 두 당사자가 신뢰성을 바탕으로 장기적 거래관계를 위해 서로 많은 투자를 했다는 것을 의미한다. 높은 수준의 거래특유자산은 두 당사자가 거래관계에 강하게 결속하여 협력적인 관계성이 매우 높은 상태이다.

거래특유투자는 거래관계의 의존성을 높인다. 거래관계의 의존성은 신뢰성과 결속력을 강화하여 거래관계의 효율성과 효과성을 향상시킨다. 거래관계에 이탈하는 경우 자기가 투자한 거래자산은 모두 매몰비용(sunk cost)이 되기에, 두 당사자는 현재의 거래관계에 강하게 의존할 수밖에 없는 것이다.

2. 거래특유투자의 유형
1) 거래특유투자의 유형

거래빈도가 높고 반복적인 거래를 하는 두 당사자는 협력적인 자산특유성을 구축한다. 거래당사자들은 거래관계의 불확실성을 제거하고 거래비용을 줄이기 위해 상호 투자를 강화한다. 이러한 자산특유성의 유형은 아래와 같다.

첫째, 사이트 특유성(site specificity)은 운송비용과 재고비용을 절약하기 위해 두 당사자가 생산, 유통, 물류, 보관의 시설들을 가까운 거리에 위치시키는 형태이다. 사이트는 생산이나 유통시설들이 있는 부지와 그것에 부속된 유형적 시설들을 말한다.

둘째, 물리적 자산특유성(physical)은 상대방이 요구하는 특정 제품을 유통하기 위해 필요한 시설과 장비를 갖추는 형태이다. 가령 제조사가 생산하는 A 제품을 위해 유통회사는 A 제품에 특화된 생산, 유통, 보관시설 등을 갖추는 경우이다.

셋째, 인적 자산특유성(human)은 두 당사자가 효율적인 생산, 유통, 관리를 위해 서로 필요한 인력을 공유하거나 업무수행에 필요한 직원을 채용한다. 이를 통해 두 당사자는 경영방법, 운영 노하우, 전문지식을 공유하고 효율적인 업무협력을 강화한다.

두 당사자 간의 상호 투자가 이루어지면 자산특유성이 형성된다. 그 결과, 두 당사자는 상당한 기간 동안 거래관계를 유지할 수밖에 없는 '잠김(locked-in)'이 발생한다.

두 당사자는 장기적인 거래관계의 유지를 위해 '잠김 효과'를 활용하여 서로에게 각별한 관심을 쏟고 우호적인 관계유지를 위해 노력한다. 이 관계특징은 다른 상대방과 거래를 하는 것보다 현재의 거래관계에 결속하는 것이 거래비용과 거래의 효과성의 측면에서 더 우수하다는 강한 믿음에 기반한다(Williamson, 1981).

2) 확대된 거래특유투자의 유형들

후속 연구들은 Williamson의 유형을 발전시켜 아래와 같이 거래특유투자의 유형을 세부적으로 추가하였다.

첫째, 두 당사자는 해당 거래관계에서만 효율적으로 작동하는 '특수한 전용자산'에 적극 투자를 한다. 특수한 전용자산은 그 거래관계에서 매우 유용하나 다른 곳에서 그러지 않은 자산이다. 자산특유성이 가장 고도화된 형태이다.

둘째, 브랜드 인지도와 명성의 '브랜드 자산특유성'이다.

하위기업은 상위기업의 브랜드 자산이 높을수록 더 많은 투자를 한다. 프랜차이즈 사업방식은 브랜드 자산특유성이 매우 강력하다.

셋째, '시간적 특수성(temporal specificity)'도 중요하다.

원하는 시간에 자산들을 즉각적으로 사용할 수 있어야 한다. 적절한 순간에 자원이나 인력들이 공유되지 않으면 자산특유성의 효과는 떨어진다(Lohtia 외 2인, 1994).

3) 유형적, 무형적 거래특유투자

두 당사자가 상호 투자하고 협력하는 이유는 새로운 상품출시, 개선된 상품유통, 효율적인 생산과 판매관리를 통하여 전체비용의 절감과 이익을 늘리기 위함이다.

당사자가 특정 상대방과 거래를 하기 위해 특정 제품공급, 필요인력 공유, 유통관계 협력, 정보시스템 공유, 판매 제휴, 시설과 장비에 투자하는 것을 전반적인 투자(overall)라고 한다. 이러한 전반적인 투자는 유형적 투자와 무형적 투자로 구분된다.

유형적 투자(tangible)는 시설, 장비, 도구 등의 물리적 자산에 투자하는 형태이다. 투자의 유형적 실체가 있다. 이에 비해 무형적 투자(intangible)는 거래상대방의 경영 노하우, 운영방법, 판매방법과 같은 전문적인 지식과 경험을 공유한다.

거래특유투자는 두 당사자 간의 유형적 투자의 수준도 중요하지만 상호

전문적 지식과 경험의 긴밀한 공유와 같은 무형적 투자의 수준도 대단히 중요하다(Zhang 외 4인, 2022).

3. 거래특유투자의 특징

거래특유투자의 강도는 두 당사자 간의 유형적, 무형적 투자의 수준에 따라 달라진다. 거래특유투자의 수준이 높을수록 거래관계의 의존성은 더 높아지고 이미 형성된 거래관계는 아래와 같이 쉽게 바꿀 수 없는 거래관계의 특징들로 나타난다.

첫째, 거래관계의 의존성은 두 당사자가 그 거래관계에 집중하는 중요한 이유가 된다. 특히 거래횟수가 빈번하고 반복적인 경우 두 당사자의 의존성은 커진다.

둘째, 거래특유투자는 매몰비용의 성격을 갖는다. 일방이 거래관계에 이탈하거나 거래상대방을 바꾸고자 하는 경우 투자한 자산은 매몰비용이 된다. 매몰비용은 두 당사자가 장기적 거래관계를 유지하고 서로 의존하는 현실적인 이유가 된다.

셋째, 거래특유투자의 수준이 높을수록 거래비용은 감소하고 거래관계의 생산성은 증가한다. 거래특유투자의 목표이자 가장 큰 기대효과이다.

넷째, 수직적 통합은 거래특유투자를 강화하는 요인이다. 수직적 통합이 이루어지면, 거래당사자들은 새로운 투자를 하거나 상대방이 요구하는 추가적 투자를 능동적으로 진행하게 된다.

Ⅱ. 프랜차이즈 거래특유투자

1. 프랜차이즈에서의 역할

 프랜차이즈 거래특유투자는 효율적인 프랜차이징을 위하여 상위기업인 가맹본부, 하위기업인 가맹점, 그리고 외부 공급업체들 사이의 상호 투자이다. 이러한 프랜차이즈 거래특유투자의 역할을 살펴보면 아래와 같다.

 첫째, 가맹본부와 가맹점 간의 계약관계의 불완전성을 보충한다. 모든 가맹계약서는 완전할 수 없다. 두 당사자의 불완전한 가맹계약은 미래의 불확실성을 낳는다. 거래특유투자는 장기적 거래관계의 약속이행을 위한 상호 투자의 가시적인 결과물로 가맹계약의 불완전성을 보충한다.

 둘째, 가맹본부의 모니터링 비용을 감소시킬 수 있다. 자산특유성이 높을수록 가맹점은 가맹계약의 안전한 유지를 위해 거래관계에 의존하여 매장의 표준적 운영에 많은 신경을 쓴다.

 셋째, 두 당사자 간의 정보의 비대칭으로 발생하는 기회주의 행동을 억제해 주는 중요한 역할을 한다.

 일방의 기회주의는 거래관계의 신뢰성을 무너뜨려 관계종결의 결정적인 이유가 된다. 이로 인해 계약이 종료되는 경우 기회주의 행동을 한 당사자는 투자금액을 회수할 수 없다. 자산특유성이 클수록 매몰비용이 크기에, 두 당사자의 기회주의 행동은 통제된다.

 넷째, 자산특유성은 정보의 비대칭으로 발생하는 가맹점의 무임승차 의도를 자연스럽게 줄일 수 있다.

 자산특유성이 높은 가맹점은 다른 가맹점의 성과나 브랜드 명성에 편승하는 무임승차의 수준으로는 결코 만족하는 매장성과를 낼 수 없다. 또한 투자비용의 신속한 회수도 불가능하다. 이에 거래특유투자가 높을수록 가맹점은 높은 성과를 향한 경영적 의지가 높기에 가맹점의 무임승차 가능성은 낮아진다(Minkler 외 1인, 1994).

2. 가맹점의 거래특유투자

가맹점의 거래특유투자는 가맹점이 가맹사업을 시작하고 가맹점을 유지하기 위해 투자하는 모든 경제적, 비경제적인 비용이고 유형적, 무형적 투자의 형태로 구분된다.

가맹점의 유형적 거래특유투자는 가맹사업 개시를 위한 인테리어, 시설, 장비 등의 매장 투자비용과 최초가맹금에서 시작된다. 그리고 개점 이후 가맹점은 가맹사업의 유지를 위해 계속가맹금을 투자해야 하고 가맹계약서에 명시된 각종 비용을 부담해야 한다. 이러한 가맹점의 유형적 거래특유투자는 가맹점의 사업기간이 오래될수록 계속 누적되고 그 규모는 점차 커지게 된다.

가맹점의 무형적 투자는 운영매뉴얼 준수, 직원관리, 고객서비스에 대한 가맹점의 관리 노력을 말한다. 가맹점의 무형적 투자는 매장의 책임운영과 높은 매장성과를 위한 가맹점사업자의 경영적 투자와 노력으로 일상적인 매장운영에서 계속적으로 축적된다(Cho, 2005).

3. 가맹본부의 거래특유투자

1) 브랜드 자산특유성(Brand Asset Specificity)

가맹점이 가맹사업에 참여하는 이유는 가맹본부가 보유하고 있는 지식재산권과 브랜드 명성에 있다. 소비자는 브랜드를 인식하고 신뢰하여 매장을 방문한다. 그러하기에 가맹점은 브랜드의 정체성과 일관성을 유지하면서 매장을 운영해야 한다.

가맹점이 가맹사업을 한다고 해서 가맹본부의 브랜드 자산을 직접 소유하는 것이 아니다. 가맹점은 계약기간에만 브랜드 자산을 사용할 수 있다.

프랜차이징에서 브랜드 자산특유성은 가맹점들과 외부 파트너들이 거래관계를 형성하고 이에 강하게 결속하는 중심체적 역할을 한다. 가맹본부의 브랜드 자산특유성이 강할수록 거래당사자들의 투자는 늘어나고 거래특유투자의 수준은 높아진다(김경민 외 2인, 2007).

2) 지식특유성(Knowledge Specificity)

가맹본부의 지식특유성은 브랜드 자산과 연결된 중요한 개념이다.

지식특유성은 가맹본부의 영업과 판매의 노하우, 영업비밀, 교육과 훈련의 전문성, 경영적 조언, 매장 운영방법의 전문성, 경영분석의 정보를 포함한다.

따라서 가맹본부의 지식특유성은 가맹사업과 관련된 가맹본부만의 전문적인 지식과 경험의 역량이라고 할 수 있다. 가맹본부의 지식특유성이 높을수록 가맹점은 가맹본부의 역량과 전문성에 의존하게 되고 거래관계에 능동적으로 결집한다(Badrinarayanan 외 2인, 2016).

3) 관계특유성(Relationship Specificity)

관계특유성은 프랜차이징의 독특한 특징이다. 가맹계약에 얽혀 있는 두 당사자는 반복적인 거래를 한다. 시간이 지남에 따라 누적된 거래횟수는 브랜드의 관계특유성으로 발전한다.

관계특유성은 일반적인 계약과 달리 두 당사자가 가맹계약의 종료 때까지 매일 상호작용을 해야 하는 가맹사업의 특수성에 기인한다.

프랜차이즈 관계특유성의 수준은 두 당사자의 거래 기간에 비례하여 높아진다. 그리고 유형적 또는 무형적 거래투자가 높을수록 관계특유성은 강화된다.

프랜차이즈 관계특유성이 강할수록 두 당사자는 시장에서 다른 거래상대방을 찾기보다는 현재의 거래관계에 집중하고 높은 사업성과를 위해 현재의 거래관계에 몰입한다(Badrinarayanan 외 2인, 2016).

4. 거래특유투자 수준 높이기

가맹본부는 명분을 가지고 추가적 투자를 유도하여 가맹점의 거래특유자산의 수준을 높일 수 있다. 이를 통해 가맹본부는 가맹점의 브랜드 전환의 가능성을 사전에 억제할 수 있다.

추가적 투자를 통해 가맹점의 거래특유자산의 총량을 늘리는 방법이다. 계약종료 시 가맹점이 감수해야 할 매몰비용의 총액이 늘어나기에 가맹점의 계약이탈을 줄이는 유효한 방법이 되는 것이다.

구체적으로 외식 가맹본부는 음식 조리나 포장방법 개선을 위해 새로운 장비와 물품을 구매하게 하거나 매장 진열대 등을 교체하도록 가맹점을 설득한다. 또한 가맹본부는 가맹점이 새로운 교육·훈련 프로그램을 받거나 광고와 판촉에 대한 적극적인 투자를 하도록 유도한다.

그렇지만 추가적 투자의 유인은 가맹점에게 경제적, 비경제적 부담을 동반한다. 그러하기에 그 부담에 대한 타당한 이유가 없거나 가맹점에게 이익이 되지 않는 경우, 가맹점의 추가적 투자를 유인하는 것은 어렵다.

만약 추가적 투자의 요구가 강압적인 방법으로 이루어지고 가맹점의 이익에 부합되지 않는 방향으로 안내된다면, 가맹점의 강한 반발을 살 수 있고 가맹점과의 갈등관계를 유발할 수 있다(김상덕, 2006).

5. MUF와 거래특유투자

 MUF(복수)는 SUF(단일)보다 가맹점에게 높은 수준의 거래특유투자를 요구한다. 가맹본부는 한 명의 가맹희망자에게 두 곳 이상의 가맹점 출점승인을 통해 거래특유투자의 수준을 높인다.

 MUF는 가맹본부의 탐색비용, 계약비용, 모니터링 비용을 줄여 준다. 또한 MUF는 가맹점의 거래 규모를 크게 하여 높은 수준의 거래특유자산을 구성한다. 따라서 MUF 가맹점은 SUF보다 거래관계에 강한 의존성과 결속력을 보이고 도덕적 해이, 무임승차, 기회주의 행동의 가능성이 낮다.

 MUF에서 거래특유투자의 가장 긍정적인 역할을 하는 요인은 가맹본부의 브랜드 자산특유성과 지식특유성과 같은 무형적 자산이다.

 가맹본부의 브랜드 자산특유성과 지식특유성이 높을수록 가맹희망자는 지역시장을 독점하기 위해 SUF보다 MUF 출점방식을 선호한다(Hussain 외 4인, 2013).

6. MIF와 거래특유투자

 거래특유투자의 영향력이 가장 큰 영역은 해외 프랜차이즈 사업이다. MIF(마스터 국제 프랜차이징)는 해외 진출의 보편적인 형태로 거래특유투자의 강점이 가장 잘 나타나는 해외 거래방식이다.

 MIF는 해외 프랜차이즈 사업에 전체 또는 일부의 사업권리를 진출국의 파트너에게 판매하고 가맹사업의 진행을 거의 모두 위임하는 방식이다.

 가맹본부는 해외 파트너에게 전속계약을 부여하면서 높은 수준의 거래특유투자를 요구한다. 이에 따라 MIF의 투자요구의 영역은 생산, 유통, 식영점, 회사조직 등에 걸쳐 광범위하다.

 가맹본부의 규모가 크거나 브랜드의 명성이 높은 경우 진출국의 파트너는 프랜차이즈 전속계약을 위해 많은 유형적, 무형적 투자를 해야 한다. 해외 파트너의 높은 거래특유투자의 수준이 가맹본부가 멀리 떨어져 있어도 MIF 방식을 통해 해외 진출국의 프랜차이징을 간접적으로 관리할 수 있는 기반이 된다(Jell-Ojobor 외 2인, 2022).

7. Hostages, Hands Tying, Hold-Up

거래관계에 있어 '볼모 또는 인질(hostages)'은 계약의 약속이행을 담보하기 위한 강제적 성격의 경제적 등가물이다.

볼모는 계약을 체결하기 전이나 체결한 이후의 모든 상황에서 요구될 수 있는 담보(투자)이다. 두 당사자는 계약체결 전에 서로의 약속이행을 위해 투자를 요구할 수 있고 계약체결 이후에 투자를 새롭게 추가할 수 있다.

볼모는 상대방의 약속이행을 강제하고 불확실성을 낮춘다. 또한 거래상대방의 배신이나 기회주의 행동을 힘으로 억제하는 거래특유투자의 기능도 수행한다.

볼모는 일종의 거래관계의 '손 묶기(hands tying)'이다. 거래관계의 손 묶기는 상대방이 계약을 위반할 경우 그가 투자한 모든 것을 잃을 수 있다는 경고를 하는 것과 같다. 상대방이 거래관계에서 이탈할 수 없게 하고 계약서의 이행을 강제한다.

거래특유투자는 자신의 약속이행을 '홀드업(hold-up)'할 수 있는 힘이 된다. 홀드업은 자기 이익을 위해 비상식적이거나 무리한 요구를 하면서 자기 약속이행을 지체하거나 상대방의 약속이행을 촉구하는 다차원적인 의미가 있다.

이러한 거래관계의 볼모, 손 묶기, 홀드업은 거래특유투자가 높을수록 발생의 가능성이 높다. 상호 약속이 이행이 되지 않으면 투자한 모든 것들이 매몰비용이 된다는 두려움이 있기 때문이다.

　거래상대방의 도덕적 해이, 무임승차, 기회주의에 취약한 프랜차이즈 계약관계에서 가맹본부 또는 가맹점은 상대방이 자신의 권리와 이익을 침해했을 때 거래특유투자를 활용하여 상대방에게 볼모, 손 묶기, 홀드업의 행동을 할 수 있다. 상대방에게 가맹계약의 이행을 촉구하는 적극적인 대응이다. 이와 반대로 어느 한쪽은 거래특유투자를 악용하여 자기 역할이나 계약내용의 이행을 회피하거나 불합리하게 무리한 요구를 할 수 있다.
　따라서 볼모, 손 묶기, 홀드업은 계약관계의 안정성을 유지하는 실질적 조치도 될 수 있지만, 거래특유투자를 악용한 부정적인 요인으로 작동할 수 있다(Dnes, 2003).

Ⅲ. 시사점 또는 토론

1. 누적의 힘

　프랜차이즈 거래특유투자의 결정적인 특징은 가맹본부와 가맹점의 투자행위가 일회성이나 특정 시점에 그치지 않는다는 데 있다. 거래관계의 모든 행위가 축적되어 그 누적의 힘은 커진다.
　가맹본부는 브랜드가 존속하는 동안 프랜차이즈 시스템과 가맹점들에게 지속적인 투자를 해야 한다. 가맹점도 가맹계약의 시점부터 종료 시점까지 가맹계약의 유지를 위해 꾸준히 투자해야 한다.
　이러한 측면에서 프랜차이즈 거래특유투자는 두 당사자의 유형적 투자가 계속 쌓이고 경영적 노력의 무형적 투자도 지속적으로 축적됨으로써 강화된다. 이에 가맹계약의 기간이 길수록 두 당사자의 거래특유투자의 수준은 높아진다.

2. 높은 효율성과 효과성: 긍정적인 면

 가맹본부와 가맹점 간의 거래특유투자가 실행되면 거래비용은 감소한다. 그 결과, 거래관계의 효율성이 증대되고 프랜차이즈 시스템의 효과성은 향상된다.

 거래비용 이론의 관점에서 거래관계를 내부화하여 수직적 통합관계를 구축하는 이유와 마찬가지로 프랜차이징에서 수직적 통합은 거래특유투자의 수준을 높이는 구체적인 방법이다.

 거래특유투자 수준이 높을수록 두 당사자는 자신이 투자한 비용이 매몰되지 않기 위해서 현재의 거래관계에 강하게 의존하고 결속할 수밖에 없다. 이로 인해 두 당사자의 도덕적 해이, 무임승차, 기회주의 행동 등은 억제된다.

 그리고 거래특유투자는 거래관계의 안정성과 장기적 계약의 지향성도 높인다. 거래특유투자의 수준이 높다면 계약관계에서 갈등과 대립이 발생하더라도 적대적인 행동을 하기보다는 어떻게든 먼저 그 문제를 해결하기 위해 서로 노력하기 때문이다.

3. 잡힌 물고기: 부정적인 면

 거래특유투자는 일반적으로 상대방의 기회주의 행동을 줄이는 중요한 역할을 한다. 그러나 이와 반대로 거래특유투자는 기회주의 행동, 도덕적 해이, 무임승차를 촉진하는 결정적인 요인도 된다. 이처럼 거래특유투자는 양면성을 가진다.

 이를테면 가맹본부는 거래상 우월적 지위를 바탕으로 가맹점의 누적된 투자들을 악용할 수 있다. 거래특유투자로 인해 가맹점이 현재의 계약관계에 쉽게 떠나지 않을 것이라고 가맹본부는 판단한다. 가맹점은 '잡힌 물고기'가 되는 상황이다.

심각한 상황은 가맹본부가 가맹점의 매장 투자비용, 최초가맹금, 계속가맹금을 볼모로 하여 이를 노골적으로 악용하는 경우이다. 가맹점이 사업방침을 따르지 않을 경우 불이익을 주거나 가맹본부의 역할수행을 보류하는 방법으로 해당 가맹점을 위협한다.

가맹계약 이후 상당한 투자를 한 가맹점은 그 요구가 부당하더라도 이에 순응하지 않을 경우 큰 손해를 입을 수 있다고 불안해한다. 또한 가맹점은 가맹본부의 부당한 행위에 대한 항의의 결과가 잘못되는 경우 가맹계약이 종료되어 자기 투자가 매몰될 수 있다는 두려움을 갖는다.

한편, 가맹점 또한 거래특유투자를 악용하는 경우가 있다.

신규 가맹본부, 소규모 가맹본부, 브랜드력이 약한 브랜드에서 자주 발생한다. 가맹본부의 관리와 통제의 역량이 낮기 때문이다.

일부 가맹점들은 가맹본부의 관리의 '부족한 틈'을 이용하여 표준적 운영매뉴얼을 자주 어기거나 때로는 비상식적으로 자기 매장에게만 유리한 혜택을 가맹본부에게 요구한다. 그들은 그렇게 하더라도 가맹본부가 불이익을 주거나 계약을 종료시키는 일은 없을 것이라고 판단한다.

가맹본부가 거꾸로 가맹점에게 '잡힌 물고기'가 되는 셈이다. 가맹점과의 갈등이나 계약의 종료는 영세한 가맹본부에게 사업적으로 큰 타격을 주기 때문이다. 가맹본부가 가맹점에게 끌려다니는 상황으로 국내 시장에서 의외로 많이 발생한다.

Ⅳ. 한국 프랜차이즈에서 적용과 제안들

1. 거래특유투자의 장점이 발생하지 않는 이유

국내 시장에서 거래특유투자의 긍정적인 기능은 제한되어 있다. 거래특유투자가 가맹본부의 효과적인 사업전략이 될 수 있음에도 국내 가맹본부들은 이를 제대로 활용하고 있지 못하고 있다.

이와 같은 상황이 발생하는 이유를 살펴보면 아래와 같다.

첫째, 국내 시장에서 거래특유투자는 볼모와 손 묶기와 같은 부정적인 역할을 하는 경우가 많다. 두 당사자의 상호 투자가 거래비용의 감소와 거래관계의 효율성을 높이는 방향으로 활용되기보다는 어느 한쪽만의 이익추구나 상대방을 위협하는 도구로 악용되기 때문이다.

둘째, 가맹본부가 거래특유투자의 특징과 긍정적인 기능을 충분히 이해하지 못해 이를 효과적인 사업전략으로 활용하지 못하고 있다.

셋째, 대부분의 가맹본부가 '소(小)상권주의'를 출점방식으로 선택하고 있다는 점이다.

소상권주의는 출점 가능한 영업지역을 최대한 좁게 쪼개고 나누는 방법이다. 가맹점이 부여받는 영업지역이 좁다 보니 거래특유투자의 특성이 제대로 발휘될 가능성이 원천적으로 낮다.

넷째, 보편적으로 가맹점들의 규모가 평균적으로 작아서 국내 시장에서는 가맹점의 거래특유투자의 장점을 찾기 힘들다.

가맹본부는 더 많은 가맹희망자를 받아들이기 위해 창업비용을 낮추려고 한다. 가맹점의 규모는 창업비용의 수준에 결정적인 요인이 된다. 작아지는 가맹점의 규모는 창업비용을 낮춘다. 그 결과, 프랜차이징의 거래특유투자의 장점의 영향력이 미약하다.

다섯째, 사회적 여론은 거래특유투자를 가맹본부의 불공정거래행위의 '보이지 않는 힘의 원천'이라고 인식하는 경향이 크다.

가맹점의 크기가 커서 창업비용이 많거나 인테리어, 시설, 장비 투자비용이 많이 드는 경우 가맹본부가 많은 개설이익을 취하고 있다고 의심하는 경우가 이에 해당된다.

여섯째, 가맹본부의 손쉬운 설립과 이탈의 시장문화이다.

국내 상당수의 가맹본부가 본사의 조직, 생산 및 유통시설 등에 많은 투자를 하지 않아 그만큼 사업 철수로 인한 가맹본부의 매몰비용이 적다. 가맹본부 설립, 운영, 철수의 '손쉬움'이 가맹본부의 거래투자 규모를 가볍게 하고 있다. 프랜차이즈 시스템에 대한 가맹본부의 투자수준이 낮아서 프랜차이징 거래특유투자의 장점을 기대할 수 있는 여지가 적다.

2. 브랜드 자산특유성에 왜 투자하지 않는가?

지식재산권은 가맹사업의 시작과 시스템 유지의 주춧돌이다.

가맹사업을 하려면 법적으로 가맹본부가 상표권 등의 지식재산권을 무조건 확보해야 하는 것은 아니다. 그러나 가맹사업의 유지와 지속적 성장을 위해 이는 필수적이며 가맹본부는 최소한 영업표지의 권리만이라도 보유해야 한다.

가맹본부가 이에 대한 권리를 확보하지 않았다면 출점한 가맹점의 영업표지는 언제든지 다른 브랜드에 의해 사용이 금지될 수 있기 때문이다. 가맹점에게 가장 큰 사업적 위험이다.

최근에는 상황이 나아졌다. 가맹본부들은 영업표지 등록의 중요성을 인식하고 대부분의 가맹본부들은 가맹사업의 시작 직후 이를 등록한다.

그러나 아쉬운 것은 많은 가맹본부들이 영업표지를 등록하는 것을 제외하고 다른 지식재산권의 개발과 등록에 특별한 노력을 하고 있지 않은 데 있다. 가맹본부의 지식재산권에 대한 투자가 인색한 실정이다.

가맹본부는 영업표지뿐만 아니라 강력한 브랜드 자산이 될 수 있는 상표권, 특허권, 실용신안권, 디자인권 등에 대하여 계속적 투자를 해야 한다. 프랜차이즈 브랜드의 지식재산권은 가맹본부의 브랜드 자산특유성의 원천이 되고 가맹점은 물론 외부 파트너들이 자기와의 거래관계에 강하게 결집하는 중심체적 기능을 하기 때문이다.

3. 지식특유성에 왜 투자하지 않는가?

이와 함께 가맹본부는 지식특유성에 대한 투자도 강화해야 한다. 지식특유성은 지식재산권과 결합할 때 상당한 시너지 효과를 창출할 수 있기 때문이다.

가맹본부의 영업비밀, 경영 및 매장운영의 노하우, 다른 브랜드와 차별적인 전문지식, 교육과 훈련 매뉴얼, 경영지원의 전문성 등은 가맹점이 가맹본부를 믿고 의지하는 가맹본부의 핵심 자산이다.

이처럼 지식재산권을 바탕으로 한 브랜드 자산특유성과 사업적 전문성에 기반한 지식특유성은 가맹본부의 무형적 거래특유자산의 핵심적 구성요소이다.

따라서 지식특유성은 가맹본부가 직영점처럼 많은 재정적 투자 없이 꾸준한 경영적 노력만으로 획득할 수 있는 효과성이 높은 가맹본부의 전략적 자산인 것이다.

4. 보이지 않은 힘의 원천

거래특유투자는 가맹본부의 불공정거래행위의 구체적인 원인이 될 수 있다. 불공정거래행위는 표면적으로 가맹본부의 부당한 행위로 나타나고 그 바탕에는 거래관계에서 우월한 지위에 있는 가맹본부의 '보이지 않는 힘'이 작용한다.

보이지 않은 힘은 가맹점이 가맹사업을 위해 투자한 모든 비용에 기반한다. 가맹점의 투자비용이 클수록 거래특유투자의 수준이 높아 보이지 않은 힘의 강도는 세진다.

바람직하지 못한 가맹본부는 가맹점의 거래특유투자를 볼모로 부당한 방법으로 가맹점에게 자기 요구사항을 관철시킨다.

이를테면 이들은 다른 거래상대방과의 거래를 제한하는 '구속조건부의 거래'로 가맹점의 거래행위를 '손 묶기'하여 경쟁력이 낮은 필수품목 등의 구매를 강요한다. 필수품목의 경쟁력이 없으면서 계약관계의 손 묶기를 악용하는 것이다.

그리고 일부 가맹본부는 정률제의 로열티 비율과 광고분담금의 비율을 합당한 이유 없이 일방적으로 인상하거나 갈등관계에 있는 가맹점에게 가맹본부의 역할수행을 일시적으로 지체하는 홀드업을 한다. 거래특유투자의 보이지 않은 힘이 잘못 사용된 경우들이다.

V. 함께 생각해 봅시다

프랜차이징의 가벼움(Lightness of Franchising)

앞으로 창업시장의 큰 흐름의 변화가 없다면, 국내 시장에서 한동안 프랜차이즈 거래특유자산의 특징을 보기에는 어려울 것 같다.

소상권주의와 소규모 출점방식도 원인이겠지만, 무엇보다 가맹본부의 설립, 운영, 중단, 이탈의 과정이 손쉽기 때문이다.

일부 가맹본부는 가맹사업에 참여한 후 개발, 생산, 유통, 본사 조직, 가맹점 관리에 적극적으로 투자하지 않는다. 그리고 프랜차이즈 브랜드가 시장에 진입한 후 가맹사업이 원활하지 않은 경우 가맹사업을 철수한다. 사업 철수로 인한 매몰비용이 크지 않아 가맹본부의 사업 이탈은 그렇게 어렵지 않다. 이처럼 국내 프랜차이즈 시장에서 가맹사업의 무게감과 가맹본부의 책임성이 점차 가벼워지고 있다.

이러한 '프랜차이징의 가벼움'은 프랜차이징의 장점이 될 수 있는 거래특유자산의 특성은커녕 가맹본부와 가맹점의 '사업관계의 끈끈함'도 기대하기 힘들게 한다. 가맹본부와 가맹점은 이제 쉽게 만나고 쉽게 헤어지는 관계가 되고 있다.

예를 들어 보자. 일반적으로 외식 프랜차이즈 가맹본부들은 제조공장을 설립하고 유통 및 물류시스템을 갖춘 후 가맹사업을 시작하지 않는다.

대부분 가맹본부는 육수나 소스 등 필수품목의 제조를 OEM 방식으로 외주업체에 위탁하고 제3자 물류업체를 통해 필수품목 등을 가맹점에게 공급한다. 제조와 유통은 거의 모두 외부업체들에게 위임되기에 가맹본부는 최소 관리 인력만을 가지고 가맹사업을 시작 또는 유지할 수 있다.

누구나 쉽게 가맹본부를 설립할 수 있고 외부 공급업체를 기반으로 얼마든지 단기간에 몇 개의 브랜드를 만들어 낼 수 있는 환경이 조성되어 있다. 또한 가맹본부의 브랜드 자산과 지식특유성에 대한 투자수준도 낮다. 일부 가맹본부는 가맹사업을 시작한 후 영업표지에 최소한의 투자만 하고 브랜드 자산과 지식특유성에 대한 투자에 매우 인색하다.

이처럼 가맹본부의 생산, 유통, 브랜드 자산 등에 대한 투자가 적어지다 보니 가맹본부의 사업적 책임성 또한 약하다. 프랜차이징과 가맹본부의 '존재의 가벼움(lightness of being)'의 문제가 국내 시장에서 점차 심각해지고 있다.

제5장
공정성 이론
(Equity Theory)

> 프랜차이즈 브랜드의 공정성은 브랜드와 소비자의 문제이면서
> 브랜드와 가맹점과의 중요한 문제이기도 하다.
> 특히 프랜차이징의 공정성은 필수품목 가격의 경쟁력과
> 공정한 이익배분에 대한 프랜차이즈 시스템의 수준을 말한다.

Ⅰ. 공정성 이론의 바탕

공정성 이론은 레온 페스팅거(Leon Festinger)가 제안한 인지부조화 이론과 사회비교 이론을 바탕에 두고 있다.

1. 인지부조화 이론(Cognitive Dissonance Theory)

이솝 우화의 '신 포도(sour grapes)' 일화는 인지부조화 이론의 고전적인 예이다.

여우는 높이 매달려 있는 포도를 먹고 싶어 하나, 포도에 도달할 방법이 없다. 여우는 결국 포도를 포기하면서 포도가 익지 않아 신맛이 나서 먹을 가치가 없다고 스스로 위로한다. 무언가 원하는 것을 달성할 수 없을 때 그것을 오히려 비판하여 불편한 마음을 줄이려는 사람의 성향을 비유한 예이다. 이처럼 특정 상황에서 자신의 의사와 행동이 서로 대립되는 경우 사람은

심리적으로 긴장감을 느낀다. 그리고 자신이 한 행동이 사전의도와 다른 결과로 나타날 때도 사람은 불편함을 느낀다.

사람은 행동의 자기 합리화, 의사결정에 대한 재확신, 그리고 획득하지 못한 대상에 대한 비판하는 방법을 통해 인지부조화의 불편함을 줄이려 한다. 1957년 사회심리학자 Festinger가 제안한 인지부조화 이론의 개념이다.

2. 사회비교 이론(Social Comparison Theory)

개인은 사회적 관계에서 다른 사람(외부적 이미지와 외부 대상)과 비교하여 자신의 능력과 의견을 평가하려는 심리적 동기를 갖는다. Festinger의 사회비교 이론이다.

개인은 다른 사람과 비교를 통해 자기 판단과 결정의 불확실성을 줄이고 타인과 비교하여 현재의 대우가 정당한지를 평가한다. 그 평가결과에 따라 개인은 이에 상응하는 후속 행동을 한다.

이 평가방식은 두 가지가 있다. 상향비교(upward comparison)는 사회적 또는 능력적으로 우위에 있는 사람과 비교하여 자신이 부족하다는 사실을 인지하고 스스로의 능력을 향상하려는 동기가 된다.

이와 반대로 하향비교(downward)는 사회적으로 낮은 위치에 있거나 자신보다 능력적으로 열등한 사람과 비교하여 자존감을 회복하고 불편한 감정을 누그러뜨리는 자기 위안의 방법이다.

Ⅱ. Adams의 공정성 이론

1. 개요

공정성 이론은 형평성 이론이라고 한다. 공정성 이론은 존 스테이시 아담스(J. Stacy. Adams)의 "Towards an understanding of inequity, 1963"과 "Inequity in social exchange, 1965"에서 구체적으로 제안되었다. 이 연구들은 현대사회에서 공정성의 평가방법과 해석에 있어 중추적인 이론적 기반이다.

Adams의 공정성 이론은 개인-개인, 개인-조직 간의 관계에서 자신의 투입물 대비 결과물이 얼마나 공정하게 배분되었는지에 대한 평가이다. 가령 회사 등 조직에서 개인의 직무 노력을 다른 대상과 비교하여 현재의 자기 대우가 정당한지를 평가한다.

이러한 공정성 이론은 동기부여 이론(motivation theory)에 포함되고 근본적으로 Festinger의 인지부조화 이론과 사회비교 이론이 그 바탕에 깔려 있다.

2. 불공정성의 인지

개인과 조직(직장) 간의 관계에서 개인은 다른 사람과 비교하여 자기 투여물에 비해 그 결과물이 부족하다고 인식할 때 Adams는 '불공정성'을 인식한다고 하였는데, 그의 주장을 정리하면 아래와 같다.

『개인은 자신의 투입물과 결과물을 타인의 그것과 비교해 충분하지 않다고 인식하면 그 결과가 불공정하다고 인지한다. 가령 동일한 작업성과를 낸 근로자가 타인보다 급여를 적게 받거나 숙련된 근로자가 비숙련공보다 낮은 처우를 받을 때 불공정성은 발생한다.

투입물은 개인의 능력, 경험, 노력, 시간, 지식을 자기 직무에 투여하는 것을 말한다. 결과물은 그 투여의 대가로 조직으로부터 받은 급여, 혜택, 보상, 성취감 등이다. 따라서 공정한 대우는 단순히 경제적인 급여만을 의미하지 않고 무형의 것도 포함한다.

불공정한 상황은 사람의 긴장감과 불편함을 유발한다. 사람의 긴장감의 크기는 불공정성의 인식을 비례적으로 키운다. 개인은 자신이 처한 불공정한 상황의 해소를 위해 특정 형태의 자기 동기가 부여된 행동을 한다.』

3. 불공정성 해소를 위한 행동 유형

Adams는 개인이 불공정한 상황을 인지하는 경우 그 불편함을 해소하기 위해 어떠한 유형적 행동을 하고 어떠한 방법으로 '공정한 상태'로 찾아가는지에 대한 과정과 대응 행동을 설명하였다. 그 구체적인 대응 행동들을 정리하면 아래와 같다.

첫째, 투입물의 증가이다.

자신의 투입물이 다른 사람의 투입물보다 적어서 결과물의 수준이 낮다면, 개인은 투입량을 증가시킬 것이다. 가령 자신의 노력이 부족하여 다른 사람의 급여보다 적다면, 업무 노력을 증가시켜 불공정한 상태를 줄인다.

둘째, 투입물의 감소이다.

자신의 투입물이 다른 사람의 투입물과 비교하여 상대적으로 높은데도 결과물의 수준이 낮다면, 개인은 자신의 투입량을 감소시킬 것이다. 다른 사람의 투입량보다 자신의 투입량이 많기에 불공정한 상태가 나타난다고 인식하는 것이다.

셋째, 결과물 증가이다.

다른 사람의 결과물에 비해 자신의 것이 상대적으로 적다면 개인은 자신의 결과물을 증가시킬 것이다. 회사에게 급여 인상과 복지 혜택을 요구하는 행동이 대표적이다.

넷째, 결과물 감소이다.

다른 사람의 결과물에 비해 자기의 성과물이 많다면, 개인은 자신의 결과물을 감소시킬 것이다. 가령 자신이 한 노력에 비해 다른 사람보다 급여가 많다면, 개인은 자신의 급여를 낮추어 불공정성을 감소시킬 것이다. 현실에서는 거의 발생하지 않는다.

다섯째, 현장 이탈(leave the field)이다. 불공정성이 인지되면 직장을 그만두거나 결근을 할 수 있다.

여섯째, 투입물과 결과물에 대한 인지적 왜곡이다.

개인은 자신의 투입물과 결과물의 수준을 왜곡하여 사실과 다르게 인식함으로써 불공정성의 불편한 감정을 완화한다. 이솝 우화의 신 포도의 일화와 유사한 상황이다.

일곱째, 자신이 특별한 행동을 하는 것이 아니라 다른 사람의 행동을 변화시키는 행동을 한다. 개인은 다른 사람의 투입물과 결과물을 평가절하하거나 이를 왜곡시켜 상대방의 결과물을 낮추거나 그들이 스스로 직장을 떠나게 한다.

여덟째, 비교 대상의 변경이다.

개인은 자기 투입물과 결과물의 비교 대상 자체를 변경함으로써 불공정성의 인식을 줄일 수 있다. 상향비교 방식을 하향비교 방식으로 변경하여 심리적 위안을 삼는 것이 그 예이다.

Ⅲ. 가격 공정성(Price Fairness)

공정성 여부를 판단할 때 공정성의 기준보다 불공정성의 기준이 더 많이 활용된다. 사람들은 어떤 것은 보거나 경험한 후 무엇이 불공정한지 묘사하는 것은 쉽지만, 무엇이 공정한지 설명하는 것은 더 어렵다는 사실을 느끼기 때문이다(Xia 외 2인, 2004).

가격 공정성은 공정성의 문제에서 가장 중요한 영역이다. 가격 공정성은 공급자와 소비자와의 관계에서 발생하고 판매가격에 대해 소비자가 가격의 공정성을 의심하거나 불공정하다고 인식하는 상태이다.

1. 가격 공정성의 판단 기준

가격 공정성은 판매가격, 특히 가격인상이 소비자의 경험, 지식, 그리고 비교 가능한 기준에 비하여 적절하고 정당한지의 판단이다. 석관호 교수의 책 "가격의 심리학, 2016"을 활용하여 가격 공정성의 판단기준을 제시하시면 아래와 같다.

1) 과거 가격과의 비교

상품가격이 인상된 경우 소비자는 동일상품의 과거 가격과 대조하여 인상된 가격이 공정한지를 평가한다.

특별하거나 합당한 이유 없이 가격이 오르면, 소비자는 기업이 자기 이윤을 높이기 위해 가격을 인상했다고 판단하여 그 가격인상이 불공정하다고 지각한다.

2) 타인과의 가격 비교

소비자는 자신이 지불한 가격이 다른 소비자가 지불한 가격보다 더 높은 경우 그 가격이 불공정하다고 여긴다.

고객등급이나 구매 시점에 따른 차별적인 할인정책에 의해 자주 발생한다. 먼저 구매해서 손해를 보거나 장기거래를 한 고객이 별다른 혜택 없이 신규고객과 동일한 가격에 어떤 상품을 구매했다면, 소비자는 그 상황을 불공정하게 인식할 수 있다.

3) 경쟁자와의 가격 비교

소비자는 동일 또는 유사 상품에 대해 다른 공급자의 가격보다 더 비싸게 구매했다면 가격의 불공정성을 인식한다.

동일 또는 유사 상품에 대한 비교방법으로 소비자의 가격 평가가 쉽고 간결하다. 특히 다른 공급자와 비교하여 동일상품의 가격이 높은 경우 소비자의 불공정성의 인식은 뚜렷해진다.

4) 구입처에 따른 가격 차이

공급자는 동일한 상품을 매장 위치, 지역 수요, 판매전략에 따라 다른 가격에 판매할 수 있는데, 소비자는 이 상황을 불공정하다고 여길 수 있다. 구입처에 따른 가격 차별이 소비자의 혼란(confusion)을 낳기 때문이다.

이에 공급자는 경쟁자의 상품과 가격 비교를 어렵게 만들기 위해 매장마다 부가서비스의 차별화와 같은 방법으로 소비자의 불공정한 지각을 완화한다.

5) 기업의 비용(제품원가)

소비자는 제품원가를 고려해 가격이 공정한지를 판단한다.

실제 원가가 오를 이유가 없는데 가격이 인상되는 경우 소비자는 기업이 자기 이익을 늘리기 위해 가격을 올렸다고 인식한다. 이와 반대로 가격인상이 물가인상이나 원가상승에 의한 것이라면 소비자는 인상된 가격을 공정하다고 판단한다.

6) 시장가격의 규범

소비자는 시장의 가격 결정의 규범이나 관행을 따르지 않는 가격을 불공정하다고 인식한다. 같은 상품은 같은 가격이어야 하고 가격은 원가에 근거해야 한다는 소비자의 믿음이 시장가격의 규범이다.

그 예로 소비자는 많은 수량을 한 번에 구매하면 당연히 수량할인이 있어야 한다고 생각한다. 또한 상품가격에 비해 배송료의 부가적인 가격이 상대적으로 높은 경우 이를 불공정하게 여긴다.

2. 거래관계에 있다고 공정한 것은 아니다

소비자는 공급자의 원가나 비용에 대해 잘 알지 못하고 구체적인 관심이 없다. 소비자는 재화 가격의 차이는 품질의 차이에 있고 품질이 높은 상품이 가격이 높다고 생각할 뿐이다.

공급자는 자기 상품의 가격 공정성의 여부를 판단하기 위해 소비자가 인식하는 가격 공정성의 기준이 무엇인지 정확히 이해해야 한다. 그러하기에 공급자가 반복구매 또는 장기적 거래관계에 있는 고객들이 현재 가격에 만족해서 거래관계에 남아 있다고 생각하는 것은 오판일 수 있다.

고정고객 또는 장기고객이 신규고객보다 더 많은 혜택을 바라는 것은 당연한 심리이다. 공급자는 그러한 고객들에게 특별한 혜택을 제공하지 못한다면 그들의 가격 공정성의 인식은 약해진다. 이로 인해 기존 고객들은 점차 거래관계에서 이탈할 수 있다(Bolton 외 2인, 2003).

3. 가격 불공정성에 대한 대응 행동 유형

이러한 맥락에서 소비자가 상품 또는 서비스의 가격 불공정성을 인식한 후 보이는 행동의 유형을 살펴보면 아래와 같다.

첫째, 무대응(no action)은 소비자가 불공정한 상황을 낮은 수준으로 인식하는 경우이다. 특별한 조치나 다른 공급자로의 전환을 해 봤자 실익이 없어 불만족하여도 그 거래관계에 남아 있는 경우이다.

둘째, 자기보호(self-protection)는 소비자가 받은 불이익 또는 불공정성에 대해 판매자에게 불만을 제기하거나 환불을 요청하는 경우이다. 판매자의 현명한 대응수준에 따라 소비자는 거래관계에 남아 있을지를 결정하게 된다.

셋째, 복수(revenge)는 판매자의 불공정성에 의한 피해에 분노를 느끼고 판매자에게 공격적인 대응을 한다. 적대적 반응이다. 이 경우 소비자는 자기보호를 넘어 SNS 등에 부정적인 평가를 표출하는 등 복수의 행동을 한다(Xia 외 2인, 2004).

4. 사회적 규칙기반 공정성(Rule-based Fairness)

소비자는 가격 자체를 기준으로 하지 않고 사회적 규칙기반 공정성을 바탕으로 가격의 공정성을 따지기도 한다. 사회적 규칙은 바람직함, 규범, 관습에 의해 사회적으로 받아들여지는 것이다.

만약 약국들이 모두 문을 닫고 있는 상태에서 어떤 약국이 의약품을 높은 가격에 판매하는 경우 소비자는 그 약국을 방문하지 않을 것이다. 아주 급한 상황이 아니라면 말이다.

이처럼 소비자는 사회적 규칙기반 공정성의 차원에서 가격의 공정성을 평가한다. 상품가격의 공정성의 여부는 경제적 효용뿐만 아니라 사회적 규칙에 의해 평가될 수 있는 것이다. 이는 주로 판매자의 가격인상이 사회적 통념에서 공정한지의 여부로 판단된다(Maxwell, 2002).

Ⅳ. 프랜차이즈 공정성 이론

1. 프랜차이즈 브랜드와 소비자 간의 공정성(B2C)

브랜드 관점에서 프랜차이즈 공정성은 가맹본부의 브랜드와 소비자와의 관계에서 나타나는데, 아래와 같이 네 가지 차원에서 접근할 수 있다.

첫째, 브랜드의 가격 공정성은 소비자의 경제적, 사회적 수용성이 중요하다. 가맹본부가 가격을 과감히 인상하는 경우 소비자는 브랜드가 자기 이익을 위한 이기적인 조치를 했다고 판단한다.

따라서 가맹본부는 가격인상이 필요할 때, 가맹점에게 변경 내용들을 사전에 교육함으로써 고객이 그 사실을 불공정하게 인식할 수 있는 가능성을 줄여야 한다.

둘째, 절차적 공정성은 매장에 방문한 순서대로 고객이 테이블에 착석하고 주문한 음식이 정확히 나오는지의 여부로 평가된다. 가맹점은 고객의 서비스 요청에 순서대로 대응해야 하고 선착순으로 주문을 처리하는 표준적 과정을 준수해야 한다.

셋째, 결과적 공정성은 고객이 기대한 만큼 음식의 양과 서비스의 품질이 제대로 제공되었는지에 대한 평가이다. 가맹본부는 매장운영의 원칙에 따라 모든 가맹점들이 소비자에게 균일한 양과 품질의 메뉴를 공평하게 제공하도록 관리해야 한다.

넷째, 상호작용 공정성은 가맹점이 차별 없이 모든 고객에게 친절하였고 고객을 공평하게 대우했는지로 평가된다.

가맹본부는 모든 가맹점이 고객에게 평등한 서비스를 제공하고 동일한 대우를 할 수 있도록 관리해야 한다(Kim 외 2인, 2018).

2. 가맹본부와 가맹점 간의 공정성(B2B)
1) 가맹점의 불공정성 인식

가맹본부와 가맹점 간의 공정성은 브랜드와 소비자 간의 공정성의 문제와 전혀 다르다. 이는 B2B의 거래관계의 공정성의 문제이다.

Adams의 공정성 이론의 관점에서 가맹점은 자기 노력에 비해 사업적 결과물이 부족하다면 거래관계가 불공정하다고 인식한다. 투자한 것만큼 얻는 이익이 기대보다 적기 때문이다.

이처럼 가맹점은 매장 투자비용, 최초가맹금, 계속가맹금 등의 전체비용과 비교하여 현재 획득하고 있는 결과물(이익)이 합리적이고 타당한지를 판단한다.

만약 가맹점이 자기가 지출한 비용보다 이익이 적다면, 가맹점은 거래관계의 공정성을 의심하게 되고 투자와 노력에 비해 공평하게 성과가 배분이 되지 않는다고 여긴다(Guilloux 외 3인, 2008).

2) 불공정성을 키우는 강압적인 권한

가맹본부는 가맹점 확장방식으로 최소의 자본을 투자하면서도 빠르고 광범위하게 성장할 수 있다. 그런데 가맹본부의 성장만큼 가맹점 자신도 상응하는 성장을 하지 못하는 경우 가맹점은 거래관계의 불공정성을 인식하게 된다.

특히 가맹본부가 성장과정에서 일방적인 사업정책과 운영방침을 가맹점에게 강요하거나 거래 지위상의 우월적 힘을 활용하여 이를 밀어붙이는 경우 가맹점의 불공정성 인식은 훨씬 심각해진다. 가맹본부의 강압적인 권한(coercive power)의 남용의 상황이다.

가맹본부의 통제는 가맹계약서의 합법적 정당성(legitimacy)에 근거한다. 가맹본부가 강압적인 방법으로 이 권한을 남용하는 것은 가맹점의 실질적인 이익을 감소시키고 거래관계의 품질을 악화시킨다. 이는 가맹점이 프랜차이징의 불공정성을 심각하게 인식하게 만드는 결정적 요인이 된다(Shaikh 외 3인, 2018).

3) 거래관계 공정성의 네 가지 차원

분배적 공정성(distributive fairness)은 '투자와 노력 대비 이익성과에 대한 가맹점의 공정성 인식'이다.

분배적 공정성은 투자와 노력 대비 가맹점이 얻는 이익의 수준으로 분배유형, 분배방법, 필수품목 등의 공급가격이 중요하다. 가맹점이 매장성과로부터 얻는 이익의 수준이 타당하지 않는다면 분배 공정성은 낮다.

절차적 공정성(procedural)은 '가맹본부의 사업정책과 운영방침의 실행절차에 대한 가맹점의 공정성 인식'이다.

절차적 공정성은 가맹본부의 운영정책이 가맹본부에만 편향되지 않고 표준화된 규정에 따라 일관성 있게 집행되고 있는지의 여부로 판단된다. 가령 가맹본부가 공급가격 인상을 갑작스럽게 인상하거나 임의의 방법으로 가맹점에게 통보하는 경우 절차적 공정성은 빠르게 무너진다.

대인관계 공정성(interpersonal)은 '가맹본부 대표 또는 임직원들로부터 받는 대우에 관한 가맹점의 공정성 인식'이다. 대인관계 공정성은 가맹본부가 가맹점을 사업 파트너로 존중하고 소통과정에서 적절하고 예의가 있는지로 평가된다.

정보 공정성(informational)은 '가맹본부가 사업정책, 운영방침, 영업방식 등의 정보와 지식을 가맹점과 얼마나 원활하게 공유하고 소통하는지에 대한 가맹점의 공정성 인식'이다.

정보 공정성은 가맹본부가 가맹사업과 관련된 중요한 정보를 숨기지 않고 사실대로 제공하는지, 가맹점 운영에 관한 조언, 교육, 코칭의 정보를 원활히 전달하는지, 그리고 SV의 커뮤니케이션이 원만한지로 평가된다(Shaikh, 2016).

3. 거래관계의 공정성 유지

공정성 이론은 프랜차이즈 거래관계에서 두 당사자 간의 발전적인 관계 형성을 위한 바람직한 방향성을 제시해 준다. 가맹사업에서 공정성의 관계 특성은 장기적인 거래관계에 긍정적인 영향 미치고 브랜드의 지속적 성장에 필수적인 요소가 된다.

프랜차이징의 공정성은 가맹점의 생존력과 수익성과 직결되고 가맹점의 거래만족에 상당한 영향을 미친다. 가맹점은 이러한 공정한 거래관계를 바탕으로 매출상황, 매출성장률, 시장점유율, 투자수익률, 수익률 등의 객관적인 지표를 스스로 향상할 수 있다.

이와 반대인 경우 가맹점은 더 이상 아무런 경영적 노력을 하지 않을 것이다. 프랜차이징의 불공정성으로 가맹점은 추가적인 투자나 노력을 해 봤자 자신에게 돌아오는 이익이 적다고 판단하기 때문이다(장장이 외 3인, 2014; 하세나 외 1인, 2008).

V. 시사점 또는 토론

1. 인지부조화-불공정성 인식-해소의 3단계 행동 모델

가맹점은 사업적 성과에 대한 개점 전의 사전 기대와 개점 후 실질적인 결과물을 비교한 후 이에 상응하는 행동을 한다.

1단계로 가맹점은 개점 전의 기대감과 실제의 낮은 매장성과와의 차이로 인지부조화를 강하게 느낀다.

2단계로 매장성과의 차이에 따른 인지부조화의 근본적 원인이 프랜차이징의 불공정성에서 있다고 가맹점이 인식하는 단계이다.

3단계로 가맹점은 이러한 불공정한 상황을 해소하기 위해 구체적인 자기 행동을 취한다.

이러한 '인지부조화-불공정성 인식-해소'의 3단계 행동 모델에 대한 이야기는 뒤쪽의 '한국 프랜차이즈에서 적용과 제안들'에서 자세히 살펴보도록 하겠다.

2. 프랜차이즈의 두 가지 공정성

가맹본부는 B2C와 B2B의 거래형태를 취하고 두 개의 목표고객을 갖는다. 이에 프랜차이즈 공정성은 두 가지 형태로 나타난다.

하나는 프랜차이즈 브랜드와 소비자 간의 공정성이고 다른 하나는 프랜차이즈 브랜드와 가맹점 간의 공정성의 문제이다. 이 책에서 주목하는 부분은 B2B 차원의 가맹본부와 가맹점 간의 불공정성 문제이다.

3. 프랜차이징의 공정성의 세 가지 차원들

가맹본부와 가맹점의 공정성의 문제는 큰 틀에서 아래와 같이 프랜차이즈 가격 공정성, 가맹본부의 불공정거래행위, 공정한 관계품질의 세 가지 차원에서 접근할 수 있다.

1) 프랜차이징의 가격 공정성
① 필수품목 공급가격의 타당성과 이익배분의 공정성

브랜드와 소비자가 간에 존재하는 상품의 가격 공정성의 문제처럼, 가맹본부와 가맹점 간의 관계에서도 가격 공정성의 문제가 존재한다. 프랜차이징의 공정성에서 가장 중요한 부분이다.

프랜차이즈에서 가격 공정성의 문제는 필수품목의 공급가격의 경쟁력과 사업적 이익이 가맹점에게 공정하게 배분되고 있는지의 문제이다.

이를테면 필수품목의 공급가격이 높다면 가맹점의 이익 수준은 낮고 가맹본부만 높은 매출이익을 얻는다. 높은 필수품목의 공급가격으로 가맹점은 합리적인 이익을 남길 수 없는 상황이다. 필수품목의 공급가격은 가맹점에게 주요한 매입원가가 되고 결과적으로 잔여이익을 좌우하는 원천이 되기 때문이다.

필수품목의 공급가격이 높을수록 거래관계의 불공정성에 대한 가맹점의 인식은 확대된다. 프랜차이징에서 가맹점의 합리적이고 타당한 성과와 이익배분이 실현되지 않은 상황이다.

따라서 프랜차이즈 가격 공정성은 거래관계의 공정성의 수준을 나타내는 바로미터(barometer)이다. 합리적이고 타당한 필수품목의 공급가격은 가맹점의 생존의 원천이 되고 프랜차이즈 시스템의 구조적인 분배적 공정성의 바탕이 된다.

② **프랜차이징의 가격 공정성의 특징**

필수품목의 가격에 대한 가맹점의 불공정성의 인식은 소비자와 공급자 간의 가격 불공정성의 문제와 상당히 일치한다.

이에 대해 가맹본부가 사업환경의 변화 등을 이유로 필수품목인 A 물품의 가격을 인상했다고 가정하고 가맹점의 가격 불공정성의 인식의 문제를 접근하면 아래와 같다.

첫째, 가맹점은 인상된 A 물품의 가격을 과거의 가격과 비교하여 그 인상 이유를 의심한다. 그 인상 폭이 클수록 인상가격의 불공정성을 지각하는 수준은 높아진다.

둘째, 가맹점은 경쟁 또는 유사 브랜드의 공급가격과의 차이를 비교하여 인상된 가격의 불공정성을 지각한다. 이를테면 치킨 프랜차이즈인 경우 공급되는 닭의 크기에 따라 가격 비교가 가능하기에 가맹점은 경쟁자와의 그것과 대조하여 가격인상의 공정성을 판단한다.

셋째, 가맹점은 원가를 기반으로 인상된 가격의 불공정성을 지각할 수 있다. 급작스러운 인플레이션이나 일시적인 공급부족으로 가격이 인상되는 경우 가맹점은 공급가격의 인상을 타당하다고 여길 수 있다. 그러나 가맹점의 경험적 지식과 주변의 상황을 고려하여 그 공급가격의 인상이 원가의 측면에서 상대적으로 높다면 A 물품의 가격인상은 가맹점에게 불공정하게 인식될 것이다.

넷째, 개별 가맹점은 다른 가맹점과 비교하여 A 물품의 인상된 가격의 공정성을 다르게 판단할 수 있다. 가맹점이 처한 상황이나 입장이 다르기에 가격인상의 불공정성 여부가 가맹점마다 다르게 나타날 수 있는 것이다.

예컨대 장기적 계약관계에 있는 가맹점이나 매출이 높아 거래 규모가 큰 가맹점들은 A 물품의 인상된 공급가격이 신규 가맹점과 동일하게 적용되는 경우 그 상황을 불공정하게 인식할 수 있다. 자신에게 특별한 거래조건과 가격적 혜택이 없기 때문이다.

이는 가맹점별로 공급가격의 차별성이 있어야 한다는 것이 아니다. 가맹본부가 공식화된 사업정책을 통해 장기계약에 있거나 매출 규모가 큰 가맹점에게 공식화된 방법으로 거래조건의 혜택을 제공하는 운영정책은 프랜차이징의 공정성을 해치는 것이 아니다.

2) 가맹본부의 불공정거래행위

가맹본부의 불공정한 거래행위들이 많을수록 두 당사자의 관계는 불공정한 상태가 되고 가맹점이 인식하는 거래관계의 불공정성의 인식은 커진다.

가맹본부의 불공정거래행위는 가맹점보다 거래 지위상 우월한 위치에 있는 가맹본부가 정보의 비대칭 상황 등을 악용하여 일방적인 이익추구의 모습으로 나타난다. 또한 부당하게 가맹점에게 책임이나 비용부담을 전가하거나 타당하지 않은 이유로 운영방침 등을 일방적으로 변경한다.

이러한 가맹본부의 불공정거래행위의 구체적인 사례들은 거래관계의 불공정성에 대해 가맹점이 확신하는 명백한 증거들이 된다.

3) 공정한 관계품질

가맹본부의 분배적 공정성은 앞서 설명한 프랜차이징의 가격 공정성으로 이해될 수 있다. 이에 따라 프랜차이징의 공정한 관계품질은 가맹본부의 절차적 공정성, 대인관계 공정성, 정보 공정성의 차원들로 설명될 수 있다.

가맹본부가 변경된 사업정책과 운영방침을 표준적인 절차를 지키지 않고 가맹점에게 통보하는 경우 가맹점의 절차적 불공정성에 대한 인식은 높아진다.

가맹본부가 가맹점을 하위조직의 사업자로 하대하거나 무례한 방법으로 대하는 경우 가맹점의 대인관계 불공정성의 지각은 심각해진다.

가맹본부가 운영방침의 중요한 정보들을 사실대로 공유하지 않거나 협력적으로 정보를 공유하는 것을 회피하는 경우 정보 공정성은 무너진다.

이와 같이 세 가지 차원들 모두는 가맹본부와 가맹점의 협력적인 관계와 프랜차이징의 공정성을 구성하는 중요한 요소가 된다.

Ⅵ. 한국 프랜차이즈에서 적용과 제안들

1. 불공정거래행위의 금지와 유형

프랜차이즈 공정성 이론은 가맹본부의 불공정거래행위와 직접적인 관련이 있다.

가맹사업법 제12조(불공정거래행위의 금지)와 시행령 제13조(불공정거래행위의 유형 또는 기준)는 가맹본부의 불공정한 거래행위들의 주요 내용과 판단 기준을 아래와 같이 명시하고 있다.

첫째, '거래거절'은 가맹본부가 상품, 서비스 공급, 영업 지원 등을 부당하게 중단하거나 그 내용을 현저히 제한하는 행위이다. 그 유형에는 영업 지원 등의 거절, 부당한 계약갱신의 거절, 부당한 계약해지가 있다.

둘째, '구속조건부 거래'는 가맹점이 취급하는 상품 또는 서비스의 가격, 거래상대방, 거래지역, 가맹점의 사업활동을 부당하게 구속하거나 제한하는 행위이다. 그 유형에는 가격의 구속, 거래상대방의 구속, 가맹점의 상품 등의 판매제한, 영업지역의 준수 강제, 이에 준하는 그 밖에 가맹점의 영업활동 제한이 있다.

셋째, '거래상 지위의 남용'은 가맹본부가 거래상의 지위를 이용하여 부당하게 가맹점에게 불이익을 주는 행위이다. 그 유형에는 구입 강제, 부당한 강요, 부당한 계약조항의 설정 또는 변경, 경영의 간섭, 판매목표 강제, 불이익제공의 금지가 있다.

넷째, '부당한 손해배상의무 부과행위'는 가맹계약의 목적과 내용, 발생할 손해 등에 비하여 과중한 위약금을 부과하여 가맹점에게 부당하게 손해배상 의무를 부담시키는 행위이다. 그 유형에는 과중한 위약금 설정·부과행위, 소비자 피해에 대한 손해배상의무 전가행위, 부당한 영업위약금 부과행위, 그 밖의 부당한 손해배상의무 부과행위가 있다.

다섯째, '그 밖에 불공정거래행위'이다. 가맹본부가 부당한 방법으로 경쟁 가맹본부의 가맹점을 자기와 거래하도록 유인하여 자기의 가맹점 또는 다른 경쟁 가맹본부의 가맹사업에 불이익을 주는 행위이다.

2. 가맹점의 인지부조화와 대응 행동들

Adams의 공정성 이론을 바탕으로 국내 시장에서 가맹점이 개점 이후 보편적으로 겪는 인식과 반응을 '인지부조화—불공정성 인식—해소'의 3단계 행동 모델을 상정하여 설명하면 아래와 같다.

1) 1단계: 개점 전후 인지부조화

개점 이전과 개점 이후 가맹본부와 프랜차이즈 시스템에 대한 가맹점의 인식은 상당히 달라진다. 이러한 가맹점의 사전 기대와 결과의 불일치로 발생하는 인지부조화는 아래의 형태들로 나타난다.

첫째, 예상 매출과 개점 후 실제 매출과의 격차로 가맹점의 인지부조화가 나타난다. 이 격차가 심할수록 가맹점의 사업적 성공에 대한 기대감은 물거품이 된다. 특히 매장매출이 손익분기점에도 못 미치는 경우 가맹점은 미래의 불확실성에 대한 두려움까지 느낀다.

둘째, 개점 후 가맹본부의 태도 변화로 인한 가맹점의 감정적 차원에서의 인지부조화이다.

상담 과정에서 많은 것을 해 줄 것처럼 행동했던 가맹본부가 개점 후 자신의 매장에 무관심하거나 사무적 행동과 같이 차가운 태도로 돌변할 때 가맹점은 심리적인 공황(panic)에 빠진다.

셋째, 가맹본부가 교육과 지원 등의 사전약속을 이행하지 않거나 불충분하게 수행하는 경우에 가맹점의 인지부조화는 상당히 커진다. 이로 인해 가맹점은 심리적으로 불쾌한 감정이 들고 때로는 배신감마저 느낀다.

2) 2단계: 불공정성 인식으로 확산

가맹점은 이익적 측면에서 기대했던 것보다 실질적 이익이 낮은 이유가 가맹본부의 불공정한 이익배분의 구조에 기인한다고 판단하기 시작한다. 가맹점의 인지부조화가 거래관계의 불공정성으로 확산되는 상황이다.

가맹점의 불공정한 거래관계에 대한 인식은 개점 전과 후의 기대성과와 실질성과의 차이가 클수록, 가맹본부의 태도가 비우호적으로 변할수록, 가맹본부의 사전 약속이행이 불충분할수록 확대된다. 그리고 가맹점의 인지부조화의 기간이 길고 불편한 감정이 깊을수록 거래관계의 불공정성에 대한 가맹점의 인식 수준은 높아진다.

3) 3단계: 가맹점의 대응 행동들

　개점 후 성과 수준에 대한 인지부조화로 시작하여 거래관계의 불공정성의 인식으로 확대된 상황은 가맹점이 그 불편한 심리를 완화하기 위해 다음과 같은 행동을 할 수 있다.

　첫째, 낮은 매장성과와 이익의 결과물이 자신의 부족한 투자와 노력에 기인했다고 판단하면 가맹점은 스스로 투자와 노력을 증가시킬 것이다. 이는 두 당사자가 우호적인 관계를 유지할 때 가능하다. 가맹본부의 경영분석을 바탕으로 매장 활성화 프로그램의 실행이 가능하다.

　둘째, 가맹점은 지출비용이나 노력에 비해 사업적 이익이 적다면, 가맹점은 추가적인 투자나 경영적 노력을 하지 않을 것이다.

　국내 시장에서 가장 빈번하게 나타나는 현상이다. 이익배분이 이미 불공정하다고 인식한 가맹점은 더 노력해 봤자 되돌아오는 이익이 적다고 단정한다. 이로 인해 가맹점의 도덕적 해이, 무임승차, 기회주의 행동이 촉발된다. 가맹점은 매장의 운영비용을 줄이면서 어떻게든 단기적 이익을 늘리려고 한다.

　셋째, 가맹점은 자기 투자와 노력에 부합하는 정당한 대우를 가맹본부에게 요구할 수 있다. 가맹점이 적극적으로 로열티 부담수준의 조정과 필수품목의 가격 인하 등을 요구하거나 중요한 거래조건의 변경을 가맹본부에게 요청하는 경우이다.

넷째, 로열티와 필수품목 등에 대한 거래조건의 변경이나 개선요구가 받아들여지지 않는다면, 가맹점은 계약관계를 종료하거나 다른 브랜드로의 전환을 고려하게 된다. 현재의 가맹본부에서 더 이상 기대할 것이 없다는 입장이다.

다섯째, 인지부조화나 불공정성에 대한 불편한 감정을 완화하기 위해 가맹점은 현실을 왜곡하여 심리적인 위안을 찾을 수 있다. '원래 프랜차이즈 사업이 그래', '그래도 이 정도면 다른 브랜드보다 못하지는 않아'라는 식의 자기 위로이다. 이 상황은 가맹본부에게도 좋지 못하다. 가맹점이 현실에 그대로 안주하기 때문이다.

여섯째, 비교대상의 변경을 통해 가맹점은 불편한 긴장감과 감정을 완화할 수 있다. 비교대상을 어려운 경기상황, 영업이 활성화되지 못한 주변의 매장들, 매장성과가 낮은 다른 가맹점으로 바꾸어서 하향비교를 하는 것이다. 이 상황도 가맹본부에게 이롭지 않다. 가맹점이 추가적인 투자나 경영 노력을 하지 않아 브랜드의 성과는 추락한다.

3. 가격 불공정성에 대한 가맹점의 행동 유형

가맹점이 필수품목을 중심으로 프랜차이징의 가격 불공정성을 인식할 때 나타나는 가맹점의 행동을 아래와 같이 세 가지로 유형화하여 설명할 수 있다. 가맹본부가 공급하는 필수품목의 가격 경쟁력이 낮고 가맹점에게 이익배분이 구조적으로 합리적이고 타당하지 않을 때 나타나는 행동 유형이다.

첫째, 가맹점은 성과에 낙담하지만 실제로는 무대응한다.

'어차피 이야기해 봤자, 바뀌는 것이 없어'와 같이 가맹본부에게 이익배분의 개선이나 이를 보완해 줄 수 있는 지원책을 요구해 봤자 돌아올 것이 없다고 가맹점이 포기하는 상황이다.

둘째, 가맹본부가 계약과정에서 약속한 예상 매출액과 예상 이익에 대해 가맹점은 그 약속의 이행을 강력히 요구한다.

가맹점은 가맹본부에게 매장매출 활성화를 위한 구체적인 지원책을 요구하거나 가맹점이 부담해야 하는 계속가맹금 등의 조정 등을 요청할 수 있다. 가맹점의 적극적인 자기보호의 행동이다.

셋째, 가맹점은 가맹 계약과정에서 예상 수익과 관련된 가맹본부의 허위·과장된 정보의 제공, 다른 브랜드보다 상대적으로 높은 필수품목의 공급가격, 변동이 심한 공급가격, 그리고 일방적인 공급가격의 인상 등을 이유로 공정거래위원회에 분쟁을 신청하거나 소송 등의 적대적인 행위를 한다.

4. 프랜차이즈 공정성 확립의 전략적 접근

국내 시장에서 프랜차이즈 불공정성에 관련된 사건이 발생했을 때 사회적 비판의 수위는 대단히 높다. 이러한 부정적 시각을 극복하기 위해 가맹본부가 프랜차이징의 공정성 수준을 높일 수 있는 전략적 방법을 제시하면 아래와 같다.

첫째, 분배적 공정성의 수준 향상이 필요하다.

가맹점은 계약기간 중에 필수품목의 가격 수준이나 계속가맹금 등 부담해야 할 내역이 많다면 현재의 거래관계가 불공정하다고 인식한다. 매장을 운영해 봤자 가맹점의 잔여이익 수준이 높지 않다고 판단한다. 분배적 공정성을 실현하려면 브랜드는 가맹점이 인정할 수 있는 경쟁력 있는 필수품목의 가격과 타당성 있는 계속가맹금의 수준을 항상 점검해야 한다.

둘째, 절차적 공정성의 확립과 강화가 중요하다.

가맹본부는 표준적이고 공식화된 방법을 거치지 않고 필수품목의 가격인상을 일방적으로 고지해서는 안 된다. 또한 로열티, 광고비, 할인행사 등의 비용 분담 방식과 비율을 합당한 이유 없이 갑자기 또는 자주 바꾸는 행동들도 지양해야 한다. 가맹본부가 어떠한 사업정책과 운영방침을 변경하려는 경우 일방적인 방법이 아니라 공식화되고 표준적 절차를 통하여 가맹점에게 전달하는 실천이 필요하다.

셋째, 대인관계 공정성의 확립이 필요하다.

예컨대 사회적으로 지탄받을 수 있는 가맹본부 임직원의 폭언들과 같은 일은 앞으로 사라져야 할 것이다. 가맹점에 대한 무례한 행동이나 하대와 같은 비인간적인 행동은 근본적으로 가맹점과의 신뢰관계를 붕괴시키는 결정적인 요인이 된다.

그리고 대인관계 불공정성은 사회적으로 가맹본부의 윤리성과 도덕성의 문제로 번질 수 있다는 사실을 가맹본부는 잊지 말아야 한다. 이와 같은 행동은 가맹본부가 가맹점을 아직도 수직적 관계에서 하위조직으로 바라보는 의식이 바탕에 깔려 있기 때문이다. 가맹본부는 가맹점을 사업적 동반자로 존중하고 있다는 비즈니스의 태도와 모습을 가맹점에게 보여 주어야 한다.

넷째, 정보 공정성의 확대가 필요하다.

가맹본부는 주요 의사결정의 타당성을 높이기 위해 가맹점의 여러 의견들을 경청할 필요가 있다. 가맹본부가 모든 것을 일방적으로 결정하고 통보하는 방식은 가맹점의 협력과 지지를 받기 힘들다. 그렇지 않을 경우 가맹본부의 전체적인 사업활동이나 거래관계에 대해 가맹점의 불공정성의 인식만 공고히 할 뿐이다.

Ⅶ. 함께 생각해 봅시다

프랜차이즈 공정성 회복

　한국 프랜차이즈 산업이 건강하게 발전하려면, 예비 창업자뿐만 아니라 소비자에게도 두터운 신뢰를 받아야 한다.

　신뢰 구축은 소비자에게 가격 공정성 회복을 의미하고 예비 창업자에게는 프랜차이징의 공정성의 확립으로 실현된다. '프랜차이즈 공정성의 회복(Restoration of Franchise Fairness)'이 절실하다.

　먼저, 소비자와의 관계에서 프랜차이즈 공정성의 회복은 프랜차이즈 브랜드 상품들의 보편적인 가격 수준에 대하여 소비자가 인식하고 있는 불공정성의 인식의 완화에서 시작된다.

　프랜차이즈 브랜드는 소비자의 일상생활과 밀접하게 관련이 되어 있다. 그렇기 때문에 소비자는 프랜차이즈 상품들의 가격에 민감하다. 2022년 사회적 이슈가 된 대형마트 치킨 가격과 프랜차이즈 치킨 가격의 가격 차이의 수준은 프랜차이즈 상품가격의 불공정성에 대한 소비자의 비판을 확산시켰다.

　이 부분은 특정 가맹본부나 브랜드만의 노력으로 되지 않는다. 프랜차이즈 업계가 모두 많은 관심을 가지고 개선해야 할 문제이다.

　다른 한편으로 가맹본부는 현재 거래관계에 있는 가맹점 간의 거래관계의 공정성 회복에도 상당한 신경을 써야 한다. 특히 사업적 성과와 이익의 공정한 배분에서 그러하다.

　'가맹점이 노력해도 별로 남는 것이 없다'라는 사회적 비판을 가맹본부들이 적극적으로 혁파하지 않고서는 한국 프랜차이즈의 지속적인 성장은 힘들다.

국내 프랜차이징이 불공정하다는 사회적 인식에서 하루빨리 벗어나지 못한다면, 예비 창업자가 인식하는 프랜차이즈 사업방식에 대한 매력도가 줄어들 수밖에 없기 때문이다. 사업의 수익성에 대한 신뢰성이 없는데 누가 프랜차이즈를 창업하겠는가?

창업시장에서 프랜차이즈 창업의 수요가 없으면 한국 프랜차이즈 산업은 자연스럽게 도태한다. 간단하고 명확한 이치이다.

프랜차이즈 공정성 회복은 지금까지 관심의 밖에 있었다. 프랜차이즈 공정성 회복의 문제에 대해 지금까지 시장은 직접적으로 거의 질문하지 않았다. 시장은 오로지 프랜차이즈의 불공정성에 대한 이슈에만 관심을 보였고 이를 질타하기에 바빴을 뿐이다.

이제, 국내 프랜차이즈 업계는 프랜차이즈의 불공정성 문제를 앞다투어 성토하기보다는 앞으로 어떻게 하면 프랜차이즈 공정성을 회복하여 소비자와 예비 창업자의 신뢰를 되찾을 수 있을까에 대한 실천적 질문들을 던져야 할 때이다.

제3부
프랜차이즈에서 선택, 역할, 갈등

3부에서는 가맹본부와 가맹점이 거래상대방으로서 상대방을 어떠한 과정을 통해 선택하고, 계약체결 후 각자 어떠한 역할을 해야 하며, 그 선택과 역할수행의 결과로 두 당사자가 어떠한 갈등의 문제에 직면하는지 살펴보도록 하겠다.

이에 3부는 가맹본부와 가맹점의 관계에서 사업 파트너로서의 선택, 갈등의 원인, 갈등의 현상, 갈등의 결과, 그리고 갈등의 해결방안에 관한 이야기이다.

프랜차이즈 거래상대방의 선택과정은 역선택 이론과 시그널링 이론으로, 가맹본부와 가맹점의 역할과 갈등은 도덕적 해이, 무임승차, 기회주의 행동의 관점에서 접근할 것이다.

그리고 3부는 정보 비대칭의 상황을 완화하는 방법으로 시그널링 이론, 선별이론, 정보공개, 보증제도도 함께 들여다볼 예정이다. 선별이론은 역선택 이론에서, 정보공개는 보증제도와 함께 시그널링 이론에서 살펴보도록 하겠다.

시그널링 이론
역선택 이론
도덕적 해이
무임승차
기회주의

정보경제학(Information Economics)

정보경제학은 정보가 일방에게만 존재하거나 상대방과 비교하여 정보의 양과 품질의 격차가 심하게 발생할 때 나타나는 현상과 문제를 분석하는 경제학의 분야이다.

전통적 경제이론은 경제주체들이 필요한 정보를 동일하게 보유하고 있다는 전제에서 출발하였기에 의사결정 시 정보의 중요성을 고려하지 않았다.

그러나 정보경제학은 두 당사자에게 모두 가치가 있는 정보들이 같은 시간에 동일하게 제공되지 않는다고 가정한다. 그 정보량과 정보품질의 격차로 당사자들의 거래관계의 위험, 수익, 이익이 달라진다. 이러한 두 당사자 간의 정보의 격차를 '정보 비대칭' 또는 '정보 불균형'이라고 한다.

정보경제학은 조지 아서 애컬로프(George Arthur Akerlof), 마이크 스펜스(Michael Spence), 그리고 조셉 스티글리츠(Joseph Stiglitz) 교수가 2001년 노벨경제학상을 공동 수상하면서 2000년대 이후 경제학의 중요한 연구 분야가 되었다.

정보 비대칭(Information Asymmetry)

정보의 비대칭은 정보를 많이 가지고 있는 일방이 정보를 모르거나 일부만 아는 상대방보다 더 많은 이익을 얻을 수 있는 상황과 정직하지 못한 거래를 발생시킨다.

정보경제학에서 정보의 비대칭 또는 정보의 불균형으로 나타나는 대표적 문제는 역선택, 도덕적 해이, 무임승차, 기회주의가 있다.

이러한 정보 비대칭을 완화 또는 해결방법으로 시그널링 이론, 선별 이론, 정보공개, 보증제도가 있다.

제6장
시그널링 이론
(Signaling Theory)

> 가맹희망자의 선택을 받으려면 브랜드의 값비싼 신호가 필요하다.
> 값비싼 시그널링은 브랜드 성장의 차별적인 전략적 메시지이다.

Ⅰ. 시그널링

1. 개요

시그널링은 자기 강점 또는 우월성을 신호(메시지)의 형태로 상대방에게 전달하여 상대방의 정보 비대칭 상황의 해소를 통해 자신을 선택하도록 유인하는 행위이다. 정보제공자는 차별적이고 우월한 시그널링을 통해 상대방이 자신을 선택하도록 유인하여 시장에서 생존하고 경쟁에서 승리할 수 있다.

'시그널'은 당사자가 목적을 가지고 상대방에게 전달하는 '신호'이다. 신호는 의미가 있고 가치가 있는 중요한 정보이자 메시지이다. '시그널링'은 신호를 생성하거나 전송하는 동작이나 행동을 말하고 이에 시그널링을 신호효과(signal effect)라고 부른다.

2. 시그널링의 예

동물 세계에서 수컷은 암컷보다 외모가 수려하고 멋지다. 공작새의 수컷은 암컷을 유인하기 위해 크고 화려한 꼬리 깃털을 자랑한다. 화려한 꼬리 깃털은 수많은 장애 요인을 딛고 지금까지 생존할 수 있었던 자신의 뛰어난 유전자에 대한 강력한 신호이다.

이러한 수컷 공작새의 화려한 외모는 천적의 공격을 유발하지만, 짝짓기를 위하여 암컷을 유인해야만 하는 수컷의 피할 수 없는 운명의 시그널이다.

시그널링은 생물학자 Amotz Zahavi가 주장한 '핸디캡 원리(handicap principle, 1975)'의 논리와 그 맥을 같이 한다. 생명체가 핸디캡을 극복하고 생존한 상황 그 자체가 자신의 우월성을 외부에 알리는 증거가 된다. 핸디캡의 극복이 값비싸고 우월한 신호가 되는 것이다.

높은 토익점수는 실제로 지원자의 영어 실력이 우수하다고 완벽히 증명해 줄 수 없지만, 지원자가 영어에 능숙하다는 우월한 신호가 된다. 기업의 배당정책은 현재 기업성과가 우수하고 미래에도 지속적 성장을 할 수 있다는 자신감을 주주들에게 보여 주는 강력한 신호이다.

명품 옷을 입거나 비싼 차를 사는 것도 사회적 지위나 부를 타인에게 알리기 위한 신호이다. 연애도 마찬가지이다. 처음 만난 상대방에게 높은 교육수준과 좋은 직장에 대해 자랑하는 것은 상대방의 관심을 끌기 위한 신호이다.

시그널링은 정부 정책이나 경제적 이슈에도 적용된다. 부동산 경기가 과열된 경우, 정부는 대출과 세금정책을 강화하여 부동산 경기의 연착륙에 대한 강한 의지의 시그널을 시장에 보낸다.

경제정책 면에서 정부는 경기침체기에 공격적인 금리 인하를 통해 경기부양책의 시그널을 시장에 알린다. 이와 반대로 경기가 과열된 경우 정부는 금리를 빠르게 인상하여 앞으로 인플레이션을 적극 통제할 것이라는 시그널을 시장에 전달한다.

Ⅱ. 시그널링 이론의 고찰

1. Market Signaling

미국 경제학자 Michael Spence는 1973년 "Job market signaling"에서 '시장신호(market signaling)'의 이론을 제시하였다.

시장신호는 특정 정보를 많이 가진 사람이 그 정보를 충분히 갖지 못한 사람에게 필요한 정보를 적극적으로 제공한다. 이를 통해 당사자는 정보 비대칭의 상황을 완화 또는 해소하여 상대방의 관심을 이끌고 자기를 선택할 수 있도록 유인한다.

Spence는 이러한 시장신호의 원리를 기업의 채용과정의 예를 들어 설명하였는데, 그 주요 내용은 아래와 같다.

『면접 과정에서 기업(고용주)은 정보의 비대칭으로 지원자의 실질적인 능력이 어떠한지 미리 알 수가 없다. 일반적으로 고용주는 지원자의 성별, 인종, 경력, 학력 등에 기초하여 사람을 채용한다. 그러나 지원자가 제출한 정보만으로 지원자가 실제로 어떠한 능력을 가졌는지 고용주는 확신할 수 없다.

이에 고용주는 이력서와 면접 과정에서 다른 경쟁자에 비해 우수한 정보를 제공하는 지원자의 강력한 시그널에 이끌리게 된다. 그 대표적 시그널이 학력이다.

높은 학력을 가진 지원자는 자신이 다른 경쟁자보다 뛰어나다는 신호를 고용주에게 보낸다. 고용주는 높은 학력을 가진 면접자가 낮은 학력을 가진 자보다 더 훌륭한 능력을 지녔다고 판단한다.

기회비용적 측면에서도 학력이 우수한 직원을 교육시키는 데 비용이 적게 들어, 결국 고용주는 학력이 높은 면접자를 채용한다.

정보 비대칭 상황에서 학력과 같이 우수하다고 신뢰할 수 있는 객관적인 정보가

'값비싼 신호(costly signal)'이다.

값비싼 신호는 정보의 비대칭 상황에서 경쟁자와 비교하여 우월하고 차별적인 메시지를 상대방에게 전달한다. 지원자가 값비싼 신호를 보낼수록 상대방의 관심은 높아지고 선택의 가능성은 높아진다.

그러므로 정보제공자는 경쟁시장에서 거래상대방이 매력을 느낄 수 있는 값비싼 신호를 개발하고 그 값비싼 신호를 상대방에게 효과적으로 전달하는 실천적 노력이 필요하다.』

2. 신호인과 수신인

신호인(signaler)과 수신인(receiver)은 시그널링의 구성요소이다.

정보 교류는 신호인과 수신인의 상호작용이고 가치 있는 정보는 거래관계의 의사결정에 중대한 영향을 미친다. 그러나 정보의 비대칭 상황은 당사자의 타당한 의사결정을 방해하여 자원의 비효율적인 배분을 낳는다.

정보의 비대칭은 '두 상대방이 서로 다른 것을 알고 있거나 일방이 상대방보다 더 많은 중요한 정보를 가지고 있는 상태'이다. '정보가 가치가 있다'라는 말은 같은 시간에 동일한 정보가 모든 거래당사자들에게 주어지지 않는 상황을 뜻한다.

이를테면 기업의 대표와 임직원(신호인)은 현재의 기업 경영상황에 대한 자세한 정보를 알고 있다. 하지만 외부자(수신인)는 그 정보들을 동일한 시간에 자세히 알기 어렵다.

이러한 시그널은 두 가지 특징을 갖는다. 하나는 신호인이 발송한 시그널은 외부자들에게 관측 가능성(observability)이 있어야 한다.

다른 하나는 외부자가 그 정보로 얻을 수 있는 혜택과 이익이 정보의 획득 비용보다 더 커야 한다.

예컨대 어떤 제조업자가 많은 시간과 노력을 투자하여 ISO 9000 인증서를 취득했다면, 그 인증서는 기업과 상품의 품질이 우수하다는 것을 외부에 입증하는 것이다. 그 정보는 외부에서 관측이 가능하고 정보획득 비용이 적으면서 정보가 주는 이익이 크다. 외부자에게 투자적으로 값비싼 신호가 된다(Connelly 외 3인, 2011).

3. 가격과 품질의 시그널링

어떤 구매자가 특정 상품에 대해 일반적인 수준의 지식만 가지고 있다면, 구매자는 보편적인 정보에 상응하는 가격만을 지불할 것이다. 그러하기에 공급자는 더 높은 가격을 받기 위해 구매자에게 자기 상품의 뛰어난 품질과 강점에 대한 가치 있는 신호를 전달해야 한다.

구매자에게 제공되는 판매자와 상품에 관한 정보는 기업이 자기 상품을 평균가격 이상으로 판매하기 위함이다. 따라서 상품의 강점이나 우월성의 정보는 기업의 수익에 많은 영향을 끼친다.

'어떤 상품의 가격이 높다'라는 시그널은 낮은 가격의 상품과 비교하여 자기 상품품질이 우수하다는 메시지를 시장에 전달하는 것이다(Morris, 1987).

Ⅲ. 프랜차이즈 시그널링 이론

1. 가맹희망자의 선택속성

가맹희망자가 가맹본부를 선택하는 기준은 시대적 상황에 따라 변화해 왔지만, 핵심적 선택속성(attributes)에는 큰 변화가 없다.

가맹희망자는 가맹본부 또는 브랜드의 인지도와 평판, 검증된 비즈니스 포맷(business format), 프랜차이즈 시스템의 경쟁력, 지불해야 할 비용, 그리고 브랜드 발전전망을 바탕으로 창업 브랜드를 선택한다. 가맹희망자는 최소 투자로 최대의 효과를 달성할 수 있는 적합한 브랜드를 자기 평가기준으로 결정하는 것이다.

구체적으로 가맹희망자는 최초가맹금과 투자비용을 비롯하여 가맹본부가 제공하는 지원내용, 신속한 개점, 교육과 훈련 프로그램과 같은 프랜차이즈 시스템의 다양한 지원들을 중시한다. 그리고 가맹희망자는 개점 후 광고와 판촉 활동, 마케팅 지원, 경영적 지원에 대해 가맹본부가 얼마나 필요한 지원들을 제공할지도 평가한다.

가맹희망자는 상담 과정에서 개설정보가 풍부하거나 사업 파트너로서 신뢰성을 보이는 가맹본부에게 많은 매력을 느낀다.

따라서 가맹본부는 인터뷰 과정에서 구체적인 창업 정보와 다양한 지원 프로그램들에 관한 정보들을 가맹희망자에게 제공하여 자기 브랜드를 최종 선택을 하도록 유도해야 한다(Guilloux 외 3인, 2004).

2. 브랜드 인지도와 가격

선택속성은 상품 또는 서비스의 유형적, 무형적 특징에 대해 소비자가 의사결정을 할 때 중요하게 인식하는 특징적 요소이다. 선택속성은 개인마다 판단 기준이 다르고 상황적인 요인에 의해 영향을 받는다.

프랜차이즈 시그널링은 가맹희망자의 중요한 선택속성이다. 프랜차이즈 브랜드는 브랜드만의 차별성과 우월성을 가맹희망자에게 전달하여 창업 선택을 유도한다. 그 대표적 프랜차이즈 선택속성의 시그널이 '브랜드 인지도'와 '가격'이다.

'브랜드 인지도'는 소비자가 브랜드를 인식하거나 회상할 수 있는 정도 또는 수준을 말한다. 인지도가 있는 높은 브랜드는 많은 잠재적 고객들을 매장에 끌어들인다.

가맹점 수가 많을수록 브랜드 인지도가 높다. 많은 가맹점을 보유한 브랜드는 시장에서 자주 목격되기에 가맹희망자는 성공확률이 높은 브랜드로 인식한다. 게다가 높은 인지도를 가진 브랜드는 가맹희망자가 지역시장에서 창업 정보를 획득하는 것을 편리하게 하고 브랜드 정보를 파악하기 위한 가맹희망자의 탐색비용도 상당히 줄여 준다.

따라서 가맹희망자는 다른 매장들과의 경쟁에서 승리하기 위해 인지도가 높은 프랜차이즈 브랜드를 선택할 가능성이 크다.

다른 하나는 '가격'이다. 가격은 프랜차이즈 패키지의 구매비용이다. 프랜차이즈 패키지의 가격은 가맹희망자가 가맹사업에 참여하는 데 필요한 모든 비용을 말한다.

일반적인 상품가격의 기능처럼, 높은 프랜차이즈 가격은 가맹희망자에게 창업 브랜드의 품질이 뛰어나다는 메시지를 전달한다. 반면에 낮은 프랜차이즈 가격은 가맹사업의 참여를 쉽게 하지만, 프랜차이즈 시스템의 품질과 브랜드의 인지도를 낮다고 가맹희망자에게 인식될 가능성이 크다.

따라서 가맹본부는 브랜드의 역사, 규모, 가맹점 수, 차별성, 우월성 등의 객관적이고 타당한 근거를 바탕으로 합리적인 범위에서 프랜차이즈 가격을 설정해야 한다. 타당한 프랜차이즈 가격 설정은 프랜차이즈 시그널링을 구성하는 핵심 요소이다(Calderon-Monge 외 1인, 2015).

3. 값비싼 시그널링의 특징

가맹본부의 시그널이 가맹희망자에게 설득력 있고 값비싼 신호가 되기 위해서는 경쟁자가 모방하기 어려운 가치와 내용을 포함해야 한다. 이 이유로 값비싼 신호의 개발은 상당한 노력과 비용의 투자가 필요하다.

만약 가맹본부가 값비싼 개설 신호를 개발하지 못하고 다른 가맹본부의 개설 메시지를 그대로 또는 유사하게 사용한다면, 창업시장에서 가맹희망자의 관심을 거의 끌지 못할 것이다. 결국 창업 선택을 유인하는 데 실패할 것이다.

모방하기 어렵고 차별적인 값비싼 신호는 가맹본부의 자산(asset)이다. 가맹희망자는 값비싼 신호에 매력을 느껴 창업비용을 지급하고 프랜차이즈 시스템을 구매한다. 따라서 개설 마케팅에서 값비싼 신호는 가맹본부에게 많은 개설이익을 안겨다 주는 전략적 자산이다(Panda 외 3인, 2022).

4. 값비싼 시그널링 개발의 전략적 접근

가맹본부는 차별적이고 우월적인 메시지를 개발하기 위해 다음과 같은 유형의 시그널들을 전략적 차원에서 이해할 필요가 있다.

역량 신호전략(capability signals)은 가맹본부가 보유하고 있는 유형적, 무형적 자산들이다. 가맹희망자는 사업 역사가 길고 사업 규모가 큰 가맹본부를 선택하는 것이 신규 브랜드를 선택하는 것보다 사업의 안정성이 높을 것이라고 판단한다.

'내가 어렸을 때부터 그 브랜드가 있었다', '그 브랜드는 지금도 주변에서 쉽게 볼 수 있다', '그 브랜드는 해외에서도 볼 수 있다'라는 가맹희망자의 경험적 지식이 그 예이다.

지원 신호전략(supportive)은 교육과 훈련, 마케팅 지원, 경영지원 정책의 우월성과 차별성을 말한다. 가맹점의 성공을 위해 꾸준한 가맹본부의 교육과 지원정책의 가시적인 증거들은 가맹희망자에게 매력적인 신호로 작용한다. '예전에 직원이었을 때 브랜드의 교육에 놀랐다', '이 브랜드의 최초 교육은 체계적이다', '가맹본부는 계속적인 광고와 판촉지원을 한다' 등이 그 예이다.

멤버십 신호전략(membership)은 가맹희망자가 가맹사업에 참여할 수 있는 기본적이고 필수적인 조건들이다.

가맹희망자는 브랜드의 멤버가 되기 위해 브랜드가 요구하는 투자를 해야 한다. 가맹본부는 사전에 최소 투자금액을 설정하여 재정 능력을 보유한 가맹희망자를 선별한다. 이를 통해 가맹본부는 요구된 투자액을 감당하기 어려운 가맹희망자가 가맹점이 되는 것을 사전에 배제한다. 가맹본부는 재정 능력이 우수한 가맹희망자가 미래에 높은 매장성과를 낼 수 있다고 판단한다(Panda 외 3인, 2022).

5. 시그널링의 효과적 전달

가맹본부는 프랜차이즈 시스템의 경쟁력과 차별성을 담고 있는 시그널들을 시장에 전달함으로써 유능한 가맹희망자를 영입하고자 한다. 가맹본부는 개발된 시그널을 가맹희망자에게 효과적인 방법으로 전달해야 하는데, 그 구체적인 방법은 아래와 같다.

첫째, 가맹본부는 개설비용 등을 사전에 명확하게 설정하고 이를 상담 과정에서 가맹희망자에게 분명히 설명해야 한다.

그래야 가맹희망자는 다른 브랜드와 비교하여 자신이 부담해야 할 전체비용과 항목별 비용이 적정한지를 판단할 수 있다. 개설비용의 명확한 설정과 자세한 설명은 가맹희망자의 신뢰성을 높인다.

둘째, 소비자의 구전의 힘은 가맹희망자에게 설득력 있는 신호가 될 수 있다.

가맹본부는 SNS 등을 통해 자기 브랜드가 소비자에게 우호적으로 최대한 많이 언급될 수 있도록 노력해야 한다. 특히 현재의 소비자 선호도나 트렌드에 부합하는 브랜드인 경우 더욱 그러하다.

셋째, 매장운영 경험이 있는 가맹희망자에게는 예측되는 매장성과나 예상이익을 강조할 필요가 있다.

창업경험이 있는 가맹희망자는 개점 후 성과와 이익에 관심이 많다. 그들은 브랜드의 역사나 가맹점의 수와 같은 외형적인 정보보다는 개점 후 자신이 실제로 얻을 수 있는 매출성과의 이익의 수준에 대한 정보에 훨씬 민감하다(박경원 외 2인, 2011).

6. 프랜차이즈 박람회

프랜차이즈 박람회는 비즈니스의 쇼케이스이자 가맹본부와 가맹희망자의 만남의 장소를 제공하는 중요한 커뮤니케이션 채널이다.

박람회는 가맹희망자에게 창업시장의 현황과 새로운 트렌드 정보를 제공한다. 그리고 가맹본부와 가맹점을 상담과 계약관계로 연결하는 네트워크적 플랫폼의 역할을 한다.

가맹본부는 박람회에서 짧은 시간 동안 많은 가맹희망자를 동시에 만날 수 있다. 가맹희망자도 다양한 브랜드들의 정보를 한 장소에서 효율적으로 얻을 수 있다.

프랜차이즈 박람회는 가맹본부가 언론, 브로슈어, 그리고 광고 채널 등을 통해 전달할 수 없었던 창업의 세부적인 내용을 가맹희망자에게 직접 소개하는 장소이다.

박람회를 통해 가맹본부는 다이렉트 마케팅(direct marketing)이 가능하고 신규 가맹점의 유치의 단기적인 성과를 만들 수 있다. 이에 가맹본부는 박람회에 참여하기 전에 가맹희망자에게 차별적이고 우월한 개설 신호를 효과적으로 전달할 수 있는 다이렉트 마케팅에 대한 구체적인 계획을 마련해야 한다(Mastrangelo 외 2인, 2016).

7. 직영점의 시그널링
1) 직영점을 경험해야 사업 실패율이 낮다

미국의 경우 프랜차이즈 사업을 시작하기 전에 가맹본부의 준비기간은 평균 7.6년이라고 한다. 정확한 통계는 없지만, 국내는 평균 1~3년으로 미국에 비해 매우 짧다. 이에 국내 가맹본부의 실패율이 높은 이유는 가맹사업의 짧은 사업 준비기간에서 기인한다.

철저한 사전준비 없이 가맹사업을 시작하거나 유행하는 아이템을 좇아 급조한 가맹본부가 시장에 많기 때문이다. 사업 실패율을 줄이기 위해 가맹본부는 가맹사업을 시작하기 전에 충분한 직영점 운영의 경험과 체계적인 사업 준비가 필요한 이유가 여기에 있다(강병오 외 1인, 2010).

2) 직영점은 강력한 시그널링이다

직영점은 가맹본부의 시그널링에서 가장 강력한 원천이다. 가맹희망자에게 직영점의 높은 성과와 운영과정을 있는 그대로 보여 주는 것만큼 설득력 있는 시그널링이 없기 때문이다.

직영점의 수와 직영점의 성과 및 운영품질은 프랜차이즈 사업모델과 시스템의 우수성을 가맹희망자에게 가시적으로 보여 준다. 가맹본부는 직영점 시그널링을 통해 가맹희망자에게 매장운영의 과정이 어떠한지 그리고 높은 수준의 매출과 이익을 낼 수 있다는 기대감을 현실감 있게 전달한다.

덧붙여 가맹본부는 새로운 유망지역에 신규 가맹점을 모집하기 위해 지역시장 또는 상징적인 지역에 직영점을 개설할 수 있다.

이러한 대표성이 있는 직영점들은 지역시장의 가맹희망자에게 가맹점의 외관, 인테리어 모습, 그리고 매장운영 과정을 가시적으로 전달한다. 지역 가맹희망자의 관심을 실제로 유도하는 시각적인 시그널이 되는 것이다.

만약 대표적 또는 상징적 지역의 직영점들의 운영성과까지 높다면 직영점의 시그널링의 효과는 극대화된다(Gillis 외 1인, 2012).

IV. 시사점 또는 토론

1. Costly Signal

시그널링은 차별화 전략의 하나이다. 기업은 마케팅 커뮤니케이션의 전략적 도구로 시그널들을 활용하여 자신의 상품 또는 서비스의 강점과 우월함을 소비자에게 전달한다. 기업이 소비자의 관심을 유발하고 자기 상품을 선택할 수 있도록 개발된 값비싼 시그널들은 기업의 마케팅과 광고 분야에서 중요한 기능을 한다.

다른 한편으로 자동차 회사의 품질보증(warranty)과 무상수리 프로그램은 다른 경쟁사의 자동차보다 자기 자동차의 성능과 품질이 우수하다는 사실을 전달하는 값비싼 신호의 예이다.

이러한 맥락에서 값비싼 신호는 상품 또는 서비스의 장점과 우월성만을 강조하는 것이 아니다. 품질보증처럼 정보 비대칭으로 발생하는 소비자의 구매위험을 완화를 시켜 주는 '설득력 있는 해결책'의 의미도 포함한다.

2. Cheap Signal

이와 반대로 'Cheap Signal'은 '값싼 신호'이다. 값싼 신호는 브랜드나 상품들의 시그널과 마케팅 메시지가 차별적이지 않고 설득력이 낮은 평범한 신호이다. 특별함이 없고 신뢰성이 낮은 신호들이 값싼 신호들이다.

값싼 신호는 브랜드가 특별한 시간과 비용을 들이지 않고 만든 신호이거나 경쟁 브랜드들과 유사한 메시지로 나타난다. 소비자는 다른 브랜드의 메시지와 비교했을 때 우월하거나 차별적으로 인식하지 못하는 '그저 그런 평범한 메시지'인 것이다.

3. 치열한 경쟁

국내 시장에서는 만 개가 넘는 프랜차이즈 브랜드들이 있다. 이는 국내 시장의 규모 대비 너무 많은 브랜드들이 경쟁하고 있다는 것을 의미한다.

이에 따라 프랜차이즈 브랜드가 가맹희망자의 관심을 유인하여 가맹계약을 체결하는 것이 점차 어려워지고 있다. 가맹희망자도 홍수처럼 범람하는 창업 브랜드들의 정보들로부터 자신에게 유용한 정보만을 얻는 것이 쉽지 않다.

치열한 경쟁상황은 시장경쟁에서 승리하기 위해 가맹희망자를 유인할 수 있는 값비싼 개설 시그널을 개발해야 하는 브랜드의 절박함을 배가시킨다. 브랜드의 값비싼 개설 시그널이 수많은 창업 브랜드 속에서 자기 브랜드가 선택될 수 있는 가능성을 높이는 확실한 방법이기 때문이다.

브랜드의 차별적이고 우월한 개설 시그널링은 가맹희망자의 정보의 비대칭 상황을 해소하면서 가맹계약을 위한 가맹상담을 실질적으로 이끌어 낼 수 있는 강력한 유인책이 된다.

4. 내부 마케팅으로서의 시그널링

프랜차이즈 마케팅 믹스는 제조 경영, 유통 경영, 소매 경영, 서비스 경영, B2B 경영, B2C 경영의 다양한 영역에 걸쳐 가맹본부와 가맹점, 가맹본부와 소비자, 가맹점과 소비자, 가맹본부와 외부 협력업체, 가맹점과 외부 협력업체로 다차원적으로 구성되어 있다(한규철 외 1인, 2017).

위와 같이 거래대상에 따라 마케팅의 목표고객이 다르지만, 기본적으로 프랜차이즈 브랜드의 목표고객은 크게 두 그룹으로 분리될 수 있다. 하나는 외부고객(external customer)으로 가맹점을 방문하는 고객 또는 잠재적 고객이다. 다른 하나는 내부고객(internal)으로 가맹희망자 또는 가맹점사업자이다.

다시 말해, '프랜차이즈 외부고객'은 브랜드의 상품 또는 서비스를 가맹점에서 구매하는 소비자를 말한다. 이와 달리 '프랜차이즈 내부고객'은 가맹희망자와 가맹본부와 B2B 거래관계에 있고 외부고객에게 상품 또는 서비스를 판매하는 가맹점사업자이다.

따라서 가맹본부의 시그널링의 목표대상은 소비자(외부고객)가 아니라 내부고객인 가맹희망자 또는 가맹점사업자가 된다. 이 가운데 가맹희망자는 브랜드 시그널링의 핵심 목표고객이다.

가맹본부의 시그널링의 목표는 역량이 높고 유능한 가맹희망자를 능동적으로 발굴하고 그들을 신규 가맹점으로 유치하는 데 있다. 차별적인 개설 시그널링을 통해 소비자(외부고객)를 만족시킬 수 있는 유능한 가맹점사업자(내부고객)를 얼마나 많이 보유하고 있느냐가 프랜차이즈 시스템의 성장과 지속가능성의 기준이 된다.

V. 한국 프랜차이즈에서 적용과 제안들

1. 정보공개서 개설 마케팅

정보공개서, 가맹계약서, 그리고 이와 관련된 부속서류들(이하 정보공개서 등)은 가맹본부의 중요한 정보들을 담고 있는 문서들이다.

가맹희망자는 정보공개서 등을 통해 가맹계약을 체결하기 전에 가맹본부의 세부적인 정보를 파악할 수 있다. 정보공개서 등은 가맹본부와 가맹점 간의 정보량의 격차로 발생하는 정보의 비대칭 상황을 완화하여 가맹희망자의 합리적이고 타당한 창업 브랜드의 선택을 돕는다.

이와 같은 정보공개서 등은 가맹희망자에게 차별 없이 제공된다. 따라서 정보공개서 등은 개설 마케팅에서 프랜차이즈 브랜드가 가장 적은 비용으로 실행할 수 있는 가장 효과적인 마케팅 도구이다.

정보공개서 등은 가맹희망자에게 객관적인 브랜드 정보를 제공하여 가맹희망자의 정보의 비대칭을 해소한다. 뛰어난 사업성과들의 정보와 완성도 높게 작성된 정보공개서 등은 가맹희망자에게 상당히 매력적으로 인식되어 그들의 창업선택을 유인한다.

2. 개선이 절실한 정보공개서 시스템

가맹본부의 정보공개서 마케팅이 원활하게 이루어지려면, 무엇보다 현재의 정보공개서 등록 및 공개 시스템이 정상적으로 작동해야 한다. 가장 아쉬운 부분이다. 빠른 시간 내에 적절한 방식으로 개선될 필요가 있다.

1) 등록의 지체 현상

효율적인 등록과 관리를 위해 정보공개서의 등록이 공정거래위원회에서 지자체로 이관되고 있다. 그러나 현재 정보공개서 변경등록의 평균 소요기간이 너무 길어서 정보공개서 등록과 공개 시스템의 신뢰성과 유용성에 대한 불만과 비판적 의견들이 상당히 거세다.

그 이유는 가맹본부가 4월에 변경등록을 신청한 건이 그해 11월, 12월에 등록이 완료되는 경우가 많기 때문이다. 소수지만 해를 넘기는 경우도 있다. 이러한 등록과정의 '지체 현상'의 문제는 최근 1~2년간의 문제가 아니라 수년간 계속되고 있다.

변경등록해야 하는 브랜드의 수에 비해 심사인력인 등록관의 수가 절대적으로 부족한 상황이 그 원인으로 추정된다. 2021년 1+1 직영점 의무제로 인해 브랜드의 수가 약 11,000개로 늘어난 현실은 등록의 지체 현상을 더욱 악화시켰고 아직까지 의미 있는 개선이 이루어지지 않고 있다.

2) 지체 현상으로 발생하는 문제점들

이 등록의 지체 현상으로 발생하는 문제점들은 아래와 같다.

첫째, 가맹희망자는 정보공개서 시스템에서 가맹본부의 최근의 사업현황과 사업성과 등을 사전에 검토하기 힘들어졌다.

2023년 변경등록이 11월에 등록이 완료되었다고 가정해 보자. 이 경우 약 반년(이하 공백 기간) 넘게 가맹희망자는 2022년 말 기준으로 변경등록된 정보공개서를 열람할 수 없다. 2023년 가을에 가맹희망자는 거의 2년 전의 가맹본부의 정보를 열람해야 한다(2022년 변경등록된 정보공개서는 가맹본부의 2021년 말 기준의 정보를 담고 있다).

가맹희망자는 자신의 성공적인 창업을 위해 정보공개서 시스템에서 여러 브랜드의 창업정보를 빠르고 쉽게 검토하기를 원한다. 그러나 현재에서는 이를 기대하기 어렵다.

둘째, 현장에서 가맹본부가 이전에 등록된 정보공개서와 변경등록 심사 중에 있는 정보공개서를 가맹희망자에게 함께 제공하여 공백 기간의 문제를 완화할 수 있다는 의견이 있다. 변경등록이 지체되다 보니 나오는 궁여지책이다.

그러나 이는 법적 근거가 없다. 가맹본부는 가맹희망자에게 등록된 정보공개서를 제공해야 하기 때문이다. 특히 가맹희망자가 그 정보들을 비교할 수 있는 실질적인 역량이 없으면, 이 방법은 악용될 수 있고 가맹희망자에게 상당한 혼란도 줄 수 있다.

셋째, 현실에서 공개 시스템에서 변경등록된 정보공개서를 확인할 수 있는 시점은 변경등록이 완료된 시점이 아니다. 실제로 변경등록이 완료된 시점부터 1~2개월이 지난 후에나 가능하다. 가맹본부의 영업비밀 등의 공개 여부의 절차가 있기 때문이다.

이로 인해 가맹희망자가 창업을 고려하고 있는 브랜드들의 최근 창업정보를 1년 중에 공개 시스템을 통해 열람할 수 있는 기간은 실질적으로 매우 짧다. 이는 공개 시스템의 유용성을 훼손하고 가맹희망자의 탐색비용을 증가시킨다.

넷째, 공개 시스템에서 과거의 변경등록과 수시등록된 정보공개서 버전을 열람할 수 있다. 그러나 시스템적인 구조적 문제 때문인지, 가맹본부의 영업비밀 등의 공개 여부의 절차가 있는 1~2개월 동안 과거의 등록된 버전들은 파일의 형태로 열람할 수가 없다. 공개 여부의 절차기간 동안 시스템의 세부적인 열람 기능이 일시 정지된다.

다섯째, 가장 큰 문제는 공적인 정보공개서 시스템이 가맹희망사의 억선택을 유발할 수 있다는 점이다. 특히 가맹희망자가 등록된 정보공개서의 정보들이 최근 몇 개월의 정보라고 착각할 경우 문제의 심각성은 커진다.

가맹희망자가 가맹본부의 현재 사업성과에 대한 즉각적인 정보를 얻지 못하더라도, 정보공개서의 공개 시스템은 가맹희망자에게 가맹본부의 최근 정보를 제공하여 정보의 불균형을 최대한 줄일 수 있도록 지원해 주어야 한다.

그러나 현재의 등록 지체와 공개 시스템의 품질은 그러하지 못하여 창업 브랜드의 선택과정에서 가맹희망자의 역선택을 유발할 수 있다. 공적인 정보공개서 시스템이 가맹희망자에게 불충분하고 시의적절하지 못한 정보를 제공하고 있는 셈이다.

여섯째, 이렇다 보니 정보공개서 시스템의 정보들에 대한 시의적절성이 매우 약해지고 있다.

프랜차이즈 관련 컨설팅, 교육, 강의 등에서 정보공개서 시스템의 유용성은 매우 크다. 그리고 공개 시스템을 통해 가맹본부는 동일 또는 유사 업종의 경쟁사의 사업성과를 파악할 수 있고 새로운 브랜드 기획을 할 수 있다. 그러나 등록의 지체 현상은 그 자료와 정보의 시의적절성을 훼손하고 있다.

3. 홈페이지 시그널링

프랜차이즈 브랜드의 홈페이지는 상대방에게 차별적이고 우월한 시그널링을 제공하는 매우 유용한 마케팅 채널이다.

프랜차이즈 브랜드의 홈페이지는 외부고객인 소비자를 위한 것이다. 이와 달리 프랜차이즈 브랜드의 개설 홈페이지는 내부고객인 가맹희망자와 가맹점사업자를 위한 것이다.

그러나 국내 시장에서 상당수의 프랜차이즈의 홈페이지들은 잘못된 설계와 운영방법으로 브랜드의 시그널링을 제대로 전달하고 있지 못하고 있다.

프랜차이즈 브랜드의 홈페이지가 개설 홈페이지와 비교하여 다른 내용과 정체성을 가지고 있음에도, 많은 가맹본부들은 소비자를 위한 브랜드 홈페이지와 가맹희망자를 위한 개설 홈페이지를 분리하지 않고 사용하고 있다. 그 결과, 홈페이지에 방문한 고객에게 적합한 정보를 제공하지 못하고 오히려 그들의 방문을 밀어내고 있다.

쉬운 예로, 해당 브랜드에 관심이 있어 방문한 소비자는 브랜드의 역사, 지향점, 가치제안, 차별성, 주요 상품들에 관한 정보에 관심을 가지고 있을 것이다.

그러나 방문한 홈페이지가 가맹점의 출점상황, 매출액, 가맹사업 현황, 창업비용, 창업광고의 알림창들로 구성되어 있다면, 아마도 그 고객은 다시는 해당 홈페이지를 방문하지 않을 것이다. 그 고객은 프랜차이즈 브랜드의 홈페이지를 방문한 것이지 개설 홈페이지를 방문한 것이 아니기 때문이다.

4. 직영점의 척박한 현실

2020년 말 기준 약 64%의 브랜드가 직영점 자체를 보유하고 있지 않을 정도로 국내 시장에서 브랜드들의 직영점 보유비율은 매우 낮은 상태이다.

특히 공정거래위원회가 발표한 2020년 현황에 나타나듯이, 1~4개 직영점을 보유한 브랜드가 2,248개(31.7%)이고 5~9개의 범위에서는 184개(2.6%)로 상대적 차이가 매우 크다. 이 자료는 브랜드 당 직영점의 수가 매우 적다는 사실을 보여 준다. 국내 많은 가맹본부들이 직영점을 최소한으로 유지하면서 대부분 가맹점 확장방식에 의존하고 있는 것을 뜻한다.

이 사실은 직영점의 보유 사실과 높은 직영점 성과가 가맹희망자를 유인하는 가장 강력한 시그널링의 유형임에도, 이를 능동적으로 활용하는 가맹본부가 국내 시장에는 적다는 것을 나타낸다. 그리고 브랜드가 직영점을 보유하고 있어도 상당수가 직영점을 1~2곳 정도만 보유하고 있어 국내 시장에서 직영점의 시그널링의 영향력은 아직 매우 낮다.

5. 가격 지향적 시그널링

낮은 창업비용은 많은 수의 가맹희망자를 자기 브랜드로 수용할 수 있는 확실한 개설 시그널링으로 가맹점 수를 실질적으로 늘리는 데 매우 매력적인 유인책이다.

국내 시장에서 가격 지향적인 브랜드의 시그널링은 과거보다 많아지고 있다. 아니, 이제 다수가 되었다. 시장에 많은 브랜드들이 제한된 가맹희망자를 놓고 격렬하게 경쟁하고 있는 까닭이다.

이와 같은 낮은 가격 지향적인 개설비용은 가맹점의 수를 늘리는 데 당장은 도움이 되지만, 아래와 같은 여러 문제를 발생시킨다.

첫째, 브랜드의 차별적인 시그널링의 메시지의 구축을 방해한다. 낮은 프랜차이즈 판매가격은 브랜드가 가지고 있는 개별적인 장점과 차별적인 특징의 시그널링들을 모두 덮어 버린다.

둘째, 가맹본부의 개설수익을 줄이고 가맹본부의 경영 상태를 악화시킨다. 가맹본부는 프랜차이즈 시스템에 꾸준한 재투자를 해야 지속적인 성장을 할 수 있다. 그러나 가맹점의 수가 늘어났음에도 합리적인 개설수익이 적으니 가맹본부가 시스템과 기존 가맹점들에게 재투자할 재정적 여력이 낮다.

셋째, 지나치게 가격 지향적인 시그널링은 미래에 표준적 운영에 미달하거나 매장성과가 낮은 가맹점들을 양산한다.

그 결과, 가맹본부가 미래에 책임져야 할 사업적 부담의 크기가 비례하게 커지고 시스템의 사업적 성과는 낮아진다. 또한 그러한 책임 부담은 가맹본부의 미래의 사업비용을 증가시키고 가맹점들과의 갈등과 분쟁의 가능성을 높인다.

6. Costly Signal의 전략적 개발
1) Costly Signal은 진입장벽이다
　Costly Signal은 보유하고 있는 브랜드의 장점 중에 하나 또는 일부를 선택하는 것이 아니다. 가맹본부가 브랜드의 장점, 차별성, 우월성의 요인들을 발굴하고 그것이 개설의 값비싼 신호가 될 수 있는지를 검증해야 한다.

　예를 들어 가맹본부의 역사나 가맹점 수는 많은 시간이 필요하다. 또한 가맹점에 대한 교육과 훈련이 해당 가맹본부의 Costly Signal이 되려면, 그동안 공식적으로 실행해 왔던 프로그램들이 존재해야 한다. 사실을 뒷받침해야 하는 실질적인 증거들이 필요한 것이다.

　이처럼 Costly Signal은 가맹본부의 사업현황과 사업성과에 대한 유무형의 투자, 시간, 노력을 담고 있기에 짧은 시간 내에 쉽게 만들어질 수 없다. 그렇다고 해서 없는 것을 있다고 할 수도 없다.

　많은 시간과 노력을 들여 개발한 프랜차이즈 브랜드의 Costly Signal은 경쟁 브랜드가 '넘기 힘든 진입장벽'이 된다. 경쟁 브랜드들이 그 시그널을 모방하기 어렵기에 Costly Signal은 미투 브랜드의 침투를 강력하게 방어한다.

2) Big Talk를 주의해야 한다
　프랜차이즈 브랜드의 Costly Signal 개발에서 중요한 것은 그 메시지가 철저하게 객관적인 사실에 기반해야 한다는 점이다. 또한 전달된 브랜드의 시그널링은 가맹희망자가 여러 채널로 확인이 가능해야 하고 그에 맞는 현실적인 증거들도 뒷받침되어야 한다.

　그러지 않고서는 그러한 시그널은 한낱 'Big Talk'에 불과하다. Big Talk는 일상생활에서 사실과 다른 자랑, 호언장담, 허풍, 사실을 부풀리는 이야기를 의미한다.

이것은 프랜차이즈에서 허위·과장 정보와 같은 것이다. 거짓과 기만에 기반하여 가맹희망자의 창업을 유도하는 '달콤한 이야기(sweet wording)'이다. 명백한 잘못된 신호(wrong signal)이다.

그 예로 어떤 가맹본부가 5년 된 시점에서 '가맹점의 수가 500곳, 시장점유율 1위'를 개설 시그널로 책정했다고 가정해 보자.

이는 분명히 오랜 시간의 경영적 노력과 그 성과를 담고 있는 가맹본부의 Costly Signal이다. 이 메시지를 전달받은 가맹희망자는 당연히 현재 가맹점이 500개라고 인식할 것이다.

그러나 그 500곳의 가맹점의 수가 5년간 개점한 가맹점의 총수이지 현재 영업하는 가맹점의 수가 아니라면 어떻게 되겠는가?

5년간 폐점한 가맹점을 현재 가맹점의 수에 반영하지 않는다면, 객관적인 사실에 기반하지 않은 Big Talk의 Wrong Signal이 될 수 있다.

7. Cheap Signal과 Cheap Talk

프랜차이즈 브랜드의 Cheap Signal은 다른 브랜드의 그것과 비교하여 차별성이나 우월성을 담고 있지 못한 부실하고 그저 그런 평범한 메시지일 뿐이다.

Cheap Signal은 'Cheap Talk(값싼 대화)'와 유사하다. 어떤 말(메시지) 등이 행위의 결과나 성과에 아무런 영향을 미치지 못하는 것을 말한다. 대화의 정보가 큰 의미가 없어 상대방의 의사결정에 그 어떤 영향도 주지 못한다.

국내 시장에서 이러한 Cheap Signal의 문제는 항상 존재한다.

브랜드가 우월하고 차별적인 개설 메시지를 만들지 못하고 다른 가맹본부 또는 브랜드들이 사용하는 개설 메시지를 그대로 또는 유사하게 사용하는 경우가 대표적 유형이다.

예를 들어 낮은 창업비용, 손쉬운 창업과정, 가맹희망자의 역량 수준이나 자격 조건이 없음, 누구나 할 수 있는 창업, 신속한 창업과 같은 평범한 신호들이 Cheap Signal인 것이다.

그리고 국내 개설시장을 지배하고 있는 '더 싸다'의 메시지도 마찬가지다. 자신이 특정 상대방보다 더 저렴한 창업비용을 제시했다면, 조만간 다른 브랜드가 자신보다 더 싼 가격을 제시할 것이다. 이처럼 자신도 다른 브랜드의 메시지를 차용을 했듯이 Cheap Signal은 다른 브랜드에게 금방 도용될 수 있다.

그렇다고 낮은 프랜차이즈 판매가격 모두가 Cheap Signal이라는 것은 아니다. 어떤 브랜드는 낮은 개설비용이 가장 큰 경쟁력이 될 수 있다.

다만, 가격 지향적 시그널을 내세우는 브랜드들이 많을수록 해당 시그널은 어쩔 수 없이 Cheap Signal이 되어 버린다. 모두가 '싸다'의 창업비용을 내세우기에 자기 브랜드의 창업비용이 실질적으로 싸도 결코 시장과 가맹희망자에게 싸게 보이지 않게 된다.

8. 개설 상담에서 Small Talk

가맹본부의 Costly Signal은 개설 상담의 품질과 결과를 결정한다. 가맹본부가 개설과정에서 Costly Signal을 제시하지 못한다면, 상담 과정에서 이야기한 브랜드의 개설 메시지들은 'Small Talk'에 그친다.

Small Talk는 큰 의미 없는 대화, 예의석인 대화, 간략힌 대화, 특별한 가치가 없는 대화 등을 말한다. 쉽게 말해, 대화 후 상대방이 서로 오간 이야기를 거의 기억하지 못하는 상황이다.

프랜차이즈 개설의 Small Talk는 '가맹본부의 시그널링 메시지가 가맹희망자에게 가치 있고 차별적으로 인식되지 않는 상황'을 말한다. 가맹희망자가 개설 상담을 한 후 '도대체 이 가맹본부는 무엇이 뛰어나고 내가 창업을 하면 무엇이 좋다는 것이지?'라는 생각이 들게 만든다. 개설 가치제안(value proposition for opening)이 매력적이지 않은 상황이다.

가령 A 브랜드는 B라는 음식을 주요 메뉴로 하는 브랜드인 것은 알겠는데, 다른 브랜드와 무엇이 다른지를 개설 상담 후 가맹희망자가 어떤 것도 기억하지 못하는 상황이다. 창업자의 머릿속에 아무것도 남지 않았기에 가맹상담은 시간 낭비였다.

이처럼 Small Talk의 가맹상담은 가맹희망자가 상담 후 왜 그 브랜드로 창업해야 하는지를 전혀 인식하지 못하게 한다. 가맹본부는 상담 과정에서 많은 시간과 노력을 들였지만, 최종적으로 가맹희망자의 전화는 오지 않는다.

이와 반대인 경우가 있다. 가맹본부가 Costly Signal을 바탕으로 가맹상담의 과정 자체는 훌륭하게 하였으나 상담 직후 가맹계약이 바로 체결되지 않는 경우가 있다.

이 상황은 Small Talk가 아니다. 다만, 좀 더 시간이 필요하거나 가맹희망자의 현실이 당장 가맹계약을 체결할 수 없을 뿐이다. 시간이 지나면 브랜드는 그 가맹희망자로부터 다시 개설에 관한 전화를 받을 것이다. 상담 과정에서 해당 브랜드의 차별적인 개설 메시지가 가맹희망자의 머릿속에 남아 있기 때문이다.

VI. 함께 생각해 봅시다

프랜차이즈 보증제가 가능한가?

자동차나 전자제품 브랜드는 일정 기간 품질보증을 통해 소비자의 구매위험을 낮추고 실질적인 구매를 유인한다. 이러한 보증제도(guarantee)는 소비자와 공급자의 정보 비대칭의 문제를 완화시켜 주는 유용한 마케팅 방법이다(Gallini 외 1인, 1992).

가맹점사업자는 매장을 개점하지 않고서는 사업 성공과 가맹본부의 약속 이행이 사실인지 알 수 없는 '검증시차'가 발생한다.

이를 방지하기 위해 프랜차이징에서도 자동차 회사의 품질보증처럼 가맹본부와 가맹점 간의 품질보증 제도(이하 프랜차이즈 보증제도)가 가능할까? 만약 그럴 수 있다면, 가맹본부의 시그널링의 유형에서 직영점만큼 강력한 유인책이 될 것이다.

가맹본부가 제시한 매출액이 개점 후 설정된 기간 동안 도달하지 못한 경우 어떠한 형식으로든 투자금액의 일부를 보상하는 방법 등이 '프랜차이즈 품질보증제도'의 하나의 예이다.

그러나 프랜차이즈 품질보증제도는 프랜차이즈 사업 특성상 실행이 어려운 부분이 많다. 그 이유를 정리하면 다음과 같다.

첫째, 프랜차이징은 보험이나 보증처럼 단순한 개별 상품이 아니다. 두 당사자는 계약체결 후 빈번한 거래관계에 복잡하게 얽혀 있는 포괄적 계약의 성격이 강하다.

둘째, 환불 또는 보상과 같은 보증제도가 작동하려면 문제의 발생 원인이 분명해야 한다. 가맹점의 낮은 성과가 부실한 정보공개서나 가맹본부의 무능력 탓인지, 아니면 가맹점이 자기 역할을 제대로 수행하지 못해서인지 현실적으로 분간하기 어렵다.

셋째, 프랜차이즈 창업은 거래관계의 신뢰성이 중요하다. 이에 가맹본부가 어떠한 문제로 약속한 보증제도의 실행을 통해 가맹점에게 일부 손해를 보상했더라도 무너진 신뢰관계는 회복되기 어렵다. 다시 원래대로 거래관계를 돌리기 힘들다.

이처럼 프랜차이즈 보증제도는 현실에서 어려운 사안이다. 그러나 이 보증제도를 가맹점 창업의 성공이냐 실패이냐의 종합적인 관점에서 접근하지 않으면, 일부 영역에서 특정 조건을 통해 그 이행이 가능할 수도 있다.

예를 들어 특정 기간의 제한을 명확히 하거나 특정한 프로그램에 한정하여 평가범위를 좁힌다면, 프랜차이즈 보증제도의 형식은 실현이 가능할 수도 있다. 다만, 가맹본부가 책임져야 할 조건들을 명확하게 사전에 설정해야 추후 분쟁의 소지가 줄어든다.

국내에서 제시되고 있는 '최저이익 보장제'는 낮은 차원에서의 프랜차이즈 품질보증 제도의 사례가 될 수 있다. 그렇지만 국내 편의점 등에서 실행하고 있는 최저이익 보장제는 실질적인 최저이익 보장제는 아니다. 보증제도를 변형하여 매장성과가 낮은 가맹점에 대한 매장운영 비용의 지원적 성격이 크다.

제7장
역선택 이론
(Adverse Selection Theory)

> 두 당사자는 정보의 비대칭으로 인해 부족하고 잘못된 정보로 원래 계획하지 않았던 거래상대방을 선택한다.

Ⅰ. 역선택

1. 개요

 역선택 이론은 상품 또는 서비스의 정보가 부족한 구매자가 원래 의도와 다르게 원하지 않은 것을 선택하는 상황을 말한다. 구매자가 재화에 대해 충분한 정보를 알지 못하는 정보의 비대칭 또는 불균형의 상태가 역선택의 주요 원인이다.

 역선택의 유발은 일방이 정보의 비대칭 상황을 이용하여 자기에게 유리한 방향으로 상대방의 구매 또는 선택을 유인하는 행동이다. 많은 정보량과 중요한 정보를 가지고 있는 어느 한쪽이 정보량의 격차를 이용하여 상대방의 이익을 희생시키면서 자기에게 유리한 선택을 하도록 유인하는 과정이 역선택의 과정인 것이다.

 낮은 품질의 재화는 당연히 낮은 가격에 공급되어야 한다. 그러니 공급자는 수요자가 그러한 정보를 잘 알지 못하는 점을 악용한다. 공급자는 재화에 대한 허위·과장의 정보나 중요한 정보를 숨기는 방법으로 합당하지 않은 가격에 자기 물건을 판매한다. 정보의 비대칭을 악용하여 수요자에게 원래 의도하지 않은 선택을 하게 하여 결과적으로 상대방에게 큰 피해를 준다.

중요한 사실은 역선택이 수요자의 잘못된 선택이 유인되는 수동적인 상황만을 의미하지 않는다는 데 있다. 공급자가 정보의 비대칭을 악용하여 의도적으로 부적절한 정보를 제공하여 상대방의 잘못된 선택을 적극적으로 유도하는 의도적인 행동의 의미가 크다.

'잘못된 선택'이란 수요자가 예상했던 것보다 더 큰 비용을 지급하게 하거나 선택 후 비용 및 책임 부담이 더 늘어나는 상황이다. 역선택의 가능성이 높은 시장은 수요자에게 정직한 정보를 제공하는 공급자들이 우세하지 않고 정보의 비대칭 상황을 악용하는 공급자들이 우세한 시장이다.

2. 역선택의 예
1) 증권시장에서 역선택

우량기업과 불량기업이 존재하는 시장에서 두 기업에 대한 정확한 정보가 부족하다면 투자자는 어떠한 행동을 할까? 아마도 투자자들은 정보 부족으로 두 회사의 증권을 평균가격으로 살 것이다.

이렇게 되면, 우량기업의 증권은 턱없이 낮은 가격에 거래되고 불량기업의 증권은 기대했던 것보다 높은 가격에 판매된다. 그 결과, 증권시장은 불량기업의 증권이 우세해져 기업의 정상적인 자본조달의 시장 기능은 왜곡된다.

2) 노동시장에서 역선택

노동시장은 관계적 측면에서 피용자, 그 피용자를 고용했었던 사용자, 이

직할 회사의 새로운 사용자의 삼각관계에 있다. 그리고 과거 회사에서 좋지 못한 평가를 받았던 피용자는 새로운 회사에 좋은 평가를 받을 수 있는 것은 노동시장의 특징이다.

노동품질은 무형의 서비스여서 채용 전에 노동품질을 측정할 수 없다. 노동시장이 상품시장과 다른 특징들이다. 이처럼 노동품질의 확인은 채용 후 가능하기에 노동시장의 역선택 문제는 항상 존재한다(Greenwald, 1986).

3) 기업의 역선택

기업은 거래상대방에 대한 정보량의 부족과 잘못된 정보로 원래 계획했던 것과 다른 의사결정을 하는 경우가 많다.

기업의 역선택 문제는 기업의 이익 및 성장과 직결된 문제로 기업의 조직역량과 경영진의 능력과 관계되어 있다. 기업경영에서 역선택이 많을수록 기업의 내부 자원은 비효율적으로 배분되고 사업확장의 속도는 늦춰질 수밖에 없다.

따라서 기업은 거래상대방을 선택하기 전에 상대방의 정보들을 정확히 파악하고 사업 파트너로서 그들이 적합하고 적격한지 사전에 꼼꼼히 선별해야 한다.

Ⅱ. 역선택의 레몬시장

정보경제학의 역선택 이론은 1970년 미국 경제학자 Akerlof의 "The market for 'lemons': Quality uncertainty and the market mechanism"에서 제안되었다. Akerlof의 레몬시장은 정보경제학과 역

선택 이론의 기본 원리이자 핵심 이론으로 인용되고 있다. 그의 연구를 정리하면 다음과 같다.

『특정 상품에 여러 등급이 존재할 때 판매자와 소비자 간에 상품품질에 대한 불확실성과 정보 비대칭이 발생한다.

판매자는 더 많은 판매와 이익을 위해 정보 비대칭 상황을 이용하여 정직하지 못한 방법으로 저가격 및 저품질의 상품을 시장에 공급한다. 이로 인해 시장은 품질이 낮은 상품들이 넘쳐난다.

그 결과, 시장은 품질이 좋은 상품보다 저품질의 상품이 지배하는 레몬시장(the market for lemon)이 된다.

'Lemon'은 '저품질의 상품'이다. 이러한 레몬시장(lemon market)은 상품에 대해 많은 정보를 알고 있는 판매자와 달리 소비자는 그 정보를 모르거나 일부 정보만 알고 있는 정보의 비대칭의 상황에서 기인한다.

예를 들어 중고차 시장에서 판매자는 자동차 품질에 대한 많은 정보를 알고 있지만, 구매자는 그러하지 못하다. 구매자는 가격에 민감하여 품질이 좋은 비싼 중고차보다 가격이 싼 중고차를 선호한다. 이에 판매자는 낮은 품질의 차를 주로 시장에 공급한다. 결국 중고차 시장에는 저품질의 차들이 넘쳐나게 된다.

이는 그레샴의 법칙(Gresham's Law)의 '악화(惡貨)가 양화(良貨)를 구축(驅逐)한다'의 상황과 유사하다. 중고차 시장에서 나쁜 차(lemon)들이 좋은 차들을 몰아내는 것이다.

결국 시장에서 거래되는 자동차들은 대부분 나쁜 차들이 된다. 심각한 문제는 판매자가 정보의 비대칭 상황을 악용하여 나쁜 차를 좋은 차의 가격 수준으로 비싸게 판매하는 정직하지 못한 거래에 있다.

보험시장에서도 같은 현상이 발생한다. 보험의 경제학은 미래에 지급해야 할 보험금과 전체 보험가입자로부터 거둬들이는 보험료의 합계가 일치하는 것이 이상적이다. 보험회사의 최고 고객은 가입만 하고 보험금을 청구하지 않는 사람일 것이다. 하지만 그런 우량고객은 굳이 보험에 가입할 이유가 없다.

문제는 보험회사가 보험 가입 당시 보험가입자에 대한 정보를 잘 모르거나 잘못된 정보로 부적합한 상대방과 보험계약을 체결하는 데 있다. 보험회사는 정보의 비대칭으로 불량 보험자를 가려내는데 실패한다. 그 결과, 보험료 청구가 늘어남으로써 보험회사는 수익과 비용을 일치시키기 위해 선량한 가입자에게 높은 보험료를 청구하게 된다.

레몬시장의 정직하지 못한 대가(the costs of dishonesty)는 크다.
시장은 우수한 상품과 정직한 거래를 몰아내고 레몬들이 넘쳐난다. 시장은 다양한 품질과 다양한 가격의 상품들이 존재해야 하지만 나쁜 상품들이 좋은 상품들을 시장에서 쫓아내어 시장은 결국 저품질의 상품들이 지배하는 레몬시장이 된다.」

Ⅲ. 역선택의 완화, 스크리닝 이론

스크리닝 이론은 '선별 이론' 또는 '심사 이론'이라고 불리운다. 스크리닝 이론은 조셉 스티글리츠(Joseph Stiglitz)의 "The theory of screening, education, and the distribution of income. 1975"에서 구체화되었다. 그의 연구를 살펴보면 아래와 같다.

1. 스크리닝 이론(Screening Theory)

모니터링이 어떤 대상에 대한 감시와 통제라면, 스크리닝은 자신이 찾는 적합한 대상을 사전에 선별하는 능동적인 과정이다.

Stiglitz의 선별 이론은 정보를 갖지 못한 일방이 정보를 많이 보유한 상대방의 감추어진 정보를 추출하기 위해 미리 선택기준을 설정하여 이를 거래상대방에게 제시하는 방법이다.

'선별'은 정보를 많이 보유한 상대방이 원하는 거래조건 또는 구성된 상품을 스스로 선택하게 한다. 당사자는 상대방의 선택 결정에 기반하여 그들이 거래상대방으로서 적합한지 선별 또는 심사한다. 쉽게 말해, 상대방이 적어 낸 답안지를 가지고 당사자가 거래상대방으로서의 적합성과 적격성을 판단하는 것이다.

이처럼 스크리닝 과정은 정보 비대칭의 상황에서 정보를 많이 보유하고 있는 상대방이 자발적인 자기 선택을 하도록 유도하여 역선택의 가능성을 완화시키는 방법이다.

2. 스크리닝 이론의 예

보험시장은 Stiglitz의 선별 이론의 대표적인 예이다.

보험회사는 사고위험도에 따라 가입자를 고위험군과 저위험군으로 분류하고 각 집단에 적절한 보험료를 부과한다. 고위험군과 저위험군은 성별, 나이, 병력, 직업 등 다양한 항목으로 측정되어 구분된다.

저위험군은 최소 보험료의 상품에 관심을 보일 것이다. 이에 반해 고위험군은 보험료가 높더라도 폭넓은 사고를 대비하는 상품에 관심을 보일 것이다.

보험회사는 이처럼 사고위험도에 따른 보험상품을 개발하고 고객이 스스로 원하는 상품을 선택하게 함으로써 피보험인의 적합성을 사전에 선별하여 역선택의 위험을 줄인다.

은행이나 대출 기관도 마찬가지다. 은행은 대출자의 신용도에 따라 고객등급을 사전에 구분한다. 대출자의 위험등급을 분류하여 저신용자에게는 높은 이자율을, 상환능력이 높은 고객에는 낮은 이자율을 할당한다. 이러한 신용할당(credit rationing)은 개인은 물론 우량기업과 비우량기업의 선별과정에도 적용된다.

선별과정은 고객이 스스로 제품 또는 서비스의 수준을 선택하게 하는 자기선택 장치(self-selection device)이다. 공급자는 이를 통해 적은 비용으로 사전에 정보 불균형의 문제를 줄일 수 있다.

Ⅳ. 프랜차이즈 역선택

1. 적합한 상대방 선택의 중요성

가맹본부는 지속적 성장을 위해 유능한 가맹점을 꾸준히 발굴해야 한다. 가맹희망자는 자신의 투자와 이익을 뒷받침할 수 있는 유능한 가맹본부를 찾아야 한다. 이처럼 두 당사자는 자신에게 부합하고 적격의 거래상대방을 발굴하여 거래관계를 맺어야 높은 사업성과를 달성할 수 있다.

거래상대방에 대한 잘못된 선택 결정은 미래에 자신에게 큰 손실을 안겨준다. 이에 적합한 거래상대방의 선택은 사업 성공을 위한 가장 중요한 의사결정이다. 따라서 두 당사자는 가맹계약을 체결하기 전에 상대방이 자기에게 적합하고 적격의 거래상대방인지 충분히 검토한 후 신중한 결정을 내려야 한다(Gillis 외 1인, 2012).

2. 프랜차이즈 역선택

가맹본부는 가맹점 개설과정에서 최초가맹금, 매장 투자비용, 로열티 등의 재정적 기준을 사전에 설정하여 이 요구를 감당할 수 있는 가맹희망자를 선별한다. 한편, 가맹희망자는 정보공개서 등 가맹본부가 제공한 문서들을 통해 자기에게 많은 성과를 가져다줄 수 있는 창업 브랜드를 선택한다.

이처럼 두 당사자는 가맹계약 체결 전에 상대방이 제공하는 정보에 의존하여 거래상대방을 선택해야 하는 상황에 놓이게 된다. 그 과정에서 가맹본부 또는 가맹점은 정보의 비대칭 상황의 상황을 악용하여 자기 이익을 위해 상대방이 원래 기대하지 않았던 선택을 하도록 유인한다.

'프랜차이즈의 역선택'은 가맹계약서에 서명하기 전에 가맹본부 또는 가맹점이 상대방의 잘못된 정보에 유인되어 원래 계획과 다르게 부적합하고 부적격한 거래상대방을 선택하는 것을 말한다. 이러한 역선택은 두 당사자 모두의 공통적인 문제이다.

가맹희망자의 역선택은 '본래 의도와 달리 부실하거나 무능력한 가맹본부를 선택'하는 상황이다.

가맹본부가 자기에게 유리한 정보만을 제공하거나 내부적 문제 또는 중요한 정보를 누락시키는 경우, 그리고 예상 수익 등의 허위나 과장된 정보를 제공할 경우 가맹희망자의 역선택이 발생한다. 가맹희망자가 사실과 다르거나 숨겨진 정보를 사전에 가려내지 못하고 계약을 체결하는 것이다.

가맹본부의 역선택은 '브랜드에 부적합하거나 부적격한 가맹희망자를 선택'하는 상황이다. 가맹본부가 자기 브랜드와 맞지 않거나 사업적 역량이 떨어지는 부적격의 가맹희망자를 선택하여 가맹계약을 체결하는 것이다.

가맹희망자의 재정적 능력은 상담 과정에서 검증이 가능하다. 그러나 가맹희망자의 창업 동기, 성실성, 경영능력 등은 가맹희망자가 제공하는 정보만으로 그 사실 여부를 검증할 수 없다. 게다가 가맹점의 매장운영 역량은 개점 이전에 알 수가 없기에 가맹본부의 역선택 문제는 항상 존재한다.

이와 같은 두 당사자의 역선택은 모두 상대방으로부터 의도적으로 유인되고 촉진된다. 어느 한쪽이 부실하고 잘못된 정보를 악용하여 부정직하게 상대방이 자신을 선택하게 만든다(Grünhagen 외 2인, 2017).

3. 역선택을 완화하는 MUF와 AD

가맹본부는 가맹점의 출점방식에서 SUF(단일)보다 MUF(복수)를 전략적으로 선택하여 역선택의 가능성을 줄일 수 있다.

SUF는 MUF보다 더 많은 가맹희망자를 만나서 정보를 파악해야 한다. 이에 가맹본부는 MUF를 통해 정보 비대칭의 상황의 수를 줄여서 역선택의 가능성을 낮춘다.

나아가 가맹본부는 MUF보다 더 넓은 지역에 더 많은 출점의 권한을 부여하는 지역개발 프랜차이즈 방식(area development type, 이하 AD)을 통해 역선택을 줄일 수 있다.

AD는 가맹본부가 프랜차이즈 사업을 발전시킬 지역의 사업 파트너를 선택해서 가맹점 개발을 위임하는 것이다. 지역 정보에 밝은 파트너는 가맹점의 개발과 운영관리의 권한을 위임받고 유능한 가맹희망자를 효과적으로 발굴한다(Weaven 외 1인, 2007).

4. 프랜차이즈 파트너 선택

파트너 선택은 거래상대방으로서 적합하고 적격의 파트너 선별과정이다. 파트너 선택은 상대방이 거래관계에 필요한 요구사항을 충족할 수 있는지를 사전에 선별하는 과정이다.

이러한 기업의 파트너 선별과정은 상대방의 재정, 마케팅, 개발, 기술에 대한 상대방 보유능력과 태도 등을 종합적으로 평가한다.

가맹본부와 가맹점도 효과적인 사업목표 달성을 위해 각자 적합하고 유능한 거래상대방을 찾기 위한 선별과정을 거치는데, 이를 '프랜차이즈 파트너 선택(franchise partner selection)'이라고 한다.

특히 가맹본부는 체계적인 선별기준을 통해 유능한 가맹점사업자를 발굴하는 것이 필요하다. 가맹본부는 상담 과정에서 가맹희망자의 과거 경력, 현재의 일, 재정적 능력, 사업 경험, 프랜차이즈 이해, 가맹점의 운영계획을 파악하여 자기 브랜드에 적합하고 적격한지 전체적으로 평가해야 한다.

그렇지만 프랜차이즈 파트너 선택은 기업의 선별과정과 다른 점이 있다. 가맹점은 갖추어진 프랜차이즈 시스템을 그대로 활용하기에 가맹희망자의 사업개발과 브랜딩의 능력은 중요하지 않다.

중요한 것은 가맹본부가 선별과정에서 브랜드에 부적합하고 부적격의 가맹희망자를 분간해 내지 못한다면, 개점 후 매장성과는 낮고 표준적 운영에서 이탈하는 가맹점들을 양산할 수 있다는 점이다. 이로 인해 가맹본부는 표준 이하의 가맹점들을 모니터링을 하기 위해 추가적인 비용지출과 경영적 노력을 해야 한다.

신규 가맹점의 수는 늘었지만, 개점 후 가맹점들에 대한 관리적 비용들이 상당히 발생하는 상황이 된다(Altinay, 2006).

V. 한국 프랜차이즈에서 적용과 제안들

1. 가맹본부의 역선택
1) 출점 강박관념(Obsession for Opening)

역선택은 계약체결 이전의 문제로 가맹본부의 역선택은 가맹점의 출점과 직접적인 관계가 있다. 국내 시장의 출점문화가 개선되고 있지만, 국내 가맹본부의 역선택 문제는 좀처럼 줄어들지 않고 있다. 그 주요 이유는 가맹본부의 '출점(개설) 강박관념'과 밀접하게 관련되어 있는데, 구체적인 내용을 살펴보면 다음과 같다.

첫째, 국내의 많은 가맹본부는 사업 초기 자본과 조직의 부족함을 빠르게 보완하기 위해 가맹점의 최초가맹금과 개설이익에 상당히 의존한다.
 가맹희망자의 금전적, 물리적 투자자본은 가맹본부가 당장 가용할 수 있는 유용한 자원이다. 이에 가맹본부는 최대한 빠른 시간 내에 가맹점의 금전적, 물리적 투자자본을 확보하려고 한다.
 둘째, 많은 가맹본부들이 시장 생존을 위해 어떻게든 빠르게 가맹점 수를 늘려야 한다는 '출점 강박관념'에 사로잡혀 있다.
 가맹점 수를 빠르게 늘려야 시장에서 생존할 수 있고 필수물품의 원활한 유통도 실현할 수 있기 때문이다. 게다가 외부 파트너들에게도 자신의 사업적 성과를 빠르게 보여 주어야 한다는 강박관념도 작용한다. 출점 강박관념은 국내의 많은 가맹본부들이 경영자원의 대부분을 가맹점의 수를 늘리는 데 투자하는 주요한 원인이 된다.
 셋째, 상당수의 가맹본부들이 충분한 사업자금을 마련하지 않고 가맹사업을 시작하는 국내 시장의 현실도 그 원인이 된다.
 '가맹본부의 영세성'의 문제로 가맹점의 수에 집착하고 빠른 성장을 위해 무분별하게 출점을 강행하는 국내 시장의 대표적 시장특징이다.
 넷째, 과도한 출점경쟁이다. 프랜차이즈 브랜드들은 제한된 가맹희망자를 두고 치열하게 경쟁한다. '뺏고 뺏기는 상황'이다.
 많은 가맹점의 수로 시장을 선점하지 못하거나 계약체결이 가능한 가맹희망자와 빠르게 가맹계약을 체결하지 못하면, 다른 경쟁 브랜드에게 빼앗길 수 있다는 강박관념이 국내 개설시장의 과도한 출점경쟁을 부추기고 있다.

이러한 출점에 대한 가맹본부의 강박관념은 '빠른 성장에 대한 지나친 집착'에서 비롯된다. 문제는 이러한 초기의 '생존과 빠른 성장을 위한 절실함'이 점차 단기적인 이익추구를 위한 가맹본부의 '탐욕'으로 변화하는 데 있다. '일단 출점을 하고, 발생하는 문제들은 나중에 고민하자'라는 생각이 프랜차이즈 브랜드들의 주요한 영업방식이 되고 개설시장을 점차 지배한다.

2) 프랜차이즈 브랜드의 역성장

영세한 가맹본부나 신규 가맹본부에게 가맹점의 자원들은 대단한 유혹이다. 가맹본부가 즉각적인 출점에 대한 유혹을 쉽게 뿌리치기 어려운 이유이다.

그러나 설령 그렇다고 해서, 부적합하고 부적격의 출점은 어떤 이유도 가맹본부의 합리적인 변명이 되지 못한다. 가맹본부의 역선택에 의한 가맹점의 출점은 결국 가맹점에게 상당한 손해를 끼치고 가맹본부가 치러야 할 미래의 책임과 비용의 크기를 키운다.

현실에서 이러한 잘못된 출점의 충격은 바로 나타나지 않는다. 보통 2~5년 후 서서히 또는 한꺼번에 폭발한다. 공정거래위원회의 시정조치나 과징금 등의 제재들의 대부분이 위법사실이 발생한 2~5년 후에나 나타나는 이유이다. 가맹본부의 무분별한 출점의 역선택의 결과는 사건의 발생 이후 몇 년이 지나서야 외부로 표출되는 것이다.

가맹본부의 잘못된 출점은 평균 이하의 매장성과를 내는 가맹점들을 양산하고 결과적으로 브랜드의 전체 이미지를 훼손시킨다. 그 결과, 가맹점 수는 늘었지만 프랜차이즈 브랜드는 늘어난 체중에 비해 체력이 허약해지는

'역성장'을 겪는다.

'프랜차이즈 브랜드의 역성장(Degrowth of Franchise Brand)'은 '프랜차이즈 브랜드가 사업 성장을 한 후 일정 시점에서 사업 규모가 줄어들거나 프랜차이즈 시스템의 사업성과나 세력이 점차 감소하는 상태'를 의미한다.

2. 가맹희망자의 역선택

국내 시장에서 가맹점의 역선택을 부추기는 원인을 세 가지로 나누어서 설명하면 다음과 같다.

첫째, 국내 가맹희망자는 프랜차이즈 사업, 정보공개서 및 가맹계약서, 가맹점의 역할과 의무에 대해 충분한 이해 없이 창업을 하고 있다. 가맹희망자의 역선택이 발생하는 가장 근본적인 원인이다.

프랜차이즈 창업의 사업적 이해가 부족한 상태에서 창업한 가맹희망자는 프랜차이즈 사업이 왜 브랜드 사업이고 개점 후 왜 자신이 가맹본부의 운영방침을 따라야 하는지에 대한 이해도가 낮다. 그리고 가맹점으로서 자신이 어떠한 역할을 해야 하는지도 잘 알지 못하는 경우도 많다.

국내 창업시장에서 여전히 상당한 수의 가맹희망자들이 '가맹본부가 어떻게든 해 주겠지'라는 막연한 기대감, '일단 시작하고 보자'라는 촉박함, '나는 평균 매출액 이상 할 수 있어'라는 근거 없는 자신감을 가지고 프랜차이즈를 창업하고 있다. 과거에도 그랬고, 지금도 그러하다. 좋아질 기미가 없다.

단언컨대, 국내 시장에서 가맹본부와 가맹점 간의 갈등과 분쟁의 원인은 가맹본부의 불공정한 거래관계만큼이나 상낭수의 가맹희밍자가 프렌치이즈 사업의 특징을 충분히 이해하지 않은 상태에서 창업하는 현실과 상당한 관련이 있다. 따라서 가맹희망자가 창업 브랜드 선택에 분별력이 있고 창업과정에서 현명하지 못하면, 창업시장에 가맹희망자의 역선택 가능성은 줄지 않을 것이다.

둘째, 국내 가맹희망자는 프랜차이즈 창업을 위해 매장운영의 경험이나 전문적 지식을 익히는 사전준비를 거의 하지 않고 창업하고 있다.

'빠른 창업'과 '누구나 쉽게 하는 창업'은 프랜차이즈 사업의 장점이다. 가맹본부들은 필수교육 며칠이면 매장운영을 할 수 있다고 광고하고 가맹희망자들은 이러한 메시지에 쉽게 유인되고 있다.

물론, 며칠간의 필수교육으로 개점은 가능하다. 그러나 매장의 효율적이고 효과적인 운영은 어떻게 해야 하나? 개점만 했다고 매장이 높은 성과를 달성하는 것이 아니지 않은가?

셋째, 낮은 창업비용에 집착할 수밖에 없는 국내 가맹희망자의 영세성이다.

가맹희망자는 성공적인 창업을 위해 브랜드 평판, 정보공개서와 가맹계약서의 내용, 투자금액과 부담해야 할 내용, 가맹본부가 지원하는 교육, 판촉, 경영지원 등을 반드시 검토해야 한다.

이는 창업 브랜드의 선별에서 거쳐야 할 필수적인 과정이다. 매장창업 특성상 한번 결정된 브랜드는 다시 되돌릴 수 없기 때문이다.

그러나 국내 많은 가맹희망자들이 창업자금의 여력이 부족하다 보니, 자신도 어쩔 수 없이 낮은 창업비용을 제시하는 프랜차이즈 브랜드에게 이끌리게 된다.

가맹희망자들은 처음에 자신에게 적합하고 유능한 가맹본부를 찾는다. 그러나 안타깝게도 그들은 적은 창업비용으로 원래 계획과 달리 창업비용이 낮은 브랜드에 관심을 가질 수밖에 없는 상황에 내몰린다. 그러한 상황에 놓인 가맹희망자들이 많다 보니 가격 지향적 선택이 국내 가맹희망자의 가장 중요한 창업 브랜드 선택속성이 되고 있다.

3. 3無, 5無, 7無 등의 '없다' 정책
1) 개설비용

 가맹희망자가 가맹사업을 영위하기 위해 투자해야 하는 모든 비용을 '창업비용' 또는 '개설비용'이라고 한다. 가맹희망자가 가맹점 개점까지의 투자하는 모든 금전적 비용이 개설비용인 것이다.

 개설비용은 가맹본부가 요구하는 상권과 입지에 맞는 임대차 계약비용, 간판 및 인테리어 설치, 필요 시설 및 장비의 설치 등과 같은 매장 투자비용을 말한다. 또한 가입비, 교육비, 계약이행보증금의 최초가맹금과 초도물품 및 개점과정에서 소요되는 기타 비용들도 개설비용에 포함된다.

2) 개설시장을 지배하는 '없다' 정책

 국내 시장에서 큰 문제는 가맹희망자에게 낮은 개설비용만을 소구하는 브랜드들이 너무나 많다는 현실에 있다.

 그것이 잘못되었다는 것이 아니라 많아도 지나치게 많다는 것이다. 낮은 가격 지향적 개설 영업방식의 '쏠림현상'이 매우 심하게 나타나고 있다. 일부 브랜드들의 3無, 5無, 7無 등의 개설정책은 이러한 쏠림현상의 대표적이고 상징적인 사례이다. 이 책에서는 이러한 개설 영업방식을 가맹본부의 '없다(無)' 정책이라고 하겠다.

 '없다' 정책은 주로 새로운 또는 소규모 가맹본부들의 전형적인 개설 영업방식이다. '우리는 아무것도 또는 거의 받지 않고 있습니다', 'OO호 점까지 창업비용을 면제해 드립니다'라는 메시지로 가맹희망자의 창업을 공격석으로 유인하고 있다. 일단 가맹점 수를 늘리는 것이 목표이다.

 현실에서 3無 정책은 최초가맹금의 면제를 말한다. 5無 정책은 최초가맹금과 로열티 및 광고분담금의 면제이고, 7無는 여기에 판촉, POS 비용 등 가맹점이 부담해야 하는 기타 항목들에 대한 면제로 추정된다.

시장에서 이미 7無 이상으로 '없다' 정책을 실시하는 브랜드들이 늘어나고 있다. 때때로 브랜드가 말하는 '없다'의 항목들이 과연 가맹점이 원래부터 부담해야 하는 것인지 판단이 서지 않을 때도 있다.

가맹점이 부담해야 할 항목이 아니거나 굳이 이것도 면제 항목으로 포함될 수 있을까 싶을 정도로 '없다(無)'의 항목들이 계속 늘어나고 있는 상황인 것이다. 만약 그 면제 항목들이 원론적으로 가맹점이 부담해야 할 내역이 아니라면, 이 자체도 허위 정보일 수도 있다.

3) 사라지는 값비싼 신호들

가맹본부들의 '없다' 정책이 모든 상황에서 바람직하지 못하다는 것이 아니다. 어떤 가맹본부에게는 가장 강점이 되고 가장 절실한 개설전략일 수 있기 때문이다. 그리고 낮은 개설비용은 가맹점에게 실질적인 경제적 혜택이 된다. 가맹희망자에게 낮은 개설비용만큼 가맹계약 촉진하는 효과적인 마케팅 방법이 없기 때문이다.

다른 측면에서 낮은 개설비용에 대한 브랜드 간의 경쟁은 창업시장에서 전체적인 개설비용을 낮추는 효과도 있어 시장에서 긍정적인 기능을 한다. 그래서 '없다' 정책이 무조건 바람직하지 못한 것이라고 말할 수는 없다.

그러나 문제는 '없다'의 메시지를 내세우는 가맹본부가 개설시장을 지배하고 있고 현재 그 수가 지나치게 증가하고 있다는 점이다. 그 영향력도 더욱 막강해졌다.

그 결과, 낮은 개설비용이 아닌 다른 영역의 개설가치로 개설 마케팅을 하는 브랜드들의 수가 줄고 있다. 브랜드만의 값비싼 개설 시그널링이 시장에서 점차 사라지고 오직 시장에 '가격'만이 남고 있다.

4. '정상'이 '비정상'으로: FOMO 현상

프랜차이즈 FOMO 현상은 가맹본부와 가맹점 모두에게 발생한다. 이것은 가맹본부와 가맹점 간의 정보의 비대칭 상황이 원인이지만, 여기에 배제와 소외의 내적, 심리적인 불안감과 쏠림현상과 같이 한쪽으로 치우치는 시장의 분위기가 더해져서 두 당사자의 역선택을 상당히 부추기고 있다.

어떤 브랜드의 개설 마케터는 다음과 같이 하소연한다. 그는 창업 상담 과정에서 '다른 브랜드는 가입비, 교육비, 보증금도 없다고 하는데, 왜 여기는 있죠?', '최초가맹금을 요구하는 것은 본사 이익만 추구하는 것 아닌가요?', '가맹계약을 하려고 하는데, 여기는 무엇을 면제해 줄 수 있나요?'와 같은 질문을 받는다고 한다. 무척 난감한 상황이다.

가맹본부가 최초가맹금을 수취하는 정상적인 개설활동이 비정상적인 영업으로 변질되고 있는 것이다. 아니, 가맹본부가 자기 이익만을 취하는 이기적인 행동이라고 비판받는다.

'없다'의 정책이 개설시장을 지배함에 따라 최초가맹금을 받은 가맹본부가 점차 비정상적인 존재가 되고 있다. '없다'의 정책을 펴지 않았던 가맹본부는 개설시장에서 자신만이 소외되고 가맹희망자의 선택에서 외면받고 있다고 생각하기 시작한다.

개설시장에서 자기 브랜드가 밀려나고 있다는 불안감과 두려움이 밀려든다. 가맹희망자의 상담 숫자와 가시적인 계약성과가 줄어드는 이유가 최초가맹금을 받고 있기 때문이라고 판단한다.

개설 마케터는 자기 브랜드가 비정상적인 브랜드로 소외되는 것 같아 속을 태운다. 결국, 가맹본부는 최초가맹금을 받은 것을 포기하고 다른 브랜드처럼 '없다' 정책의 개설시장의 분위기에 동참한다. '프랜차이즈 FOMO 현상'이 강력히 나타나게 된다.

프랜차이즈 FOMO 현상은 가맹희망자에게도 나타난다.

가맹희망자가 원래 계획했던 창업의 방향, 업종, 브랜드와 다르게 가맹본부의 허위·과장된 정보나 브랜드의 공격적인 개설 영업에 유인되는 현상이다.

가맹희망자는 높은 월 매출액, 높은 영업이익률, 낮은 창업비용, 선착순 개념으로 ○○호 점까지의 창업혜택 등의 공격적인 프랜차이즈 브랜드의 개설 광고에 유인된다. 특히 허위·과장된 정보일 가능성이 높은 일부 선도적 가맹점들의 뛰어난 매출과 성수기 등 특정 기간의 높은 매출에 기반한 개설 광고 메시지는 가맹희망자의 역선택을 심각하게 부추기고 있다.

문제는 가맹희망자가 그러한 브랜드의 정보들이 정직한지, 창업 후 실제 그러한 매장성과가 나오는지, 그리고 과연 해당 브랜드가 시장에서 지속가능성이 있는지를 전체적으로 검토하지 않는다는 데 있다.

오히려 가맹희망자는 지금 당장이라도 그러한 브랜드를 선택하지 않으면, 창업의 좋은 혜택과 단기적 이익을 놓칠 수 있다고 안절부절못하며 조바심과 불안감을 느낀다. 결국, 창업 전에 고민했던 계획서는 멀리 던져 버리고 그 브랜드의 달리는 말(馬) 등 위에 올라타게 된다.

5. 정말로 남기는 것이 없는가?

개설과정에서 가맹본부의 수익구조는 가맹희망자가 특별하게 질문하지 않고서는 잘 나타나지 않는다. 이 시점에서 우리는 '없다'의 가맹본부 개설정책이 과연 브랜드의 수익이 진실로 '없냐'라는 질문으로 되물어 볼 수밖에 없다.

결론적으로 말하자면, '앞에서가 아니라 뒤에서 남긴다'의 상황이다. '앞'은 개설과정이고, '뒤'는 가맹 계약기간 중이다.

'없다'의 정책은 가맹본부가 최초가맹금 등을 받지 않아 앞에서 수익을 남기지 않는다. 그러나 계약기간 중에 가맹본부가 공급하는 필수품목 등에서 차액가맹금이나 리베이트의 형태로 유통이익을 수취한다. 세상에는 공짜가 없다. 그 사실을 가맹희망자는 잊어버린다.

6. 왜 있는 그대로 말하지 않는가?

가맹본부가 가맹사업을 하면서 수익을 만드는 것은 당연하고 그 어떤 잘못도 없다. 영리 추구가 가맹사업의 목표이기 때문이다.

그러나 '없다'의 개설정책을 쓰면서 가맹희망자에게 마치 수익을 남기지 않는 것처럼 오인하게 만들면 위법행위가 될 수 있다는 사실을 가맹본부는 인식해야 한다.

어떤 형태로든 가맹본부가 수익과 이익을 만들면서 이를 정보공개서 등에서 사실대로 기재하지 않거나 가맹희망자나 가맹점사업자에게 그 정보를 숨기는 행위는 문제의 소지가 크다. 이는 허위·과장된 정보제공 등에서 '기만적인 정보제공 행위'에 해당된다.

더 심각한 문제는 일부 '없다'의 정책을 쓰는 브랜드가 '상생의 브랜드'로 둔갑하는 경우이다. 가맹희망자에게 개설과정에서 표면적으로 비용을 받지 않는 것이 상생으로 왜곡되는 것이다.

이들은 개설과정에서 최초가맹금 등 일부 또는 전부를 면제하는 사실만을 강조하는 방법으로 가맹희망자의 경제적 부담을 덜어 주는 상생 브랜드로 자기 브랜드를 마케팅한다. 그러나 그러한 브랜드들은 자기 브랜드의 수익원이 무엇이고 어디에서 그 수익을 얻는지에 대해 정확히 또는 잘 이야기하지 않는다.

다시 말하지만, 가맹본부가 어떤 형태로건 어떤 영역이건 수익을 남기는 것은 아무런 문제가 없다. 그것을 정보공개서 등에서 있는 그대로 밝히면 된다. 그리고 가맹점 개설과정이나 가맹희망자 등이 질문을 했을 때 '있는 그대로' 떳떳이 이야기하면 된다. 숨길 것도 감출 것도 없다. 어차피 개점하면 가맹점사업자는 모든 사실을 알게 된다.

Ⅵ. 함께 생각해 봅시다

프랜차이즈 레몬시장(Franchise Lemon Market)

개설시장에는 다양하고 차별적인 개설가치를 제공하는 브랜드들이 존재해야 한다. 그래야 가맹희망자도 자신에게 적합한 브랜드를 선택하는 폭이 넓어지게 된다.

가맹본부의 '없다' 정책이 국내 시장을 지배하는 상황은 마치 중고차 시장에서 Akerlof의 레몬시장과 같다. 정보의 비대칭 상황과 소비자의 가격 민감성으로 중고차 시장에 저품질의 차들만 남듯이, 국내 프랜차이즈 시장도 낮은 창업비용을 제시하는 브랜드들이 시장을 지배하는 '프랜차이즈 레몬시장'이 형성되고 있다.

'없다' 정책이 지배하는 개설시장은 정상적으로 최초가맹금 등을 수령하는 가맹본부를 비정상적으로 만들고 낮은 창업비용이 우세한 개설시장의 FOMO 현상을 부추긴다. 이로 인해 프랜차이즈 레몬시장화는 촉진된다.

프랜차이즈 레몬시장은 '프랜차이즈 개설시장에서 낮은 개설비용을 제시하는 브랜드들이 시장을 지배하여 가맹본부와 가맹희망자의 역선택의 가능성이 높은 시장'을 의미한다. 프랜차이즈 레몬시장은 결국 두 당사자를 '사업적 실패'로 이끌고 공멸하게 만든다.

바람직한 개설시장은 낮은 개설비용을 제시하는 가맹본부도 있고 브랜드 인지도와 평판을 강조하는 가맹본부도 있어야 하며 브랜드의 역사나 가맹점의 교육 및 지원을 강조하는 가맹본부도 함께 공존하는 시장이다.

역선택된 프랜차이징은 오래갈 수 없다. 역선택을 한 두 당사자는 서로 갈등하게 되고 결국 분쟁에 휩싸인다. 문제는 역선택으로 실패한 가맹점사업자는 경제적으로 다시 일어서기 힘들다는 점이다.

역선택의 결과는 분명하다. 가맹본부는 당장 가맹점 수를 늘릴 수 있지만, 브랜드의 지속적 성장에 큰 장애물이 되고 미래에 사업적인 책임도 가중된다. 그 책임은 가까운 미래에 가맹본부에게 '부메랑'이 되어 돌아온다.

어떤 행위가 의도하지 않게 미래에 불리한 결과로 되돌아오는 '부메랑 효과(boomerang effect)'가 발생하는 것이다. 과거와 현재의 계산서는 미래에 언젠가 반드시 청구된다. 가맹희망자에게는 돌이킬 수 없는 창업 실패의 뼈저린 아픔을 주면서 말이다.

제8장
도덕적 해이
(Moral Hazard)

> 두 당사자는 프랜차이징의 느슨함과 관리의 허점을 틈타
> 자기 역할을 회피하면서 상대방 몰래 자기 이익을 추구한다.

Ⅰ. 도덕적 해이

1. 개요

　모럴 해저드는 '도덕적 위험'이 올바른 표현이지만 일반적으로 '도덕적 해이'라고 부른다. '해이'는 '규율이나 긴장감 등이 풀린 느슨한 심리적 상태'이다. 따라서 도덕적 해이는 '법, 제도, 규정, 관계의 느슨함과 허점을 이용하여 자기 역할이나 책임을 회피하고 자기 이익을 추구하는 의식적인 행동'이라고 할 수 있다.

　다른 측면에서 도덕적 해이는 상대방과의 신뢰를 무너뜨리는 행동이나 사회상규에 반하는 비윤리적인 행동을 포함한다. 이에 도덕적 해이는 개인과 조직의 행동에 대한 도덕성과 윤리성의 판단 잣대로도 활용된다.

　경제학에서 도덕적 해이는 행위자의 도덕적, 윤리적 행동을 포함하지만, 보편적으로 자기에게 주어진 역할과 임무를 하지 않고 상황의 느슨함과 허점을 이용하여 상대방 모르게 자기 이익만을 추구하는 행동을 의미한다.

　이러한 도덕적 해이는 정보경제학의 정보 비대칭이 그 주요 원인이다. 상

대방이 자신이 처한 상황을 제대로 알지 못하는 느슨한 상황이나 관리의 소홀을 어느 한쪽이 악용하는 것이다.

2. 도덕적 해이의 예

기업이 직면한 문제의 해결을 위해 특별한 노력을 하지 않거나 개인적 관계가 있는 사람을 임직원으로 채용하는 행동은 경영자의 도덕적 해이이다.

2007년, 대규모 채무불이행으로 금융회사들을 파산시키며 세계 경제를 위기에 빠뜨린 서브 프라임 모기지 사태는 금융 분야의 대표적인 도덕적 해이의 예이다.

이 당시 금융회사들은 투기적 거래인 것을 알면서도 수입과 자산의 수준이 낮은 계층에게 공격적으로 대출을 하였다. 그들은 금융공학을 활용해 부동산 담보를 유동화하여 부실위험을 폭탄 돌리기 하였다. '월스트리트의 도덕적 해이'의 극치였다.

미분양 아파트가 속출할 때마다 부동산 시장의 경착륙을 우려한 정부는 건설업계에 금융적, 제도적 지원을 한다. 지원을 받은 건설회사들은 빠른 정상화를 위해 자신도 뼈를 깎는 경영 자구책을 실시해야 하지만, 일부 건설회사들은 그 책임을 회피하고 지원책만을 활용하였다.

한국경제에서 도덕적 해이의 가장 좋지 않은 사례는 공적자금 투여에 있었다. 유동성 문제에 봉착한 대기업과 은행에 투여된 막대한 공적자금은 그들의 도덕적 해이를 부추겼다. 대마불사(大馬不死)의 인식이 한국경제를 지배하고 있었기 때문이다.

사회적으로 기업이 공장투자 목적으로 대출을 받은 후 그 대출자금을 다른 용도로 사용하는 경우, 개인이 생활자금 대출을 받은 후 이를 주식투자에 사용하는 경우, 대출 상환을 적극적으로 하지 않고 개인파산제도와 채무탕감 프로그램을 통해 그 책임에서 벗어나려는 행위 등은 도덕적 해이의 예이다.

일상생활에서 직원이 면접 때 최선을 다해 일하겠다는 약속을 한 후 채용된 이후 직무를 게을리하는 경우, 건강보험에 가입한 후 음주와 흡연을 더 하는 경우, 화재보험에 가입한 후 화재 예방을 소홀히 하는 경우 등도 도덕적 해이 행동에 해당된다. 이처럼 도덕적 해이는 사회 전반에 광범위하게 퍼져 있는 사회경제적 문제이다.

Ⅱ. 도덕적 해이 이론의 고찰

1. 개념의 시작

도덕적 해이는 17세기부터 19세기 후반까지 영국 보험회사에서 널리 인용되었다. 그 당시 도덕적 해이는 금전적인 이득을 얻기 위한 피보험자의 부도덕한 행동이나 보험금을 노린 사기와 같은 약탈적 행동으로 묘사되었다.

도덕적 해이는 19세기부터 20세기 초반에 민간 및 사회보험 시스템이 대규모로 도입되면서 유럽이나 미국에서 빈번하게 발생하는 피보험자의 부적절하고 이기적인 행위로 다루어지기 시작했다.

이처럼 초기 도덕적 해이의 개념은 보험가입자가 해야 할 자기 의무를 하지 않고 보험상품의 허점을 이용하여 책임을 면하면서 자기 이익을 취하는 윤리적으로나 법적으로 지탄받는 행위로 간주되었다(Dembe 외 1인, 2000).

2. 이론의 발전

Moral Hazard의 용어의 공식적 사용은 Everett U. Crosby의 "Fire Protection, 1905"에서 보인다. 이 글에서 건물소유자의 화재 예방을 위한 노력을 Direct moral hazard와 Indirect moral hazard로 표현하였다.

Kenneth J. Arrow(1963)는 의료보험에 가입한 환자들이 병원 방문이 더 잦아지고 의사는 이를 악용하여 과잉진료를 통해 더 많은 이익을 추구한다고 지적하였다. 환자나 의사 모두가 의료보험에 의존하여 도덕적 해이의 행동을 하는 것이다.

1960년대 Arrow를 시작으로 도덕적 해이는 경제학자들에 의해 재조명되었다. 경제학자들은 도덕적 해이를 행위자의 도덕성과 윤리성에만 기반하여 해석하지 않고 거래관계의 정보 비대칭, 위험분산, 자원배분의 효율성의 시각에서 접근하기 시작하였다.

그들은 거래관계에서 다른 대안으로 대체될 수 없을 때 일방의 도덕적 해이는 자주 발생한다고 보았다. 그리고 도덕적 해이는 정보의 비대칭의 상황에서 얼마든지 발생할 수 있는 문제로 사회적 비용의 증가와 자원의 비효율적 배분을 유발한다고 하였다.

한편, 도덕적 해이를 일방의 잘못된 행위라고 비판하는 것보다 자기 이익을 추구하는 주체의 합리적인 경제적 행위로 옹호하는 의견도 있다. 건강이 걱정되는 환자가 의료보험을 활용하여 병원에 자주 가는 것은 건강을 위한 개인의 합리적인 행위로 생각할 여지가 있다는 것이다.

3. 자원의 잘못된 배분의 원인

John M. Marshall은 "Moral Hazard, 1976"에서 도덕적 해이는 보험회사가 부적합한 보험가입자와 보험계약을 체결하여 자원(보험금)이 비정상적으로 배분되는 상황으로 설명하였다.

경제적 관점에서 도덕적 해이의 발생 원인과 개념을 이론적으로 정립한 것이다. 그의 연구를 정리하면 다음과 같다.

『보험계약의 보상금들이 부적합하고 부적격의 보험계약에 흘러 들어가는 자원의 잘못된 배분(misallocation)이 발생한다. 보험금의 잘못된 배분은 보험사의 과도한 지출을 낳는다.

보험금의 지급사유가 발생한 경우 피보험자가 보험금을 지급받는 것은 '정상'이다. 그런데 보험계약서에는 보험계약을 늘리기 위해 보험상품의 혜택만을 강조할 뿐, 피보험자들의 사고 예방을 위한 구체적인 실천조치나 준수사항들이 없다.

그 결과, 피보험자는 보험계약을 체결한 후 스스로 사고를 줄이기 위한 노력을 하지 않는다. 보험가입자는 보험상품 가입 후 보험의 보상금에 의존하는 비정상적인 상황인 도덕적 해이가 발생한다.』

4. 정보의 비대칭과 도덕적 해이

계약이론의 선구자인 벵트 홀름스트룀(Bengt Holmström)은 "Moral hazard and observability, 1979"에서 Marshall의 의견을 발전시켜 도덕적 해이의 이론적 체계를 정립하였다.

그는 도덕적 해이의 원인은 정보의 비대칭에 있다고 규정하고 이를 감소시킬 수 있는 실천적 방법은 정보 불균형의 완화에 있다고 하였다. 그의 연구를 정리하면 아래와 같다.

『당사자 간의 도덕적 해이의 행동은 사전에 예측되거나 발생현장에서 즉시 관찰되기 어렵다. 그렇다고 해서 명문화된 계약서를 통해 대리인 문제를 완전히 통제할 수도 없다.

본인은 위임한 일을 잘 수행하고 있는지를 확인하기 위해서 대리인을 감시하기 원한다. 이로 인해 모니터링 비용이 발생한다.

본인은 다른 방법으로 대리인 문제를 줄이기 위해 '성과보수(payoff)'를 지급한다. 이를 통해 본인은 높은 결과물을 촉진하면서 모니터링의 비용을 줄일 수 있고 대리인의 도덕적 해이의 위험성도 감소시킬 수 있다.

그러나 주주는 경영자의 세부적 행동들을 모두 알 수는 없다.

낮은 관찰 가능성 때문이다. 낮은 관찰 가능성은 정보 비대칭의 영향력을 키운다. 주주는 이에 대리인이 위임한 일을 완료하지 못했을 때 보수감액 또는 벌칙을 제시하여 최적 분담(optimal sharing)의 보완적 대책을 마련한다.

그리고 주주는 경영성과의 결과물뿐만 아니라 회계정보와 직원관리의 상황에 대한 추가적인 정보를 경영자에게 요구하여 정보 불균형의 상황을 실질적으로 완화하고 경영자의 도덕적 해이를 줄인다.』

5. 도덕적 민감성(Moral Sensitivity)

그러나 대리인의 도덕적 해이를 줄이기 위한 보상지급이나 벌칙의 적용과 같은 전통적인 해결책은 의도하지 않게 여러 문제들을 발생시킨다.

먼저, 경제적 보상을 통한 해결책은 본인이 이익 일부를 포기해야 하는 상황을 만든다. 게다가 자기 이익을 위한 대리인의 기회주의 행동과 비도덕적인 행위도 유발할 수 있다. 따라서 대리인의 도덕적 해이를 줄이는 방법은 경제적 이익과 벌칙의 제공과 함께 도덕적 민감성도 함께 제시되어야 한다.

도덕적 민감성은 주변 사건이나 상황에서 나타나는 윤리적인 의미를 대리인이 민감하게 받아들이게 하는 것이다. 본인은 도덕적 민감성을 기준으로 거래관계에서 필수적으로 지켜야 하는 도덕적 원칙을 대리인에게 이해시켜야 한다. 이를 위해 본인은 대리인에게 도덕적이고 윤리적인 기준에 입각한 실천적 규범을 함께 제시할 필요가 있다.

이처럼 본인은 도덕적 민감성을 경제적 인센티브와 함께 대리인에게 제안함으로써 대리인의 비윤리적인 경영으로 인한 사업적 위험과 도덕적 해이의 행동을 줄일 수 있다(Stevens 외 1인, 2010).

6. 역선택과 도덕적 해이의 차이

정보의 비대칭과 불균형의 상태가 역선택과 도덕적 해이의 주요한 발생원인이 된다는 점은 같다.

하지만 역선택은 계약체결 이전의 문제이고, 도덕적 해이는 계약체결 이후의 문제라는 점이 두 개념의 결정적인 차이점이다. 발생 시점이 서로 다른 것이다. 역선택은 의사결정과 계약체결의 이전 단계에 발생한다. 이에 반해 도덕적 해이는 의사결정이 이루어지거나 계약이 체결된 이후 발생한다.

이러한 이유로 역선택은 '감추어진 유형(hidden type)'이라고 하고 도덕적 해이는 '감추어진 행동(hidden action)'이라고 한다.

역선택의 감추어진 유형은 거래 또는 계약대상으로서 상대방이 적격한가를 분별하기 어려운 상황이다. 부적합하고 부적격의 자격을 상대방이 숨기기 때문이다.

이에 비해 도덕적 해이의 감추어진 행동은 일방이 계약체결 이후 상황과 관계의 느슨함과 허점을 틈타 상대방 모르게 자기 역할의 이행을 회피하거나 약속을 이행하지 않는 것을 말한다(이원돈, 2018).

Ⅲ. 프랜차이즈 도덕적 해이

1. 프랜차이즈 도덕적 해이의 유형

프랜차이즈 도덕적 해이의 유형은 적극적인 또는 능동적인(active) 도덕적 해이와 소극적인(passive) 도덕적 해이로 구분할 수 있다.

적극적 도덕적 해이는 '한 당사자가 자신의 이익을 위해 신뢰관계를 무너뜨리고 상대방의 이익을 희생시키는 적극적인 행동'을 말한다.

소극적인 도덕적 해이는 '한 당사자가 상대방의 이익을 희생시키면서 이전에 합의된 의무나 준수사항의 이행을 회피하거나 불완전하게 이행하는 소극적인 행동'을 의미한다.

가맹점의 적극적인 도덕적 해이는 가맹본부의 상표, 저작권, 소유권, 운영시스템 노하우, 영업비밀 등을 무단 사용하거나 비밀유지 의무를 준수하지 않고 가맹본부의 영업비밀과 노하우를 타인에게 누설하는 행동이다.

가맹점의 소극적인 도덕적 해이는 로열티 지급의 회피, 지정되지 않은 저급한 원부재료를 사용, 필수품목의 구매 회피, 기타의 이유로 가맹점이 지켜야 할 준수사항과 계약사항의 이행을 회피하거나 이를 게을리하는 행동으로 나타난다.

한편, 가맹본부의 적극적인 도덕적 해이는 매장성과가 좋은 가맹점의 인근 지역에 직영점을 출점하는 경우, 다른 가맹점을 통해 기존 가맹점의 영업지역이나 독점적 판매권을 의도적으로 침범하는 경우, 정당한 사유 없이 가맹점에 대한 지나친 경영 간섭을 하는 행위, 그리고 거래상 우월적 지위를 남용하여 가맹본부의 이익을 늘리면서 가맹점에게 손해를 끼치는 불공정거래행위를 포함한다.

가맹본부의 소극적인 도덕적 해이는 계약기간에 여러 변명으로 약속된 교육과 훈련을 제공하지 않거나 불완전하게 제공하는 경우, 가맹점의 관리를 태만하는 경우, 부족하고 불완전한 경영과 마케팅의 지원, 가맹본부의 금전적 이익을 위해 품질 이하의 필수물품을 공급하는 경우, 브랜드 성장을 위한 광고 및 판촉행사에 대한 무관심, 그리고 연구개발 투자비용을 줄이는 행위 등이 이에 해당된다(Grünhagen 외 2인, 2017).

2. 가맹본부의 도덕적 해이와 기회주의

가맹본부의 도덕적 해이는 대표적으로 치열한 시장경쟁에서 승리하기 위해 지속적인 연구개발의 투자와 프랜차이즈 시스템의 사업 경쟁력을 높이는 경영적 노력을 등한시할 때 나타난다.

이를테면 가맹본부가 본연의 임무를 간과하고 가맹점의 수를 늘리는 과정에서 단기적 개설수익에 집착할 때 도덕적 해이는 증가한다. 그리고 경영상태를 잘 모르는 상황을 악용하여 가맹점에게 부당하게 많은 비용과 책임을 전가하는 행위, 사업방침이나 운영매뉴얼이 가맹본부의 이익에만 치중된 상황, 가맹본부가 프랜차이즈 시스템이나 가맹점 활성화에 능동적으로 재투자를 하지 않은 행동은 가맹본부의 도덕적 해이에 해당된다.

이와 같은 가맹본부의 도덕적 해이는 결과적으로 가맹본부의 기회주의 행동의 발생 원인이 되고 가맹점과의 신뢰관계를 무너뜨리는 결정적인 이유가 된다(권용주 외 1인, 2015; Yu 외 1인, 2011).

3. 프랜차이즈 도덕적 해이의 특징

프랜차이즈 도덕적 해이의 특징을 정리하면 아래와 같다.

첫째, 도덕적 해이의 판단은 가맹계약을 체결한 이후 두 당사자에게 발생하는 문제에만 적용된다. 두 당사자의 역선택이 발생하는 가맹계약 체결 이전의 문제는 제외된다.

둘째, 도덕적 해이는 어느 한쪽에서만 발생하는 것이 아니다. 가맹본부와 가맹점 모두에게 나타나는 현상이다.

셋째, 도덕적 해이의 발생 원인은 가맹본부와 가맹점 간의 정보 비대칭에 있다. 두 당사자의 도덕적 해이는 상대방이 자기가 처한 상황을 자세히 알지 못하고 느슨한 거래관계에 있을 때 주로 발생한다. 가맹점은 가맹본부의 경영현황과 운영정책에 대해 잘 모르고 가맹본부는 가맹점의 매장운영 상태를 세부적으로 알 수 없을 때 도덕적 해이의 가능성은 커진다.

넷째, 두 당사자의 도덕적 해이는 정보의 비대칭 상황을 이용한 역할 회피, 불완전한 수행, 준수사항의 미이행, 계약위반 등의 형태로 나타난다.

다섯째, 두 당사자의 도덕적 해이는 무임승차 행동과 기회주의 행동과 함께 얽혀서 나타나는 경우가 많다. 도덕적 해이는 상대방의 높은 명성과 성과에 편승하거나 상대방의 이익을 해치면서 자기 이익을 추구하는 계산된 행동과 함께 복합적으로 표출된다.

여섯째, 프랜차이즈 도덕적 해이는 거래관계의 신뢰성을 붕괴시키는 중요한 이유가 되고 두 당사자의 비도덕적, 비윤리적 행위의 판단 잣대로도 활용된다.

일곱째, 프랜차이즈 도덕적 해이는 두 당사자의 관계는 물론 소비자와의 관계에서도 적용된다. 특히 사회상규에 반하는 가맹본부의 도덕적 해이의 문제는 사회적으로 많은 비판을 받고 브랜드의 이미지를 추락시킨다.

4. 로열티와 도덕적 해이
1) 모니터링 비용과 로열티

 로열티(royalty)는 가맹본부의 입장에서 수익이고 가맹점의 입장에서 비용이다. 이에 로열티는 가맹점의 경제적 비용지출과 가맹본부의 수익획득과 관련성이 높기에 두 당사자에게 매우 민감한 사항이다.

 가맹본부는 도덕적 해이를 줄이기 위해 가맹점의 모니터링을 강화한다. 다른 방법으로 가맹본부는 우선 모니터링 비용의 지출을 늘리기보다는 로열티 수준의 조정을 통하여 가맹점의 도덕적 해이를 줄이면서도 가맹점의 성과도 높인다.

 가맹본부가 로열티 수준을 낮추는 경우 줄어든 로열티의 부담액은 가맹점의 경제적 보상으로 귀속된다. 가맹점은 줄어든 로열티만큼 잔여이익이 증가하기에 적극적인 매장운영에 동기부여가 된다.

 따라서 합리적이고 타당한 로열티의 수준은 가맹점에게 경제적 인센티브를 제공하면서도 가맹점의 책임경영의 유익한 동기부여의 역할을 한다. 가맹본부는 로열티 수준의 조정을 통해 모니터링 비용을 줄이면서 가맹점의 도덕적 해이의 행동을 억제할 수 있고 높은 매장성과도 기대할 수 있다(Puciato 외 2인, 2013).

2) 로열티와 도덕적 해이

 통합 POS 프로그램을 사용하지 않을 경우 가맹본부는 보편적으로 정액제 로열티 방식을 선택한다. 문제는 통합 POS 시스템이 없기에 가맹본부는 가맹점의 시간대별, 일별 매출성과를 세부적으로 알 수 없고 가맹점의 일상적인 영업활동을 관찰할 수 없다. 정보의 비대칭으로 가맹점의 도덕적 해이의 가능성이 높은 상황이다.

따라서 통합 POS 프로그램이 없어서 정액제 로열티 방식을 채택한 경우 가맹점의 도덕적 해이를 줄이는 방법은 가맹본부가 실질적인 모니터링의 수준을 강화하는 것밖에는 없다.

이와 달리 통합 POS 프로그램을 사용하는 경우 상황은 달라진다.
가맹본부는 통합 POS 프로그램을 통해 가맹점의 매출과 매장운영 상황을 실시간으로 확인할 수 있고 가맹점의 효율적인 관리도 가능하다. 이 경우 가맹본부는 정률제 기반의 로열티 방식을 선택하는 것이 유리하다.
가맹본부는 더 많은 로열티를 받고자 하고 이와 반대로 가맹점은 더 적은 로열티의 지급을 원한다. 이 충돌은 두 당사자의 도덕적 해이를 발생시키는 원인이 된다. 이에 정률제 로열티는 이 충돌을 해소하는 유용한 방법이 된다.
가맹본부가 더 많은 로열티의 획득하려면 기본적으로 가맹점의 매출성과를 높여야 한다. 이를 위해 가맹본부는 가맹점에게 광고, 판촉, 경영, 마케팅 지원을 능동적으로 수행한다. 가맹점은 이러한 가맹본부의 지원들을 통해 더 많은 매출을 올릴 수 있다.
따라서 정률제 로열티 방식은 프랜차이즈 시스템에 대한 가맹본부의 계속적인 투자에 결정적인 계기가 된다. 또한 그 투자는 가맹점의 자발적인 경영적 노력을 자극한다. 서로의 성과를 높이는 선순환 구조가 형성되는 것이다.
정률제 방식에서 가맹점은 매장매출이 높을수록 더 많은 로열티를 지급하게 된다. 그러나 가맹점의 증가한 이익 수준은 늘어난 로열티 지급액의 수준보다 훨씬 크기에 아무런 문제가 없다. 가맹점은 더 열심히 일을 하게 되고 가맹점의 도덕적 해이의 행동은 자연스럽게 감소한다(임영균 외 1인, 2018).

Ⅳ. 시사점 또는 토론

1. 프랜차이즈 도덕적 해이의 해석

현대사회에서 도덕적 해이는 하나의 잣대로 평가되지 않는다.

도덕적 해이는 정보의 비대칭 상황에 있는 관계에서 발생하는 역할과 책임의 이행, 거래관계의 신뢰성, 이기적인 경제적 이익추구, 윤리성과 도덕성 등과 같이 다양한 차원에서 평가된다.

프랜차이즈 도덕적 해이는 프랜차이징의 느슨함과 관리의 소홀을 틈타 자기 역할을 성실히 수행하지 않고 자기 의무를 회피 또는 위반하는 행동이다.

상대방의 눈을 속이는 감추어진 행동인 프랜차이즈 도덕적 해이는 거래관계의 신뢰성을 무너뜨린다. 더 나아가, 프랜차이즈 도덕적 해이는 경제적 측면뿐만 아니라 일방의 부도덕하고 비윤리적인 행동까지도 포함한다.

2. 도덕적 민감성 vs 운명 공동체

한국 사회에서 도덕적 해이에 대한 사회적 인식은 도덕적 민감성이 매우 높다. 자기 역할과 임무에 충실해야 할 대상이 그 책임을 다하지 않는 경우 사람들은 그 행위를 일종의 배신행위로 비판한다. 그리고 어떤 사람이나 기업이 사회통념에 비추어 비도덕적이고 비윤리적인 행위를 하는 경우 사회적 비난은 상당하다.

특히 국내 프랜차이즈 산업에 대해 소비자가 인식하는 도덕적 민감성은 다른 산업에 비해 유독 강하다.

일반적으로 소비자는 특정 기업의 도덕적 해이 행동을 개별 회사의 문제로 인식한다. 그러나 프랜차이즈에서 특정 가맹본부의 도덕적 해이의 행동은 마치 한국 프랜차이즈의 본질적인 문제나 산업 전체의 문제로 비판받는 경우가 많다.

개별 가맹본부의 임직원이 사회상규에 반하는 비윤리적 행동을 하는 경우 사회적 비판은 그 사람과 그 사람이 속한 가맹본부는 물론 국내 프랜차이즈 산업 전체로 향한다. 국내 프랜차이즈 산업이 '운명 공동체'로 묶여 있기 때문이다. 소비자는 높은 도덕적 민감성을 바탕으로 개별보다는 전체적인 관점에서 한국 프랜차이즈 산업을 바라보고 있다.

V. 한국 프랜차이즈에서 적용과 제안들

1. 가맹본부와 가맹점의 준수사항

이 책은 국내 프랜차이즈 시장에서 도덕적 해이 현상을 이해하는 원리와 두 당사자의 도덕적 해이의 행동 여부를 판단하는 기준으로 가맹사업법에 규정된 '가맹본부와 가맹점의 준수사항'을 제안한다.

1) 준수사항은 도덕적 해이의 판단 기준

가맹사업법 제4조(신의성실의 원칙)과 제5조와 제6조에 명시된 '가맹본부와 가맹점의 준수사항'은 가맹본부와 가맹점의 본연의 임무와 역할뿐만 아니라 프랜차이징의 지향점과 윤리적 행동지침을 담고 있다.

이에 가맹사업법의 준수사항은 국내 프랜차이즈 산업의 도덕적 해이의 문제를 가장 합리적으로 판단할 수 있는 척도가 된다. 가맹본부 또는 가맹점이 거래관계의 느슨함이나 허점을 틈타 상대방 몰래 자기의 역할을 성실히 수행하지 않거나 이를 회피하는 행동은 거래관계의 신뢰성을 무너뜨리는 도덕적 해이의 행동이 되기 때문이다.

이처럼 두 당사자의 준수사항은 사업 성공을 위해 각자가 스스로 어떠한 역할을 수행해야 하는지 그리고 장기적인 거래관계의 유지를 위해 상대방으로부터 기대하고 신뢰하는 것이 무엇인지에 대해 방향성과 구체적인 내용들을 포함하고 있다.

2) 가맹본부의 준수사항

가맹본부의 준수사항은 가맹사업의 성공을 위한 사업구상, 품질관리와 판매기법의 개발을 위한 계속적 노력, 합리적 가격에 의한 점포설비의 설치와 상품의 공급, 가맹점의 교육과 훈련, 경영·영업활동에 대한 조언과 지원, 직영점 또는 다른 가맹점을 통한 영업지역 침해의 금지, 가맹점과의 갈등과 분쟁 해결 노력이 있다.

3) 가맹점사업자의 준수사항

가맹점사업자의 준수사항은 가맹사업의 통일성 및 가맹본부의 명성을 유지하려는 노력, 적정한 재고유지 및 상품진열, 적절한 품질기준의 준수, 적합한 품질기준의 상품을 구입하지 못하는 경우 가맹본부가 제공하는 상품 사용, 매장의 설비와 외관의 적절한 기준의 준수, 영업활동을 변경하는 경우 본사와 사전 협의, 회계장부 등 필요한 자료의 유지와 제공, 가맹본부 임직원의 매장 출입허용, 매장의 위치변경 또는 가맹점 양도 시 본사의 사전 동의 취득, 가맹계약기간 중 경업금지, 영업비밀의 누설 금지, 제3자의 영업표지 침해 사실에 대한 통보가 있다.

2. 도덕적 해이의 유형과 그 행위들
1) 국내 가맹본부의 도덕적 해이의 유형과 행동들

국내 시장에서 일반적으로 발생하는 가맹본부의 도덕적 해이의 유형을 구분하고 유형별로 도덕적 해이의 행동을 정리하면 다음과 같다. 현실적인 문제는 많은 가맹본부들이 이러한 사실을 잘 인지하지 못하거나 알고 있어도 그 개선을 위해 특별한 경영적 노력을 하지 않는 데 있다.

첫 번째 유형은 가맹본부의 '역할 회피의 도덕적 해이'이다. 가맹사업의 성공을 위한 사업구상과 관련된 것으로, 가맹본부가 계속적인 투자와 경영적인 노력을 해야 하는 본연의 임무와 역할을 성실하게 수행하지 않는 경우이다.

① 시스템의 유통구조와 효율성 개선의 노력을 하지 않는 경우.
② 필수품목의 가격과 품질의 경쟁력 확보를 게을리하는 경우.
③ 매장 운영매뉴얼의 개선 또는 업데이트를 하지 않는 경우.
④ 원가율 업데이트를 통한 가격 조정을 등한시하는 경우.
⑤ 이익률이 낮거나 판매가 부진한 상품을 제거하지 않는 경우.
⑥ 트렌디한 업종이면서도 신상품 R&D 투자를 하지 않는 경우.
⑦ 가맹점의 교육·훈련을 불충분 또는 형식적으로 하는 경우.
⑧ 가맹점의 경영 및 영업활동에 대한 지원을 소홀히 하는 경우가 그 예이다.

두 번째 유형은 본사의 경영과 운영방침의 차원이다. 이 유형을 가맹본부의 '경영 및 운영방침의 도덕적 해이'라고 분류한다.

① 운영방침이 불공평하게 본사의 이익에만 치우치는 경우.
② 비용부담을 가맹점에게 부당하게 일방적으로 전가하는 경우.
③ 기존 브랜드와 유사한 업종으로 신규 사업을 시작하는 경우.
④ 광고 및 판촉분담금 등을 다른 용도로 사용하는 경우.
⑤ 지식재산권을 대표나 오너 일가가 보유한 후 합리적 수준 이상으로 그

사용료를 본사로부터 수취하는 경우가 그 예이다.

세 번째 유형은 필수품목 유통과정의 차원이다. 이 유형은 가맹본부의 '일방적인 거래이익 추구의 도덕적 해이'로 분류한다.

① 권장품목과 자율품목을 필수품목으로 구입을 강제하는 경우.
② 가족, 친척, 지인, 특수관계인을 거래상대방으로 지정하여 차액가맹금 또는 리베이트(rebate)를 상당히 수취하는 경우.
③ 경쟁력 상관없이 특정 거래상대방에게 일감을 몰아주는 행위.
④ 상표권이 인쇄된 권장품목들을 시장 평균가격보다 높은 가격으로 가맹점에게 공급하여 높은 유통이익을 얻는 경우.
⑤ 타당한 이유 없이 필수물품 가격을 갑자기 인상하는 경우.
⑥ 안정적인 공급가격의 유지를 위한 노력 없이 시세에 따라 필수품목의 공급가격을 자주 바꾸는 경우 등이 이에 속한다.

네 번째 유형은 가장 바람직하지 않은 유형으로 가맹본부가 적극적으로 가맹점의 권리와 이익을 침해하거나 사회통념에 반하는 비윤리적인 행위이다. 가맹점의 생존을 위협하기에 가맹본부의 '일탈적 도덕적 해이'로 분류한다.

① 대표 또는 임직원이 관련 법이나 사회상규에 반하는 비도덕적, 비윤리적 행동으로 사회적 지탄을 받는 경우.
② 위법 또는 반사회적 행위로 소비자 불매운동을 유발한 경우.
③ 갈등관계에 있는 가맹점의 인근 지역에 보복 출점하는 행위.
④ 의도적으로 더 높은 이익을 위해 직영점 또는 다른 가맹점의 출점을 통

해 기존 가맹점의 영업지역을 침해하는 경우.
⑤ 적은 이익에도, 주주 이익을 위해 무리한 배당을 실시하는 경우.
⑥ 표면상으로는 사업목적이지만 다른 이유로 대출을 받는 경우.
⑦ 가맹점사업자단체에 가입했다는 이유로 해당 가맹점과 계약을 해지하거나 거래관계에 불이익을 주는 경우.
⑧ 업무 역량에 상관없이 가족, 지인을 임직원으로 채용하는 경우.
⑨ 부적합한 상권과 입지라는 사실을 알면서도 빠른 개설이익을 위해 무분별하게 출점을 강행하는 경우.
⑩ 다른 목적을 가지고 있거나 상식적으로 이해할 수 없는 이유로 가맹점에게 소송을 남발하는 경우.
⑪ 가맹점사업자에게 폭언과 비인간적인 대우 및 하대하는 경우가 이에 해당된다.

2) 국내 가맹점의 도덕적 해이의 유형과 행동들

국내 시장에서 보편적으로 나타나는 가맹점의 도덕적 해이 행동의 유형과 유형별 행동들을 살펴보면 다음과 같다.

첫 번째 유형은 가맹본부가 매장운영 상황을 잘 알지 못하는 상황을 악용하여 가맹점이 본연의 임무와 역할을 회피, 거부, 불완전 이행을 하는 경우이다. 이 유형은 가맹점의 '역할 회피의 도덕적 해이'라고 분류한다. 매장의 표준적이고 통일적인 운영의 실패로 이어진다.

① 사실과 다르게 경영상의 어려움이나 변명 등으로 로열티나 분담해야 할 비용지급의 의무를 회피하는 경우.
② 단기적 이익을 위해 적절한 품질기준을 준수하지 않는 경우.

③ 번거로움을 이유로 특정 메뉴의 판매를 소홀히 하는 경우.
④ 편의성 때문에 임의대로 레시피를 수정하는 경우.
⑤ 본사 모르게 영업시간을 임의대로 변경·단축시키는 경우.
⑥ 포장이나 배달에서 제공할 물품들을 빼는 경우.
⑦ 태만으로 원부재료 관리와 위생관리를 등한시하는 경우.
⑧ 사전 통보 없이 영업을 하지 않는 경우 등이 이에 속한다.

두 번째 유형은 주로 가맹본부의 승인 없이 허용되지 않는 원부재료를 사용하는 '자점매입' 등과 관련된 것이다. 이 유형을 가맹점의 '일방적인 거래 이익 추구의 도덕적 해이'로 분류한다. 가맹본부의 관리 소홀을 틈타 동일한 원부재료를 사용하지 않아 균일한 품질 유지에 실패하고 품질 이하의 상품을 판매한다.

① 정당한 이유 없이 일부 필수품목의 구매를 회피하는 경우.
② 원가절감을 위해 낮은 품질의 원부재료를 사용하는 경우.
③ 비용절감을 위해 사용해야 할 원부재료 등을 빼는 경우.
④ 승인되지 않은 원부재료를 섞어서 사용하는 경우.
⑤ 원부재료의 정량을 사용하지 않아 메뉴의 완성도가 낮거나 정해진 양보다 적은 양으로 상품을 판매하는 경우가 이에 속한다.

세 번째 유형은 두 당사자의 신뢰성이 무너진 상황이다. 이 유형을 '정상적인 거래관계의 이탈에 따른 도덕적 해이'로 분류한다.

① 승인 없이 사업자 명의를 바꾸거나 운영 주체를 바꾸는 경우.

② 승인 없이 이미 매장양도의 권리, 임대차 계약을 체결한 경우.
③ 승인 없이 가맹점의 일부분을 다른 용도로 사용하는 경우.
④ 승인 없이 숍인숍(shop-in-shop) 브랜드를 매장에 추가하는 경우.
⑤ 본사의 공지사항 등을 일부러 회피하는 경우.
⑥ 정당한 이유 없이 가맹본부와 일반적인 소통을 거부하거나 회피하는 경우가 이에 해당된다.

네 번째 유형은 가장 바람직하지 않은 가맹점의 도덕적 해이로 가맹점이 가맹본부에게 적극적으로 피해를 주는 비윤리적인 행위이다. 이 유형을 가맹점의 '일탈적 도덕적 해이'라고 분류한다.

① 타인이나 다른 가맹본부에게 레시피, 영업기술, 영업비밀, 운영 노하우(know-how)의 비밀을 누설하고 이익을 취하는 행위.
② 본사 모르게 친인척 또는 지인을 통해 경업을 하는 경우.
③ SV 등에게 폭언이나 비인간적인 언행을 하는 경우.
④ 시급하지 않은데 영업시간 이외의 전화, 문자, 카톡 등으로 임직원들을 지속적으로 괴롭히는 행위 등이 이에 속한다.

3. 프랜차이즈 오너 리스크(Owner Risk)

기업의 오너 리스크는 기업의 대주주, 대표, 주요 임원들이 위법행위와 사회적 물의를 일으켜 기업활동에 치명적인 결과를 초래한다.

프랜차이즈 오너 리스크는 프랜차이즈 대표 또는 임원의 횡령과 배임 행위, 친인척 등에게 일감 몰아주기, 부적격한 친인척 등의 채용, 중대재해법 위반, 그리고 성추행, 폭언, 마약 등 사회질서에 반하는 행위까지도 포함된다.

프랜차이즈 사업은 가맹본부 혼자만이 하는 것이 아니다. 가맹점들과 함께 하는 브랜드 사업이다. 이에 그 어떤 사업방식보다 프랜차이즈 오너 리스크로 인한 가맹점의 피해는 상당하다. 특히 국내 가맹본부의 상당수가 전문 경영보다는 가족과 친인척 중심의 경영을 하고 있기에 오너 리스크의 발생 가능성은 높다.

특정 프랜차이즈 브랜드에 오너 리스크가 발생하면 가맹점의 매출은 급락한다. 가맹점이 경영 상태를 정상적으로 되돌리는 데는 꽤 오랜 시간이 필요하다. 아니, 불가능한 경우도 있다.
더 심각한 상황은 만약 프랜차이즈 오너 리스크가 성추행, 폭언, 마약과 같은 사회통념에 반하는 형태로 발생하는 경우 그 파괴력은 상당하다. 때에 따라 소비자의 불매운동까지 촉발한다. 그 결과, 브랜드의 이미지는 추락하고 가맹점들이 문을 닫거나 가맹사업은 전체적으로 큰 위기에 봉착한다.

4. 출점과정에서의 도덕적 해이

국내 시장에서 빈번하게 발생하는 가맹본부의 도덕적 해이는 가맹점이 출점할 수 있는 상권 및 입지가 아님에도 가맹본부가 출점을 강행하는 경우이다. 가맹점 수를 맹목적으로 늘리고 빠른 개설이익의 실현이 그 이유다.
가맹본부의 출점과정의 도덕적 해이에 대해 '설마, 그러겠느냐'라고 의문을 가질 수 있지만, 현장에서 적지 않게 발생하고 있다.
가맹본부가 해당 출점이 문제가 있다는 사실을 인식하면서도 신규 가맹점의 출점을 승인하는 것은 가맹본부의 심각한 도덕적 해이이다. 미래에 해당 가맹점의 실패는 거의 분명하다.

5. 하지 말아야 할 두 가지 도덕적 해이

어떠한 이유든 가맹본부가 하지 말아야 할 두 가지 도덕적 해이를 뽑는다면, 하나는 가맹점에 대한 보복행위를 하는 것과 다른 하나는 갈등관계에 있는 가맹점들을 향한 소송의 남발일 것이다.

가맹점에 대한 보복행위는 가맹본부가 거래관계의 우월적 지위나 가맹계약서가 담고 있는 보이지 않은 힘을 이용하여 가맹점에게 실질적인 피해를 입히는 파괴적인 행동이다.

가맹점에 대한 소송의 남발은 가맹본부가 실익이 없음에도 소송의 결과보다는 해당 가맹점을 정신적으로 괴롭히거나 다른 가맹점들에게 일종의 경고처럼 위협하는 도구로 악용하는 경우이다.

이와 같은 보복행위와 소송의 남발은 해당 가맹점사업자의 정상적인 삶을 파괴하고 예비 창업자와 소비자가 국내 프랜차이즈 산업으로부터 등을 돌리게 하는 결정적인 원인이 된다.

VI. 함께 생각해 봅시다

프랜차이즈 도덕성의 낙인효과

끊이지 않는 가맹본부의 위법행위나 사회통념에 반하는 일탈행위로 국내 프랜차이즈 산업은 비도덕적이고 비윤리적인 사업방식이라고 소비자에게 낙인이 찍힌 상태이다.

이 부정적인 스티그마 효과(stigma effect, 이하 낙인효과)는 점차 강해지고 있다. 하지만 소비자의 이러한 부정적인 인식을 바꾸는 것은 결코 쉽지 않다. 이것은 그저 낙서가 아니라 인두로 그을린 소비자의 고정된 인식이 되었기 때문이다.

이 낙인효과는 프랜차이즈 종사자들의 패배주의를 부추긴다.

'노력해 봤자, 바뀔 것이 없다', '이 바닥이 원래 이래'라는 인식이다. 어쩔 수 없다. 그러나 어려운 상황이지만 변화와 발전을 위한 길은 가야 한다.

국내 프랜차이즈 산업이 소비자와의 신뢰관계를 회복하고 예비 창업자들에게 유용한 창업 대안으로 거듭나기 위해 국내 업계의 '공동체 인식'의 강화와 '신뢰성 회복'을 위한 꾸준한 실천들이 절실하다. 앞서 설명한 프랜차이즈 공정성 회복이 그 출발점이다.

자기 일탈행위는 자신만이 처벌받으면 된다. 그러나 한국 프랜차이즈 산업은 그렇지 않다. '운명 공동체' 성격이 강하기 때문이다.

개별 가맹본부 또는 대표 및 임직원의 비도덕적이고 비윤리적인 일탈행위는 해당 가맹점들에게 막대한 손실을 주고 브랜드의 존립을 뒤흔든다. 그러나 그 충격과 비판은 거기에 그치지 않는다.

결국 국내 프랜차이즈 산업의 전체 문제로 확산되어 국내 시장에 참여한 모든 사람들에게 상당한 손해를 끼치고 불명예를 남긴다.

제9장
무임승차
(Free Riding)

> 프랜차이즈 무임승차는 프랜차이즈 시스템의 비극을 낳고
> 프랜차이즈 도미노 현상으로 시장에 들불처럼 번져
> 국내 프랜차이즈 산업을 프랜차이즈 덫에 빠뜨린다.

Ⅰ. 무임승차

1. 개요

'Everyone wants something for nothing(모든 사람들은 공짜로 무엇인가를 원한다)'라는 무임승차 현상은 역사적으로 공유지의 비극에서 출발하여 사회적 덫과 사회적 딜레마의 이론들로 발전하였다.

무임승차자(free rider)는 사회나 집단으로부터 어떠한 혜택을 받지만, 그 혜택에 대한 정당한 비용을 부담하지 않는 개인이나 집단을 말한다. 개인이나 집단이 자기 이익만을 위해 행동하는 무임승차자가 많아질수록 사회적 공동이익은 감소한다(Albanese 외 1인, 1985).

무임승차는 일종의 사회적 태만(social loafing)의 현상이다. 넓게는 일하지 않고 무언가를 얻는 불로소득도 무임승차 현상으로 볼 수 있다.

무임승차의 문제는 개인의 역할 분담이 모호한 상태에서 '나 하나쯤이야'의 생각에서 시작된다. 개인은 다수와 함께 어떤 일을 할 때 자기가 한 일이

겉으로 잘 드러나지 않는 상황을 악용한다. 이에 무임승차는 자기가 투여하고 노력한 비용들이나 기여도가 전체에 묻혀서 잘 나타나지 않을 때 자주 발생한다.

현대사회에서 무임승차 문제는 공공재의 남용과 시장의 비효율성과 연결되어 있다. 공공재(public goods)는 모든 사람들이 이용할 수 있는 상품이나 서비스이다. 무임승차의 문제는 이용자가 공공재 등의 재화를 소비하는 과정에서 정당한 비용이나 대가를 지불하지 않아서 발생하는 부정적인 사회현상이다.

2. 비경합성과 비배제성

일반적인 상품 또는 서비스의 공급이 제한되어 있는 것과 달리, 공공재는 그 이용에 있어 제한이 없는 비경합성과 비배제성의 특징을 가지고 있다.

비경합성(non-contestability)은 이용에 상호 경쟁이 없고 한쪽의 소비로 인하여 다른 상대방의 소비할 기회가 감소되지 않은 상태를 말한다. 비배제성(non-exclusion)은 어떠한 기준이나 선택에 의해 특정 사람의 이용을 배제할 수 없는 것을 의미한다.

비경합성과 비배제성으로 발생하는 무임승차의 문제와 그것의 사회적인 영향을 정리하면 다음과 같다.

첫째, 공공재가 많아질수록 경제주체들은 같거나 비슷한 재화의 사용에 대해 적정한 비용을 지급하지 않으려고 한다.

둘째, 무임승차의 대상이 되는 공공재들에 대한 이용자의 지나친 남용으로 공공재들이 황폐해진다.

셋째, 무임승차가 가능한 공공재들의 증가는 동일하거나 유사한 상품에 대한 기업의 투자 의욕을 감소시킨다.

넷째, 공공재 운영 및 유지비용은 국민 세금으로 충당한다. 이에 공공재들을 실제 사용을 하지 않는 사람들에게 그 비용부담을 강요하게 된다. 무임승차의 부정적 외부효과이다.

다섯째, 무임승차의 부정적 효과는 시장의 비효율성이 증가시키고 시장실패를 유발하는 주요 원인이 된다.

3. 무임승차의 예

무임승차는 뒤에서 설명할 파트너십의 시너지 효과와 반대되는 개념이다.

일종의 링겔만 효과(Ringelmann effect)로 줄다리기를 하는 사람의 수가 늘어났음에도 전체 힘의 총량이 증가하지 않는 상황과 같다. 여러 사람이 다른 사람들과 일을 함께 할 때 개인 단위당 쏟는 힘의 양이 줄어드는 집단적 심리 현상이다. 자기의 노력이 겉으로 드러나지 않기에 '총합이 부분보다 크다'라는 시너지 효과의 상승효과가 일어나지 않고 오히려 마이너스 효과가 발생하는 것이다.

무임승차의 문제는 공공재와 관련하여 회사조직, 노동조합, 학교 등과 같은 사회조직들, 치안, 소방, 의료, 도로, 철도, 가로등, 공공시설 등의 인프라 시설들의 사용에서 자주 목격된다.

무임승차의 대표적 논쟁은 노인복지법 제26조(경로우대)에 근거한 65세 이상인 자의 지하철 무료 승차일 것이다. 노인의 무료 지하철 이용은 노인의 건강과 삶의 질을 향상시키기 위함이다. 그러나 이 시원책은 사회직으로 많은 비용을 안겨 주고 있어 존속 여부에 대한 사회적 찬반론의 논쟁이 여전히 뜨겁다.

최근 인터넷으로 영화, 드라마, 영상물에 대한 소비가 급증하면서 OTT(over the top) 업체가 기존 인터넷망을 너무 낮은 비용으로 사용하고 있지 않느냐의 지적도 무임승차와 관련된 사항이다.

그리고 도로 통행료의 문제, 관광지 입장료 문제, 일정한 소득이 있지만 건강보험료를 내지 않는 경우, 학교 및 직장에서 팀 프로젝트에 참여한 일부 사람이 최종 결과에만 편승하는 행위까지 무임승차 문제는 일상생활에 폭넓게 나타나고 있다.

4. 무임승차의 포괄성

무임승차의 문제는 단지 공공재의 비경합성과 비배제성의 특성에 따른 현상에만 제한되지 않는다.

무임승차는 사회경제적으로 '특별한 노력이나 비용의 지급 없이 특정 상황이나 다른 상대방을 이용하여 무엇인가를 얻는 상황'에서 발생한다. 일방이 합당한 비용과 노력의 지출 없이 특정 상황이나 상대방의 명성, 성과, 노력, 비용지출에 편승(便乘)하는 상황 또는 행동이 무임승차의 문제이다.

Ⅱ. 무임승차 이론의 고찰

1. 공유지 비극(The Tragedy of the Commons)

무임승차 이론의 뿌리는 '공유지의 비극'에서 찾을 수 있다. 공유지의 비극은 1833년 영국의 경제학자 윌리엄 포스터 로이드(William Forster Lloyd)의 에세이에서 언급되었다고 한다.

인간의 이기심을 통찰한 이 에세이는 마을의 공동소유 목초지에 많은 사람들이 소와 양 등의 가축을 무분별하게 방목하여 좋은 풀과 먹이가 금세 없어지고 그 목초지는 최후에 오물로 가득 찬 황무지로 변한다는 이야기이다.

1968년 개릿 하딘(Garrett Hardin)은 "The tragedy of the commons"의 기고문에서 William의 에세이를 발전시켜 무임승차의 문제를 중요한 사회적 문제로 다루었다.

Hardin의 공유지의 비극은 William의 생각과 마찬가지로 자원이나 자연환경이 제한되어 있는 세상에서 무분별하게 가축들을 방목하는 목동들의 이기적 선택이 결과적으로 사회의 몰락을 이끌 수 있다고 경고하였다.

공유지의 비극은 보존되어야 할 환경, 자원, 그리고 사회적 공동이익이 무분별한 사적 이익추구의 행동으로 고갈되고 황폐화되어 사회는 공멸에 이를 수 있다는 메시지를 전달한다.

2. 사회적 덫(Social Traps)

이후 공유지의 비극의 문제는 공공재들의 남용 등과 관련하여 사회적 문제로 확대되었다.

심리학자 존 플래트(John Platt)는 "Social traps, 1973"에서 사회적 공공재에 대한 개인의 단기적인 이익추구의 행동은 제한된 자원의 남용을 낳고 장기적으로는 사회 전체에 막대한 손해를 입힌다고 주장하였다.

그는 자기 이익을 추구하는 무분별한 개인의 이기적 행동들은 사회에 긍정적인 성과물을 창출하지 못하고 궁극적으로 사회 구성원들이 부담해야 하는 비용과 책임을 증가시키는 '사회적 덫'을 유발한다고 하였다.

Platt은 이러한 사회적 덫의 예로 환경파괴와 기후문제를 제시하였다. 그의 주장에 따르면, 개인의 부분별한 이익추구는 미래에 자신에게도 불쾌하고 좋지 못한 상황으로 몰아넣는 '개인의 덫(one-person traps)'이 되고, '개인의 덫'들은 조직 또는 사회를 바람직한 방향으로 안내하지 못하는 '집단적 덫(collective traps)'으로 번진다. 이러한 부정적인 사회적 현상들이 누적되어 결국 사회나 공동체는 '사회적 덫(social traps)'에 빠지게 된다.

3. 사회적 딜레마(Social Dilemmas)

사회적 딜레마는 게임이론 가운데 죄수의 딜레마(prisoner's dilemma)와 유사한 개념이다. 도스(Dawes, R. M.)는 "Formal models of dilemmas in social decision-making, 1975"에서 사회적 딜레마의 현상을 중요한 사회적 문제로 제안하였다.

개인 또는 집단의 이익추구는 서로 만족하지 못하는 '부족한 균형(deficient equilibrium)'의 상황을 만든다. 이로 인해 개인의 합리성과 사회의 합리성이 서로 갈등하고 충돌하는 사회적 딜레마가 발생하는데, 그의 주장을 정리하면 다음과 같다.

『세 명의 참가자에게 공평하게 3달러씩 지급된다. 각 참가자는 1회에 블루칩 또는 레드칩을 1개씩 낼 수 있다. 블루칩을 내면 1달러를 받는다. 레드칩을 내면 그 사람은 2달러를 받지만 다른 두 참가자는 각각 1달러의 벌금을 내야 한다. 이 상황에서 각 참가자는 어떤 칩을 선택할까?

더 나은 경제적 선택을 위한 개인의 합리성에 따라 각 참가자는 2달러를 받기 위해 레드칩을 낼 것이다. 모든 참가자들이 레드칩을 선택하면 참가자 각자가 모두 2달러를 받지만 다른 2명의 참가자들이 레드칩을 냈기에 모두가 결국 1달러의 벌금을 2번 내야 한다. 결과적으로 모든 사람의 경제적 이익은 '0'이 되고 아무도 돈을 벌 수가 없는 상황이 된다.

만약 참가자들이 이러한 부정적인 상황을 고려하여 모두 블루칩을 선택하였다면 최종적으로 각각 1달러씩 벌 수 있었다. 모든 참가자가 레드칩이 아닌 블루칩을 냈어야 모두에게 더 나은 성과로 게임을 종료시킬 수 있었다.』

이 블루칩-레드칩 게임 과정을 통해 Dawes는 자기 이익을 추구하는 개인의 합리적 선택과 전체 사회의 공공이익은 반비례 관계에 있고 서로 충돌한다고 하였다.

개인은 이기심 때문에 블루칩을 낼 가능성보다 레드칩을 낼 가능성이 훨씬 높다. 그는 이 현상을 우세한 전략(dominating strategy)이라고 하였다. '전략'은 어떤 사건이 발생할 가능성이다. 이에 우세한 전략은 개인이 자기 이익을 위해 공동의 이익을 고려하지 않고 레드칩을 낼 가능성이 높은 상황을 뜻한다.

우세한 전략은 개인이 다른 사람들과 협조(cooperating)하기보다는 자기 이익의 추구를 위해 그들로부터 이탈(defecting)하는 선택을 촉진한다.

따라서 자기 이익추구를 위한 우세한 전략은 결과적으로 구성원들의 최종 이익을 줄이면서도 공동이익의 증대에 결코 도움이 되지 않는다. 사회는 개인의 합리성과 공공의 이익이 서로 대립하고 충돌하는 갈등관계로 인해 사회적 딜레마(social dilemma)에 빠지게 된다.

Ⅲ. 프랜차이즈 무임승차

1. Cheap Rider

Stigler(1974)의 무임승차자의 정의는 프랜차이징에 무임승차 이론을 적용할 수 있는 가장 타당한 근거를 제공한다. 무임승차자(free rider)는 '저렴한 승차자(cheap rider)'로 표현되는 것이 더 현실적이라고 그는 주장하였다.

그는 무임승차의 상황은 개인이 아무런 비용도 지불하지 않는 경우보다 비용을 적게 지불하는 경우라고 하였다. 다른 구성원보다 노력과 비용을 적게 지불한 개인은 동일한 성과의 혜택을 받기에 무임승차는 무료의 'free'

보다는 상대방보다 적게 지불하는 'cheaper'라는 말이 어울린다고 하였다. Stigler의 Cheap Rider(저렴한 승차자)의 개념은 프랜차이즈의 적용성을 높여 준다.

무임승차의 가맹본부나 가맹점은 아무런 비용과 노력을 투자하지 않는 것이 아니다. 그들은 상대방보다 더 적은 투자와 노력으로 프랜차이즈 시스템에서 제공하는 동일한 기능과 혜택을 제공받는 것이다. 이에 프랜차이즈 무임승차의 문제는 가맹본부 또는 가맹점의 '저렴한 승차자'의 문제이다.

2. 대리인 이론과 무임승차

프랜차이즈 무임승차의 근본적 원인은 대리인 이론에서 찾을 수 있다. 매장의 소유분리와 운영권한의 위임으로 두 당사자 간에 정보의 비대칭이 나타나고 두 당사자는 서로의 상황을 잘 모르기에 프랜차이즈 무임승차의 문제는 지속적으로 발생한다.

일부 가맹점들은 매장의 소유분리와 운영권한의 위임 사이에서 발생하는 가맹본부의 정보 비대칭의 상황을 악용하여 무임승차의 행동을 한다.

가맹점의 무임승차 행동은 대표적으로 두 가지 형태로 나타난다. 먼저, 무임승차 가맹점은 가맹본부의 사업방침이나 매장운영의 준수사항을 회피하면서 브랜드의 명성이나 프랜차이즈 시스템의 성과에 편승한다.

다른 형태로 무임승차 가맹점은 선도적 가맹점의 사업성과와 우호적인 고객의 평가에 편승한다. 선도적 가맹점의 뛰어난 매장관리의 수준, 매출성과, 그리고 고객서비스는 다른 가맹점으로 전이되기 때문이다.

무임승차 가맹점은 자기 역할을 회피하고 매장운영의 비용을 줄이기 위해 자신이 지불해야 하는 비용을 회피하고 경영적으로도 더 나아지려고 노력하지 않는다.

이들은 자기 고객들의 일부가 주변의 우수한 가맹점으로의 고객 이동성(mobility)이 발생하더라도 무임승차하는 것이 더 낫다고 판단한다. 무임승차 가맹점은 매장운영의 비용을 줄여 단기적 이익을 늘리려는 유혹에서 빠져나오지 못한다(Combs 외 2인, 2004).

3. 수직적, 수평적 외부성과 무임승차

프랜차이즈 수직적 외부성(vertical externality)은 프랜차이즈 시스템의 명성과 가맹점들의 성과에 많은 영향을 미친다. 이에 비해 수평적 외부성(horizontal)은 동일 브랜드 내에서 가맹점들 간의 영향관계 문제이다. 특정 가맹점의 성과가 다른 가맹점의 성과에 영향을 미치는 상황이다.

무임승차 가맹점은 '주변 가맹점들과 경쟁(inter-brand competition)'을 하지 않고 수직적으로 브랜드 평판에 의존하고 수평적으로 선도적 가맹점들의 매장성과에 무임승차한다.

가맹점의 무임승차는 수직적이건 수평적이건 동일한 프랜차이즈 시스템에 속한 가맹본부와 다른 가맹점들에게 부정적인 외부성으로 나타난다.

외부성은 실제 관계가 없었음에도 어떤 상대방의 행동이 다른 상대방에게 영향을 미치는 현상이다. 가맹본부 또는 가맹점은 본인의 뜻과 상관없이 상대방의 무임승차 행위로 피할 수 없는 손해를 입는다(유민희 외 2인, 2018).

4. 가맹점의 무임승차

무임승차 가맹점은 가맹본부가 제시하는 표준에 어긋나는 품질 이하의 상품 또는 서비스를 소비자에게 판매함으로써 원부재료 비용을 줄이고 즉각적인 판매이익의 증대를 꾀한다.

이러한 단기적인 이익추구는 보편적으로 배후지역 소비자들의 반복적 구매가 일어나는 곳이 아닌 유동인구가 많은 중심가나 도심 외곽에 위치한 가맹점들에서 자주 발생한다.

유동인구가 많은 도심의 번화가나 도심 외곽에 위치한 가맹점은 일정한 품질기준에 못 미치는 상품을 제공하여도 별문제가 없다고 판단한다. 지역사회의 배후인구를 중심으로 영업하는 가맹점과 달리 이들은 동일한 고객이 반복적으로 매장을 방문할 가능성이 매우 낮다고 판단하기 때문이다(Gillis 외 1인, 2012).

그리고 가맹점의 무임승차는 가맹점의 수가 많거나 브랜드력이 강할수록 더 자주 발생하는 경향이 있다.

가맹점 수가 많으면 가맹본부의 모니터링 영향력이 약해진다. 브랜드 파워가 세면 일부 가맹점은 자신이 특별한 노력을 하지 않아도 그 브랜드 명성에 기대는 것만으로 매장이 잘 운영될 수 있다고 생각한다(김상덕, 2019).

5. 무임승차 가맹점에 대한 대응 유형

가맹본부는 가맹점의 운영상태와 매장성과에 대한 모니터링을 강화하고 가맹점에 대한 관리적 통제력을 높여 가맹점의 무임승차 시도를 시스템적으로 억제할 수 있다.

다른 방법으로 가맹본부는 가맹점의 무임승차 가능성과 위험을 그대로 받아들이고 인정해 버릴 수 있다. 가맹본부가 무임승차를 실질적으로 줄이는 노력하기보다는 이를 어느 정도 방치하고 묵인하는 경우이다. 가맹본부는 무임승차로 인해 프랜차이즈 시스템의 품질이 떨어지더라도 신규 가맹점을 늘리는 것이 더 이익적이라고 판단하는 것이다.

자원부족 이론처럼 가맹본부는 가맹점의 무임승차를 줄이기 위해 직영점의 운영비율을 높이는 방법을 고려해 볼 수 있으나, 가맹본부의 투자비용과 관리비용이 상당히 증가하기에 그 실현 가능성은 낮다(Gillis 외 1인, 2012).

6. 가맹점 무임승차를 줄이기

그렇다면, 가맹본부는 가맹점의 무임승차를 실질적으로 줄이기 위해 어떠한 접근방식을 선택할 수 있을까?

첫째, 비강압적인 방법으로 가맹점 무임승차의 문제를 가맹점이 스스로 해결할 수 있도록 조언하고 설득할 수 있다. 가맹점에게 강압적인 방법을 사용하기 전에 먼저 현재의 문제를 설명하고 자발적으로 개선하도록 기회를 주는 것이다.

둘째, 이와 반대로 강압적인 방법으로 가맹점의 운영방침 위반이나 계약 불이행의 실질적인 개선요구를 통해 가맹점의 무임승차 행동을 강제적으로 줄일 수 있다.

셋째, 규범적 기준을 강조하여 가맹점의 무임승차의 가능성을 최소화할 수 있다. 가맹본부는 각자의 역할이행을 위해 '공정한 거래의 규범'을 설정하여 가맹점의 무임승차 의도를 설정된 규범에 의해 통제한다.

넷째, 장기적인 관점에서 가맹본부는 가맹점과의 우호적인 협력관계의 구축을 통해 가맹점의 무임승차 가능성을 줄일 수 있다.

가맹본부는 가맹점에게 운영방침이나 가맹계약서의 이행만을 재촉하지 않는다. 우호적인 협력관계의 증진을 통해 가맹점이 거래관계에 결속할 수 있도록 하여 가맹점의 무임승차 행동을 자연스럽게 줄인다(Kidwell 외 2인, 2007).

7. 가맹본부의 전략적 선택

다른 측면에서 가맹본부는 아래와 같은 전략적 방법을 실행하여 가맹점의 무임승차를 줄일 수 있다.

첫째, 높은 수준의 중앙집중화(centralization)의 구현이다.

프랜차이즈 중앙집중화의 수준은 가맹사업에 대한 의사결정 권한이 얼마나 가맹본부에게 집중되어 있느냐의 문제이다. 이는 가맹본부의 통제력 수준을 의미한다. 중앙집중화는 높은 통제력을 의미하고 가맹점의 무임승차 의도를 시스템적으로 낮출 수 있다.

둘째, 체계적인 운영방식의 공식화(formalization)이다.

운영매뉴얼의 체계성의 수준은 합리적인 사업거래의 기준이 된다. 그리고 가맹점의 표준적 운영에 명확한 안내자의 역할을 한다. 이 과정에서 중요한 것은 이를 외부적으로 공식화하는 것이다. 공식화는 약속선언의 의미이다. 공식화된 사업방침과 운영매뉴얼은 임의로 변경하기 어렵다. 이에 가맹점은 공식화된 운영매뉴얼을 따라야 하는 상황에 놓이게 되어 무임승차의 행동은 억제된다.

셋째, 협력적이고 우호적인 상호 접촉의 강화이다.

가맹점들이 제공하는 매장운영과 지역사회의 정보들은 가맹본부에게 유용하다. 다른 측면에서 가맹본부가 실시하는 가맹점의 교육과 지원의 프로그램은 가맹점과의 협력관계를 증대시킨다. 이러한 두 당사자의 반복적 접촉과 우호적 소통은 협력관계를 향상시키고 가맹점의 무임승차의 가능성을 낮춘다.

넷째, 가맹점 간의 내부 경쟁의 촉진이다.

가맹점은 자기 고객이 인근 가맹점으로 이동하는 것을 막고 주변 가맹점과의 경쟁에 승리하기 위해 많은 경영적 노력을 한다. 가맹점들 간의 지역적 경쟁이 높을수록 가맹점의 무임승차 의도는 감소한다(Kidwell 외 2인, 2007).

8. 무임승차의 구체적인 예

구체적으로 가맹본부의 무임승차는 선도적 가맹점들의 높은 성과와 평판에 편승하거나 별다른 경영적 노력을 하지 않고 가맹점들로부터 지속적으로 계속가맹금을 취하는 형태로 나타난다.

그리고 가맹본부가 일부 선도적 가맹점의 높은 매출성과를 마치 자신의 높은 사업적 역량이나 프랜차이즈 시스템의 우월성으로 포장하여 신규 가맹희망자의 모집에 적극적으로 활용하는 경우도 가맹본부의 무임승차의 대표적인 예이다.

한편, 가맹점은 수직적으로 가맹본부의 브랜드 명성에, 수평적으로 다른 선도적 가맹점들의 뛰어난 매장성과에 무임승차한다.

구체적으로 살펴보면, 가맹점이 경영적 노력 없이 가맹본부의 브랜드 명성과 브랜드 파워에 의존하는 경우, 선도적 매장의 평판에 숨어서 낮은 품질의 상품을 제공하여 단기적 이익을 늘리는 행위, 모두가 부담해야 할 광고분담금과 판촉비용의 지급을 회피하는 경우, 지역 마케팅이나 판촉을 정당한 사유 없이 회피하는 경우, 매장운영에 관한 중요한 정보들을 다른 가맹점에게서 얻으려고만 하는 경우, 매장운영에 대충 또는 태만하는 경우 등이 이에 속한다(곽세영, 2001; 김상덕, 2019; 이자형 외 2인, 2005).

Ⅳ. 시사점 또는 토론

1. 프랜차이즈 무임승차의 정의

이 책에서 프랜차이즈 무임승차를 아래와 같이 두 가지 형태로 정의하고자 한다.

하나는 '가맹본부 또는 가맹점이 주어진 역할을 회피하거나 경영적 투자 및 노력을 하지 않고 브랜드 명성, 프랜차이즈 시스템, 또는 다른 선도적 가맹점의 높은 성과에 편승하여 자신의 단기적인 이익을 추구하는 행위'이다.

다른 하나는 '저렴한 승차차'의 개념에 기초하여 '가맹본부 또는 가맹점이 상대방보다 적은 비용과 노력으로 프랜차이즈 시스템이 제공하는 동일한 혜택과 기능을 저렴한 비용으로 얻는 행위'이다.

2. 폐쇄적인 공유지

프랜차이즈 시스템은 공공재가 아니다. 가맹본부와 가맹점은 사적인 계약 관계에 있으므로 공공재의 비경합성과 비배제성은 프랜차이즈 시스템에서 나타나지 않는다.

이에 프랜차이즈 시스템은 공공재와 달리 경합성과 배타성이 존재한다. 프랜차이즈 시스템을 이용하기 위해 가맹희망자는 가맹계약을 체결해야 하고 가맹점은 가맹계약을 유지해야 하기 때문이다.

그러하기에 프랜차이즈 시스템은 가맹계약 관계에 있는 '가맹본부와 가맹점만이 활용할 수 있는 폐쇄적인 공유지 또는 공공재'의 성격을 갖는다. 가맹사업에 참여한 가맹본부와 가맹점들 말고는 그 프랜차이즈 시스템을 사용할 수 없다.

3. 인지적이고 기능적인 공유지

이 책은 프랜차이즈 시스템을 가맹사업을 위해 존재하는 '인지적이고 기능적인 공유지'라고 상정한다.

'공유지'라는 개념을 쓰는 이유는 가맹본부와 가맹점이 프랜차이즈 시스템이 제공하는 공동자원들을 동일하게 활용하여 가맹사업을 수행하기 때문이다.

프랜차이즈 공유지는 프랜차이징에 필요한 공유자원들로 구성된다. 프랜차이즈 공유자원들은 '지식재산권' 등의 브랜드 자산과 특화된 매뉴얼들과 전문적인 지식의 브랜드 지식특유성'이다. 프랜차이즈 시스템의 공유자원들은 마치 공유지의 좋은 목초들과 같다.

'인지적'이라는 뜻은 가맹사업에 참여하는 가맹점들이 프랜차이즈 시스템이 제공하는 혜택과 기능들을 사전에 인식하고 있는 것을 말한다.

'기능적'이라는 뜻은 가맹점이 가맹사업에 참여하여 프랜차이즈 시스템에서 제공하는 상표권 등 지식재산권, 운영방침, 운영매뉴얼, 교육과 훈련, 경영 등 지원 프로그램을 공동으로 사용하는 것을 말한다. 프랜차이즈 공유지의 공유자원들의 혜택과 기능이다.

프랜차이즈 시스템은 가맹사업에 필요한 공유자원들에 대한 혜택과 기능을 가맹본부와 가맹점들에게 차별 없이 동일하게 제공한다. 가맹사업에 참여한 이들은 자격만 있다면 프랜차이즈 시스템이 제공하는 혜택과 기능을 배타성과 경합성 없이 활용할 수 있다.

가맹희망자는 그 시스템을 잘 활용하면 사업 성공을 이룰 수 있기에 프랜차이즈 시스템을 비싼 가격에 구매한다. 가맹점도 프랜차이즈 시스템이 제공하는 혜택과 기능을 계속 사용하기 위해 로열티 등 계속가맹금을 지급한다.

가맹희망자 또는 가맹점사업자는 프랜차이즈 시스템의 혜택과 기능을 사전에 인지하고 사업적 성공을 위해 그 혜택과 기능을 활용하기 위해 동일한 비용을 지급하면서 프랜차이징에 머무는 것이다.

4. 프랜차이즈 시스템의 비극

가맹본부와 가맹점은 프랜차이즈 시스템을 브랜드 목표, 사업방침, 운영방침, 계약 내용에 기반하여 사전에 허용된 범위와 규정된 기준에 따라 차별 없이 공평하게 이용할 수 있다.

두 당사자는 시스템이 제시하는 이용규칙과 이용방법을 잘 준수하여 높은 사업적 성과로 시스템의 발전에 공헌하면서 시스템의 경쟁력을 강화에 이바지할 수 있다.

이와 반대로 두 당사자는 무임승차 등의 방법으로 프랜차이즈 시스템의 공유자원들을 남용하면서 프랜차이즈 시스템의 건전성은 파괴할 수 있다. 정당한 비용이나 노력의 지출 없이 그리고 공동 이익에 대한 배려 없이 프랜차이즈 시스템의 공동자원들을 자기 이익만을 위해 사용하는 것이다.

두 당사자의 무임승차 행위는 프랜차이즈 시스템의 공유자원들을 고갈시키고 전체 프랜차이즈 시스템을 망가뜨린다. 그 결과, 해당 브랜드의 명성과 이미지는 훼손되고 프랜차이즈 브랜드는 소비자와 예비 창업자의 관심에서 멀어진다. '프랜차이즈 시스템의 비극(Tragedy of the Franchise System)'이 발생한다.

프랜차이즈 시스템의 비극은 '프랜차이즈 브랜드의 공동이익을 고려하지 않는 가맹본부 또는 가맹점의 무임승차 행동 등이 시스템의 공유자원들을 남용하면서 프랜차이즈 시스템을 황폐화하고 브랜드의 부정적인 이미지가 강화되는 상황'이다.

소비자와 예비 창업자는 프랜차이즈 시스템의 비극으로 황무지가 된 브랜드를 재방문하거나 창업 브랜드로 더 이상 찾지 않는다. 아니, 관심 밖이다. 이에 해당 브랜드는 시장에서 생존하지 못하고 점차 사라지게 된다. 프랜차이즈 시스템의 비극은 결국 가맹사업의 종결로 이어진다.

프랜차이즈 시스템은 두 당사자가 무임승차와 같은 행동으로 낭비할 수 있는 공유자원들을 보관해 놓은 장소가 아니다. 두 당사자가 정해진 이용규칙과 이용방법에 따라 적합하게 활용하면서 공유자원들의 생명력을 유지해야 한다.

그리고 두 당사자는 끊임없는 경영적 노력으로 프랜차이즈 시스템의 체력과 건전성을 강화해야 한다. 프랜차이즈 시스템이 건강해야 소비자를 향한 브랜드 이미지와 명성이 높아지고 두 당사자는 사업적으로 성장할 수 있다.

5. 프랜차이즈 덫(Franchise Traps)

개별 가맹점의 무임승차의 사소한 문제(개인적 덫)가 프랜차이즈 시스템의 문제로 확산되고(집단적 덫), 해당 프랜차이즈 시스템은 사업적으로 실패하게 된다(사회적 덫).

넓은 관점에서 일부 가맹본부와 일부 가맹점들의 무임승차가 사회적 문제가 되고(개인적 덫), 무임승차 가맹본부와 가맹점이 전체 프랜차이즈 시장에 독버섯처럼 번져 소비자와 시장의 신뢰를 잃게 된다(집단적 덫). 마침내 국내 프랜차이즈 산업은 소비자와 예비 창업자에게 외면을 받게 된다(사회적 덫). '프랜차이즈 덫'에 빠지는 것이다.

프랜차이즈 덫은 프랜차이즈 사업방식이 소비자나 예비 창업자에게 별다른 공헌을 하지 못하는 상황이다.

프랜차이징이 사회경제적으로 소비자의 후생(厚生)에 기여하지 못해 소비자와 멀어지게 된다. 다른 한편으로 창업시장에서 독립창업보다 우월한 사업적 성과를 제시하지 못해 예비 창업자에게 창업 매력이 감소하여 프랜차이즈 덫에 빠진다.

그 결과, 프랜차이즈 사업방식이 유통 등 다른 사업방식에 비해 효율성과 생산성이 높지 않고 그다지 경쟁력도 없는 '낡은 사업방식'이 된다. 시장에서 사업의 형태로 프랜차이즈 사업방식의 껍데기만 남는다. 가맹본부와 가맹점은 사업적 우월성이 없는 그저 그런 프랜차이즈 거래방식에 얽혀 있을 뿐이다.

6. 프랜차이즈 딜레마(Franchise Dilemma)

사회적 딜레마의 관점에서 프랜차이즈의 무임승차 문제는 자기 이익을 추구하는 가맹점들과 가맹본부 간의 대립적이고 갈등의 대치상황으로 이해될 수 있다. 각자 지기 이익을 위해 레드칩만 내는 우세한 전략의 상황이다.

가맹본부 또는 가맹점이 브랜드의 공동이익에는 관심을 갖지 않고 자기 이익을 위해 레드칩만을 내는 우세한 전략은 두 당사자의 무임승차, 도덕적 해이, 기회주의 행동으로 나타난다. 레드칩을 내는 가맹본부 또는 가맹점의 무임승차 행동이 많아질수록 두 당사자의 관계는 '협조'보다는 '갈등'의 관계에 놓이고 거래관계에서 서로 '이탈'하게 된다.

표준적인 매장운영과 정상적인 비용의 블루칩을 내어 왔던 가맹점들은 가맹본부와 다른 가맹점들의 무임승차로 깊은 좌절감에 빠진다.

그 결과, 가맹점들의 무임승차 시도는 증가하고 브랜드의 공동목표를 위해 블루칩을 내는 가맹점들의 수가 점차 줄어든다. 이에 블루칩 가맹점들은 늦었지만 자기 이익의 보호를 위해 레드칩을 내기 시작한다. 결국 브랜드는

'프랜차이즈 딜레마'에 빠진다.

7. 프랜차이즈 도미노 현상(Franchise Domino Effect)

Stigler의 '저렴한 승차자'의 가맹점들이 많아질수록 프랜차이즈 무임승차의 문제는 '도미노 현상'처럼 동일 브랜드의 다른 가맹점들에게 빠르게 확산된다.

'프랜차이즈 도미노 현상'은 가맹사업에서 '가맹본부와 가맹점의 자기 이익추구의 행동들과 두 당사자의 갈등이나 문제들이 전체 가맹점으로 빠르게 확산되어 브랜드의 전체 문제로 번지는 부정적인 현상'이다.

브랜드의 표준적 운영을 잘 따르는 가맹점들이 주변의 무임승차 가맹점들을 목격하게 되면 자신만 손해 보는 것 같아 과거처럼 매장을 능동적으로 운영할 의욕을 상실한다. 특정 가맹점의 무임승차 문제가 마치 감기나 전염병처럼 전체 가맹점의 무임승차 문제로 확산되는 것이다.

이러한 프랜차이즈 도미노 현상은 프랜차이즈 딜레마 현상을 심화시키고 궁극적으로 프랜차이즈 브랜드는 프랜차이즈 덫에 빠져 프랜차이즈 시스템의 비극으로 이어진다.

V. 한국 프랜차이즈에 적용과 제안들

국내 프랜차이즈 시장에서 무임승차의 형태인 Cheap Riders의 대표적 유형들을 살펴보면 다음과 같다.

1. 저렴한 승차자들의 탁구 경기

국내 프랜차이즈 시장의 저렴한 승차자들의 무임승차 문제는 '투자와 경영적 노력을 놓고 벌이는 한판의 탁구 경기'와 유사하다. 탁구 경기처럼 탁구대의 네트를 두고 투자와 경영 노력을 상대방에게 떠넘기는 형국이다.

가맹본부와 가맹점의 무임승차 문제는 결국 합당한 비용과 노력의 지출 없이 상대방의 성과나 명성에 편승(便乘)하는 문제이기에 탁구 경기의 모습은 국내 프랜차이즈 시장의 Cheaper Riders의 행동을 잘 묘사한다.

2. 가맹본부의 대표적 무임승차 행동들

국내 가맹본부의 무임승차 중 가장 대표적인 예는 가맹본부가 선도적 가맹점들의 운영성과에 의존하여 가맹본부의 본연의 역할을 망각하고 프랜차이즈 시스템에 계속적 투자를 하지 않는 것이다.

이를테면 무임승차 가맹본부는 특별한 경영적 투자와 노력 없이 선도적 가맹점들의 매출성과를 개설 홈페이지, 박람회, 개설 상담 과정에서 활용하여 새로운 가맹희망자를 모집한다.

그리고 무임승차 가맹본부는 매장성과가 낮은 가맹점들에게 선도적 가맹점의 성공 사례를 이용한다. 현재 해당 가맹점의 문제는 프랜차이즈 시스템의 문제가 아니라 개별 가맹점의 노력이나 경영 의지 부족에 있다고 지적하면서 그 근거로 선도적 가맹점의 매장성과를 제시한다.

이 과정에서 가맹본부는 직영점의 투자, 가맹본부의 조직과 역량의 강화, 가맹점 교육과 지원 프로그램 실행, 그리고 프랜차이즈 경쟁력을 높이기 위한 자기 본연의 역할수행과 재투자를 소홀히 한다.

3. 국내 가맹점들의 대표적 무임승차 행동들

국내 가맹점의 대표적 무임승차의 행동은 합당한 이유 없이 가맹본부의 운영방침에 협조하지 않거나 이를 무시하는 형태로 나타난다.

예를 들어 가맹본부가 제시하는 매장 활성화 계획은 가맹점의 비용지출을 일부 동반하기에 무임승차 가맹점은 이를 일단 회피한다. 그리고 가맹본부가 제시하는 매장의 개선사항들에 대해 무임승차 가맹점은 이를 무시하거나 그냥 넘기려고 하는 행동을 한다.

특히 무임승차 가맹점은 전체 브랜드 광고나 판촉행사에 비협조적인 경우가 있다. 브랜드 광고와 판촉행사에 정당하지 않거나 특별한 사유 없이 이를 회피한다.

결과적으로 무임승차 가맹점은 광고분담금과 판촉분담금에 대한 합당하고 정당한 비용지출을 하지 않고 다른 가맹점들의 광고와 판촉비용의 지출과 경영 노력으로 창출된 결과물에 편승한다.

4. 프랜차이즈 미투 브랜드(Me-Too Brand)

국내 프랜차이즈 미투 브랜드들은 Cheaper Rider의 전형적인 사례이다. 미투 브랜드는 현재 시장에서 소비자의 반응이 뜨겁거나 매력적인 새로운 콘셉트의 브랜드를 거의 그대로 모방하여 그들의 인기, 관심, 성과에 편승하는 브랜드이다.

다만, 프랜차이즈 무임승차가 동일 브랜드 내에서 거래당사자 간의 문제라면 프랜차이즈 미투 브랜드는 '가맹사업을 하는 다른 사업자가 기존 브랜드의 명성, 관심, 성과, 영향력에 편승'하는 것이다.

이를테면 A라는 브랜드가 소비자의 큰 호응과 환호를 받고 성공하게 되면, 시장에 바로 AA, AAA, AAAA와 같은 유사한 프랜차이즈 브랜드들이 단기간에 홍수처럼 쏟아지는 상황이다.

과거 스몰비어, 카스텔라, 과일주스, 샌드위치, 핫도그, 밀키트, 피자, 일반 한식 등의 광범위한 업종에서 프랜차이즈 미투 브랜드의 문제가 나타났고 현재도 이 현상은 반복되고 있다.

일각에서는 미투 브랜드의 전략이 시장 상황에 탄력적인 브랜드 전략으로 그 정당성을 주장도 있지만, 누가 봐도 원래 브랜드를 거의 '베끼기' 했다면 그 설득력은 약하다.

이러한 '베끼기'가 만약 정당한 경영전략이라면, 세상 그 누구도 새로운 것을 창조하려고 노력하지 않을 것이다. 기다리면 되는 것이다. 언젠가는 매력적인 것이 시장에 나오기 마련이다. 새롭게 무엇을 만드는 것보다 기다리는 것이 더 이익이다.

프랜차이즈 미투 브랜드는 가맹본부의 창의성, R&D 투자, 발전을 위한 경영 의욕을 감소시킨다. 무엇보다 공정하지 못한 사업방식이 프랜차이즈 시장을 지배하게 되어 궁극적으로 한국 프랜차이즈 산업의 발전을 저해한다.

5. 투자를 멈춘 두 당사자: 무임승차의 시작

프랜차이즈 무임승차의 문제는 가맹본부와 가맹점의 계속적인 투자와 매우 관련성이 높다.

가맹본부는 본연의 역할을 충실하기 위해 프랜차이즈 시스템에 꾸준한 투자를 해야 한다. 가맹점은 매장성과를 높이기 위해 광고 및 판촉활동 등에 자기 투자를 해야 하고 가맹본부의 운영방침에 따라 표준적 매장운영을 위한 경영적 투자도 해야 한다.

가맹본부와 가맹점의 계속적인 투자와 사업적 노력은 두 당사자의 무임승차 가능성을 줄여 주는 가장 결정적인 역할을 한다. 게다가 무임승차를 하지 않고 있다는 서로의 현실적인 증거도 된다.

어떤 당사자건 브랜드의 성공과 자기 사업적 성공을 위해 충분한 투자나 노력을 하지 않는 상태는 궁극적으로 상대방의 투자와 노력에 편승하려는 의도를 품고 있는 상태와 같다.

이러한 맥락에서 두 당사자의 지속적인 사업적 투자와 경영적 노력은 일방의 무임승차 의도를 판단하는 기준이 될 수 있고 무임승차를 줄이는 실질적 노력으로 평가될 수 있다.

VI. 함께 생각해 봅시다

무임승차로 단명하는 브랜드들

국내 프랜차이즈 브랜드의 수명은 너무 짧다. 1년에 정보공개서의 등록이 취소되는 브랜드가 수년 동안 약 700~1,000곳 내외(매년 차이는 있음)라는 사실이 그 증거이다.

매년 약 1,000곳 내외의 브랜드가 없어지더라도 전체 등록된 브랜드의 수는 오히려 늘어나고 있다. 없어지는 것보다 새롭게 생기는 브랜드들이 많기 때문이다. 그렇다면, 이 상황은 국내 프랜차이즈 시장에서 어떠한 문제를 발생시키나?

정보공개서의 등록이 취소된 브랜드당 평균 가맹점의 수가 5개이고 평균 매장 창업비용이 평균 1억 원이라고 가정하자.

1,000개 브랜드*5곳 가맹점*5,000만 원(다른 브랜드 전환 또는 가맹점

양도하는 경우를 고려하여 50%만 산정함)이므로, 매년 5,000개의 가맹점이 사라지고 자그마치 2,500억 원의 사회적 매몰비용이 발생한다. 5,000명의 가맹점사업자는 하루아침에 자신과 거래할 가맹본부가 없어져 독립창업자가 된다. 생각만 해도 끔찍한 현실이다.

이 현상이 개선되지 않는 이유는 프랜차이즈 시스템을 유지하고 발전시키는 데 가맹본부가 계속적인 투자를 하지 않는 국내 시장문화에 기인한다.

가맹본부는 프랜차이즈 시스템을 만들어 놓고 열심히 광고하여 가맹점희망자를 사업에 참여시킨다. 그 후 일부 가맹본부는 자기 시스템을 강화하기 위해 더 투자하지 않고 선도적 가맹점들의 운영성과에만 편승한다.

그러한 가맹본부들은 사업성과를 확인한 후 그 브랜드를 계속 운영할지, 브랜드를 없앨지, 아니면 방치할지를 판단한다. 브랜드의 성과가 좋지 않으면 사업을 접고 새로운 브랜드를 만들면 그만이다.

가맹사업을 시작했으면 문을 닫는 그날까지 가맹본부는 가능한 모든 투자와 끊임없는 경영적 노력을 해야 하는데, 국내 시장의 현실은 그렇지 않은 것 같다.

가맹본부가 가맹사업을 시작하면서 기억해야 할 원칙이 있다.

가맹본부는 유통업자나 도매상이 아니다. 상품을 납품하다가 상황이 안되면 그만두는 그런 업(業)이 아니다.

가맹본부는 온라인 판매자가 아니다. 등록된 상품들이 잘 안 팔리면 낮은 가격에 물품들을 정리하고 판매를 종료하면 되는 것이 아니다.

가맹본부는 경영이 필요하다. 계속적인 경영 노력과 투자를 할 생각이 없었다면 애초부터 가맹본부를 하지 말아야 한다.

다시 말해, 프랜차이즈 사업은 내가 하다가 내 돈 잃고 그냥 문을 닫아도

되는 사업이 아닌 것이다. 가맹점사업자의 꿈, 희망, 재산을 투자받기 때문이다.

한 해 약 1,000개의 브랜드가 사라지는 이 말도 안 되는 시장의 현실을 우리는 언제까지 지켜봐야 하는 것일까?

제10장
기회주의
(Opportunism)

> 프랜차이즈 기회주의는 일방의 계산된 배신으로
> 상대방의 좌절감을 유발하여 거래관계의 신뢰성을 파괴한다.

Ⅰ. 기회주의

1. 기회주의자(Opportunist)

 기회주의자는 일반적으로 일관된 입장 없이 상황이나 정세에 따라 자신에게 이로운 쪽으로 행동하는 사람을 말한다. 1880년대에 보수와 진보 사이에서 정치적 중도주의를 표방한 프랑스의 '기회주의자 공화당'이 그 유래라고 한다.

 그 후 기회주의자는 명확한 원칙을 드러내지 않고 어떤 상황과 세력의 역학관계에 따라 움직이는 무원칙한 사람이나 자기 신념을 쉽게 바꾸는 사람을 지칭하게 되었다.

 이에 따라 기회주의자는 유리한 쪽에 붙어서 이득을 얻으려는 부류로 특정 상황에서 상대방과의 신뢰를 버리고 자기 이익만을 추구하는 간교한 행동을 하는 사람으로 묘사된다. 이로 인해 기회주의자는 정치, 사상, 시대 조류, 사회적 통념에서 이기주의, 배신, 간교함과 같은 부정적인 이미지를 내포하고 있다.

2. 경제적 관점에서 기회주의

보편적으로 기회주의는 자기 이익의 추구를 위해 상대방의 이익을 침해하고 상대방의 신뢰를 저버리는 배신의 행동으로 이해된다.

경제적 관점에서 기회주의는 기회주의자의 무원칙이나 신념이 없는 상태를 뜻하지 않는다. 이것은 자기 이익을 추구하기 위한 일방의 이기적이고 배신의 행동이라는 사실을 인정하지만, 모든 기회주의 행동을 배신행위나 악의적이라고 비판하지는 않는다.

개인 또는 조직은 거래관계에서 사적인 영리 추구를 목표로 한다. 이에 기회주의 행동은 거래관계에서 개인의 합리적 선택으로 언제든지 발생할 수 있는 일반적 현상으로 이해한다. 상대방의 이익을 침해하더라도 자기 이익의 극대화를 위한 개인의 경제적 선택으로 이해하는 것이다.

이처럼 경제적 관점에서 기회주의는 거래관계에서 항상 발생할 수 있는 문제로 두 당사자가 서로 감시하고 통제해야 하는 문제로 바라본다.

Ⅱ. 다른 프랜차이즈 이론들과의 관계

1. 정보 비대칭과 기회주의

시그널링 이론, 역선택, 도덕적 해이, 무임승차 등과 같이 기회주의의 발생 원인도 거래관계에 있는 두 당사자 간의 정보의 비대칭에 있다.

두 당사자는 서로의 상황을 잘 모르기에 어느 한쪽의 기회주의 행동이 발생하는 것이다. 자기의 상황과 행동 의도를 상대방이 자세히 알 수 없어 거래관계의 신뢰를 깨고 자기 이익을 추구하는 행동으로 기회주의는 나타난다.

이러한 기회주의를 줄이기 위해 당사자는 상대방에 대한 모니터링을 강화하고 정보의 비대칭의 상황을 해소하여 상대방의 기회주의를 줄일 수 있다.

그렇지만 정보의 불균형은 완벽하게 해소되지 않기에 기회주의적 요소가 완전히 없어지지는 않는다.

2. 거래비용 이론과 기회주의

기회주의는 근본적으로 거래비용 이론에 기초한다. 일방은 기회주의 행동으로 자기가 지불해야 하는 거래비용을 아껴서 즉각적인 이익을 추구하는 것이 목표이기 때문이다.

거래비용 이론에서 Williamson은 외부 시장에서 기대했던 것보다 거래비용이 더 많이 발생하고 거래관계의 비효율성이 나타나면 자기 이익을 추구하는 일방의 기회주의 행동이 발생한다고 하였다. 시장실패가 거래관계의 기회주의를 유발하는 것이다.

Williamson(1979)은 기회주의를 '간교한 속임수로 자기 이익을 추구하는 것(self-interest seeking with guile)'이라고 정의하였다. 어느 한쪽이 거짓말, 속임수, 왜곡, 위장, 상황 혼란의 유발을 통해 상대방을 배신하고 자기 이익만을 추구하는 '계산된 노력'이 기회주의인 것이다.

어느 한쪽의 기회주의 행동은 거래비용의 상승과 거래관계의 비효율성을 초래한다. 이로 인해 거래관계의 신뢰성은 깨지고 정상적인 거래관계는 혼란에 빠진다. 특히 시장에서 경쟁자의 수가 적거나 수직적인 위계구조에서 상위조직의 힘이 막강한 경우 기회주의의 가능성은 높아진다.

3. 거래특유투자와 기회주의

기회주의 행동은 거래당사자 간의 우호적이고 장기적인 거래관계에 부정적인 영향을 미친다. 이에 두 당사자는 서로의 기회주의를 억제하기 위해 거래관계의 원칙과 규범을 사전에 설정한다. 그 원칙과 규범에서 벗어나는 상대방의 행동을 서로가 통제하기 위함이다.

거래특유투자는 상대방의 기회주의를 감소시키는 데 큰 역할을 한다. 공급업체와 유통업체 사이에 구축된 물리적, 인적, 그리고 지식적 거래특유투자의 높은 수준은 두 당사자가 현재의 거래관계에 몰입하게 하여 기회주의 행동을 실질적으로 감소시킨다(Brown 외 2인, 2009).

Ⅲ. 기회주의 행동의 유형과 완화방법

1. 기회주의 행동의 유형

기회주의 행동은 노골적 기회주의, 소극적 기회주의, 합법적 기회주의의 유형으로 구분될 수 있다.

노골적인 기회주의(blatant Opportunism)는 적극적 기회주의(active)이다. 이것은 자기만의 이익을 위해 상대방에게 의도적으로 거짓말, 약속위반, 계약위반, 사실의 허위와 과장, 상대방으로부터 양보 강제, 강압적인 계약 내용의 수정·변경 등을 요구한다. 적극적이고 강한 행동이다. 이에 노골적인 기회주의는 Williamson의 기회주의의 '계산된 의도'의 정의와 맥을 같이 한다.

소극적인(수동적인) 기회주의(passive)는 일방이 겉으로 드러내지 않고 합의한 사항을 불성실하게 대응하면서 자기 이익을 추구할 때 발생한다.

이를테면 약속을 소홀히 하는 행위, 중요한 정보를 숨기는 행위, 불완전한 이행, 상황을 왜곡하여 자기 일을 줄이는 행위가 있다.

그러한 행위의 목표는 상대방을 속이고 자기 비용지출을 줄임으로써 단기적인 이익의 도모에 있다.

소극적 기회주의는 두 당사자가 계약서에 기반하지 않고 호혜적이고 규범적 특징이 강한 거래관계에서 많이 나타난다. 거래관계에 대한 상대방의 높은 신뢰도를 악용하여 일방은 겉으로 드러내지 않게 자기 역할을 회피하며 자기 이익을 늘린다.

계약에 기초한 합법적 기회주의(lawful)는 표면적으로 아무런 문제가 없어 보인다. 그러나 계약서의 실질적 조항들이 어느 한쪽의 의무와 책임을 불공평하게 줄이거나 중요한 정보 등을 누락하여 상대방의 계약이행의 부담을 과중시키는 방향으로 나타난다.

그 예로 두 당사자 간의 권리와 의무를 공평하게 규정해야 할 계약서가 한쪽의 이익에 편향되고 불공정하게 작성된 경우가 있다. 또한 거래 지위상 우월적인 지위에 있는 일방이 계약기간 중이나 계약갱신 과정에서 기존 계약 내용을 뒤집고 계약 내용을 수정을 요구할 때도 합법적 기회주의는 나타난다(Seggie 외 2인, 2013; Wathne 외 1인, 2000).

2. 기회주의 행동을 줄이는 전략적 방법

그렇다면, 거래상대방의 기회주의를 줄일 수 있는 전략적 방법은 어떠한 것이 있을까?

첫째, 당사자는 상대방에 대한 모니터링을 강화하여 기회주의가 발생하는 원인을 파악하고 그 해소책을 사전에 마련할 수 있다.

거래관계에서 우월적 지위에 있는 일방은 모니터링 기준과 방법을 사전에 상대방에게 제시하고 상대방을 감시·통제할 수 있다. 하지만 상위기업이 지나치게 폭넓고 깊은 수준의 모니터링을 하는 경우 하위기업의 심한 반발을 살 수 있다.

둘째, 인센티브 제공이다. 거래관계에 대한 투자, 노력, 신뢰적 행동을 보이면, 그에 상응하는 인센티브를 제공하겠다는 약속하여 상대방의 기회주의 의도를 사전에 감소시킬 수 있다.

셋째, 애초부터 거래상대방의 선택과정에서 기회주의 행동의 가능성이 있는 상대방을 배제하는 선별 프로그램을 운영한다.

가령 자동차 제조사가 부품 품질의 문제를 예방하기 위해 부품 공급업체의 자격 심사를 엄격히 한다. 가맹본부가 체계적인 인터뷰를 통하여 적격의 가맹희망자를 선별하는 방식은 계약체결 이후 가맹점의 기회주의 요소를 사전에 줄일 수 있는 예방책이다.

넷째, 사회화(socialization) 전략이다. 사회화는 거래상대방과 거래관계의 목표인식을 최대한 공유하여 상대방이 자기 역할을 충분히 인식시키는 과정을 말한다.

높은 사회화 수준은 두 당사자가 자기 역할을 분명하게 이해하고 있는 상태다. 높은 사회화 수준에 있는 두 당사자는 같은 목표인식을 강하게 공유하기에 기회주의 행동은 스스로 감소한다(Wathne 외 1인, 2000).

Ⅳ. 프랜차이즈 기회주의

1. 기회주의의 정의

경제적 관점에서의 기회주의는 '거래관계에 있는 어느 한쪽이 상대방의 이익을 해치면서 상대방에게 거짓말을 하거나, 어떤 상황을 왜곡시키거나, 거래조건의 수정·변경을 요구하거나, 계약을 적극적으로 위반하거나, 계약 위반 시 불이익을 위협하는 계산된 행동'으로 정의될 수 있다.

이러한 기회주의 행동은 상대방의 좌절감과 배신감을 유발하여 거래관계의 신뢰성을 붕괴시키고 상대방이 거래관계에서 이탈을 하게 하는 결정적인 이유가 된다.

2. 프랜차이즈 기회주의

Williamson의 정의와 경제적 관점의 기회주의의 개념에 기반하여 프랜차이즈 기회주의는 '가맹본부 또는 가맹점이 상대방에게 거짓말, 속임수, 상황 왜곡을 통해 가맹계약의 이행 회피, 불완전한 이행, 적극적 계약위반, 일방적인 계약조건의 변경 요구와 같은 방법으로 상대방의 이익을 해치면서 자기의 즉각적인 이익을 늘리려는 계산된 행위'라고 정의할 수 있다.

3. 프랜차이즈 기회주의의 발생 가능성이 높은 상황들

프랜차이즈 기회주의는 가맹본부와 가맹점 모두에게서 발생하는 문제이다. 두 당사자의 기회주의가 발생할 가능성이 높은 상황들을 정리하면 아래와 같다.

첫째, 프랜차이즈 기회주의는 가맹본부 또는 가맹점이 사업적 열망이나 경영 의지가 약한 상태에서 자기 역할에 대한 이행의 수준이 낮을 때 빈번히 발생한다.

둘째, 두 당사자 간의 사업 방향성과 매장성과의 공동목표의 불일치 수준이 높을수록 기회주의 발생의 가능성이 높다.

셋째, 가맹본부의 사업역량이 낮고 가맹사업의 불확실성이 클수록 가맹점의 기회주의는 자주 발생한다. 경영역량이 낮은 가맹본부는 가맹점의 모니터링 역량과 통제력이 부족하기 때문이다.

넷째, 두 당사자 간의 정보공유와 소통의 부재이다.

가맹사업의 사업상황, 운영방침 등에 대한 정보량의 격차가 클수록 두 당사자의 기회주의 의도는 증가한다. 정보공유나 소통이 활발하지 못하는 경우 서로 무관심해져 상대방의 상황을 잘 모르게 된다.

다섯째, 거래특유투자의 수준이 낮을수록 기회주의 가능성은 비례하여 높아진다. 가맹점이 매장성과의 향상을 위한 투자와 노력이 적거나 가맹본부가 프랜차이즈 시스템에 대한 투자의 수준이 낮다면 두 당사자의 기회주의 가능성은 높아진다(Lee 외 2인, 2021).

4. 프랜차이즈 기회주의의 구체적인 행동들

가맹본부의 기회주의의 구체적인 행동은 아래와 같다.

가맹점의 영업지역을 침해하거나 매장성과가 높은 가맹점의 가까운 위치에 직영점 또는 다른 가맹점을 출점시켜 가맹본부의 이익을 늘리는 행위, 가맹점이 잘 모르는 상황을 이용하여 불필요한 물품의 구입을 강제하는 행위, 거짓된 이유와 상황을 왜곡하여 부당하게 공급가격을 올리는 행위, 규모가 있고 선도적인 가맹점의 출점을 위해 부당하게 해당 지역에 있는 기존 가맹점과의 계약을 종료시키는 행위, 가맹본부의 이익추구에 유리하도록 사전에 가맹계약서를 작성하는 행위 등이 이에 해당된다.

'본사는 나에게 진실하지 못하다', '내가 조심하지 않으면 본사는 정직하지 않게 행동할 것이다'라는 가맹점의 부정적인 인식은 가맹본부의 기회주의에 대한 심각성을 나타내는 상황이다.

이러한 가맹본부의 기회주의 행동은 가맹점의 불신과 환멸을 일으킨다.

가맹점의 좌절감은 가맹점이 가맹본부의 운영방침에 대해 냉담하거나 무시하게 만든다.

한편, 가맹점의 기회주의의 구체적인 행동의 예는 다음과 같다.
정률제 로열티 지급액을 줄이기 위해 의도적으로 매출을 누락시키는 경우, 핑계와 변명으로 브랜드 광고와 마케팅 프로그램의 참여를 회피하는 경우, 가맹본부가 알 수 없는 방법으로 교묘하게 표준적인 매장운영에서 벗어나는 행위, 가맹본부 모르게 낮은 품질의 원부재료 사용하여 차액을 사적 이익으로 취하는 행위, 거짓된 이유를 통해 가맹계약 이행을 거절 또는 회피하는 경우, 현실을 왜곡하는 매장정보를 제공하여 자기 역할을 보류하는 경우, 가맹본부의 영업비밀이나 중요한 사실을 외부에 누설하여 사적 이익을 취하는 행위 등이 이에 속한다(Gassenheimer 외 2인, 1996).

5. 프랜차이즈 기회주의 줄이기
어떻게 하면 가맹본부 또는 가맹점의 기회주의 행동을 최대한 억제할 수 있을까?

1) 신뢰와 통제의 메커니즘
가맹본부가 가맹점의 기회주의를 줄일 수 있는 두 가지의 중요한 메커니즘은 신뢰와 통제에 기반한다. 신뢰와 통제는 서로 반대되는 개념이다.
가맹본부는 거래관계의 신뢰성을 강화하면서 다른 한편으로 통제 메커니즘을 통해 시스템적 차원에서 가맹점의 기회주의를 줄인다.
신뢰는 '거래상대방의 선의에 대한 당사자의 믿음'으로서 두 당사자의 유대감과 결속력에 기반한다. 거래관계의 신뢰는 상호 관심과 보살핌을 바탕으로 상대방의 이익을 배려하는 관계를 형성하기에 두 당사자의 기회주의 행동을 자연스럽게 줄여 준다.

다른 접근방법으로 가맹본부는 가맹점이 기회주의 행동을 보이는 경우 이를 강하게 통제하고 구체적으로 그것에 상응하는 제재와 조치를 취함으로써 가맹점의 기회주의 행동을 강하게 제한한다(El Akremi 외 2인, 2011).

2) 체계적인 통제 시스템의 구축

특히 가맹본부는 가맹점에 대한 체계적인 통제 시스템을 구축하여 가맹점의 기회주의 행동을 구조적으로 줄일 수 있는 시스템적인 투자를 해야 한다.

통제 시스템은 사전에 성과목표를 설정하고 사후에 이를 평가하는 시스템으로 산출통제(outcome control), 행동통제(behavioral), 집단통제(clan)로 구분할 수 있다.

산출통제는 성과물 수준의 통제이다. 조직은 사전에 목표치를 설정하고 사후에 그 결과물이 사전목표에 부합하는지를 평가한다.

행동통제는 조직운영에서 지켜야 할 사항과 절차를 사전에 규정하여 구성원의 일탈행위를 방지한다. 높은 수준의 감독자에 의한 직·간접적인 관리, 감시, 지휘가 요구된다.

집단통제는 원활한 커뮤니케이션을 통해 조직 공통목표, 추구가치, 신념에 대해 구성원들과 충분히 공유하는 것이다. 이를 조직문화로 체내화하여 구성원들에게 목표달성의 동기를 부여한다.

가맹본부는 산출통제의 관점에서 가맹점의 매장성과와 운영결과의 수준을 분석하고 결과물이 사전목표와 부합했는지 평가해야 한다.

행동 통제의 관점에서 가맹본부는 운영방침과 운영매뉴얼에 기반하여 가맹점이 표준적인 운영절차와 운영품질을 준수하는지를 감시하여 가맹점의 일탈행위를 사전에 억제해야 한다.

집단통제의 관점에서 가맹본부는 가맹점과 원활한 소통을 통해 프랜차이즈 시스템의 목표와 지향점을 공유하여 가맹점 스스로가 높은 매장성과를 창출할 수 있도록 동기를 부여해야 한다(한부길 외 1인, 2014).

3) 공정한 거래관계의 실현

거래관계의 공정성의 실현은 프랜차이즈 기회주의를 근본적으로 줄일 수 있는 유효한 방법이 된다.

기회주의는 근본적으로 비용 지급과 성과물의 배분이 프랜차이즈 시스템과 계약관계에 의해 불공정하기 때문에 발생한다. 이에 프랜차이즈 거래관계의 불공정성은 가맹점의 기회주의를 촉진하는 주요 원인이 된다.

불공정한 프랜차이징은 가맹점이 거래관계에서 좌절감을 느끼게 하고 가맹본부는 자기 역할을 하지 않으면서 가맹점에게만 비용지급과 운영책임을 강제한다.

이와 달리 거래관계의 공정성은 가맹점이 거래관계에 강하게 결속하는 원동력이 된다. 거래관계의 공정성이 높을수록 가맹점의 기회주의는 반비례하여 감소하고 이에 따라 관계의 신뢰성은 강화된다(강보현, 2013).

6. 가맹점의 기회주의를 촉발하는 상황들

가맹본부의 사업 성장과 가맹점이 처한 외부환경의 변화는 아래와 같이 가맹점의 기회주의 행동을 변화시킨다.

첫째, 사업 성장으로 가맹점의 수가 증가하거나 가맹점들이 넓은 지역에 분포되어 있는 경우 가맹점의 기회주의는 비례적으로 증가할 수 있다. 넓은 지역에 분포되어 있는 가맹점들이 많아질수록 가맹본부의 모니터링이 약해지기 때문이다.

둘째, 단기간에 폭발적으로 성장한 브랜드는 빠른 성장의 부작용으로 기존 가맹점들의 기회주의 행동을 효과적으로 관리하지 못한다. 가맹본부의 체계적인 조직 시스템과 조직 역량이 갖추어지기 전에 빠른 성장이 이루어졌기 때문에 가맹본부의 관리적 통제능력이 이에 못 미치는 경우이다.

셋째, 가맹본부의 운영정책이 자주 바뀌는 경우, 운영방침에 표준적 절차가 없는 경우, 인플레이션 등 가맹점이 접한 외부 사업환경의 불확실성이 커지는 경우 가맹점의 기회주의 행동 의도는 높아진다. 사업적 위험의식이 높아지면서 가맹점이 브랜드 공동목표보다는 자기 이익에 집중하게 되는 환경이 조성된다.

넷째, 기회주의를 줄이기 위한 가맹본부의 강압적인 방법과 지나친 모니터링은 가맹점과의 갈등을 유발하고 가맹점의 기회주의를 폭발적으로 증가시킬 수 있다.

가맹본부가 가맹점의 기회주의를 통제하기 위해 중앙집중화된 의사결정의 권한을 남용한다면 강압적인 통제에 대한 가맹점의 반발이 심해지면서 오히려 가맹점의 기회주의 행동을 부추길 수 있다(이재훈 외 1인, 2011).

V. 시사점 또는 토론

1. 서로 왜 다른 방향으로 가는가?

1) 다른 방향 또는 반대 방향

두 당사자의 기회주의는 서로 협력하지 않고 '다른 방향 또는 반대 방향'의 행동으로 나타난다. 각자 '다른 곳을 바라보고 자신의 길만 가는 상황'이다.

다른 방향 또는 반대 방향에는 두 당사자가 거래관계에서 신뢰성을 중요하게 생각하지 않고 상대방을 의도적으로 속이면서 자기 이익을 취하는 계산된 행동만이 존재한다.

2) 기회주의 연쇄반응(Chain Reaction)

다른 방향 또는 반대 방향을 향한 상대방의 기회주의 행동을 목격한 당사자는 강한 불쾌감과 배신감을 느낀다. 배신을 당한 일방은 상대방을 불신하고 그에 상응하는 자기보호의 입장을 취한다.

상대방의 기회주의 행동을 목격한 당사자는 더 이상 자기 이익과 권리를 빼앗기지 않기 위해서 자기 역할의 이행을 거부한다. 그리고 당사자는 이미 빼앗긴 손해를 만회하기 위해 자신도 이에 상응하는 기회주의 행동을 한다. '기회주의 행동이 또 다른 기회주의 행동의 정당성을 부여'하는 상황이 조성된다. '기회주의는 기회주의를 낳는다'라는 '기회주의 연쇄반응'이 폭발하는 것이다.

상대방의 기회주의 행동을 목격한 당사자는 상대방을 믿을 수 없게 된다. 그리고 거래관계에 계속 머무르는 경우 자기 손해는 더 커지기에 계약관계에서 이탈하고자 한다. 프랜차이징에서 일방의 기회주의는 관계종료에 가장 큰 영향을 미치는 요인이다.

2. 계산된 배신과 그 특성
1) 계산된 배신

가맹본부 또는 가맹점의 기회주의는 어느 한쪽의 '계산된 노력'이자 '계산된 배신'이다. 계산된 배신은 비용과 노력의 투자를 적게 하여 거래비용을 줄면서 차액의 형태로 단기적인 자기 이익을 늘리는 것을 목표로 한다.

'무엇이 사전에 계산되었다'는 어느 한쪽이 의도적인 계산을 통해 비용과 노력의 지급 수준을 줄이는 만큼 즉각적인 자기 이익을 늘리려는 행동이다. 자신이 마땅히 지불해야 하는 거래비용을 회피하거나 적게 지급하는 방법으로 상대방을 속이고 그 비용부담을 상대방에게 전가한다.

이와 같은 일방의 계산된 배신이 나타나게 되면 거래관계의 신뢰도는 급격히 추락한다. 특히 가맹본부의 역량이 떨어져서 모니터링 수준이 약하거나 개별 가맹점의 경영상황이 어려울 때 가맹점의 계산된 배신은 강하게 나타날 수 있다.

2) 비도덕적 행동인가?

기회주의가 상대방의 계산된 배신이라고 하더라도 프랜차이즈 기회주의 행동이 무조건 비도덕적인 행위라고 비판할 수는 없다.

기회주의 행동은 상대방의 이익을 침해하는 계산된 행동으로 거래관계의 신뢰성을 붕괴시키는 배신적 행동이라는 점은 맞다. 그러나 가맹본부 또는 가맹점은 경제적 합리성에 입각하여 사적 이익을 추구하고 영리를 목적으로 사업을 한다. 그리고 일방의 기회주의 행동은 본인이 아니라 상대방에게서 유발되거나 복잡한 거래관계에서 파생되는 경우가 많다. 따라서 모든 기회주의 행동을 도덕성과 윤리성의 잣대로 평가하기에는 무리가 있다.

이에 프랜차이즈 기회주의는 두 당사자가 사업적 성공을 위해 서로 감시하고 통제해야 할 문제로 바라보는 것이 합당할 것이다.

3) 기회주의 행동의 긍정적인 역할

다른 측면에서 프랜차이즈 기회주의는 긍정적인 역할을 한다.

프랜차이징에서 기회주의 행동은 프랜차이즈 시스템이 공정하고 경쟁력 있게 작동될 수 있도록 일종의 '긴장감(tension)'을 불어넣는다. 그리고 상대방의 행동에 대한 상시적인 '감시의 눈(watcher's eye)'이 된다.

그 긴장감은 거래관계의 유지에 대한 간절함과 기회주의 행동으로 인해 거래관계가 파괴될 수 있다는 두 당사자의 두려움에서 비롯된다. 자신의 기회주의 행동이 상대방의 '기회주의 연쇄반응'을 일으켜 결과적으로 자신에게도 큰 손해가 될 수 있다고 긴장하는 것이다. 따라서 두 당사자는 상대방이 자기 역할과 계약이행을 성실히 수행하고 있는지를 지켜보는 감시자가 된다.

Ⅵ. 한국 프랜차이즈에서 적용과 제안들

1. 역선택의 악수(惡手): 출점과정에서의 기회주의

가맹사업법 제9조는 가맹본부가 가맹희망자나 가맹점에게 정보를 제공함에 있어 두 가지 행위를 금지하고 있다.

하나는 사실과 다르게 정보를 제공하거나 사실을 부풀려 정보를 제공하는 '허위·과장의 정보제공 행위의 금지'이다. 다른 하나는 계약의 체결·유지에 중대한 영향을 미치는 사실을 은폐·축소하면서 정보를 제공하는 '기만적인 정보제공 행위'이다.

두 유형은 가맹사업법에서 가장 강력한 법 규정이다. 전자는 '거짓말'의 형태이고, 후자는 '숨김'의 형태이다.

두 유형의 '허위·과장된 정보제공 등'은 계약체결의 과정에서 발생하는 가맹본부의 기회주의 행동 그 자체이다.

가맹본부가 가맹희망자의 손실과 실패를 개의치 않고 의도적으로 거짓말, 속임수, 왜곡, 숨김의 잘못된 정보를 제공하여 가맹계약의 체결을 유도하면서 가맹희망자의 역선택을 유발한다. 개설이익에 집착하는 가맹본부의 배신적 행동이다.

　문제는 이러한 거짓말과 숨김의 형태를 통해 가맹계약을 체결하는 것은 가맹본부가 스스로 가맹본부의 역선택을 유발하는 상황으로 바둑에서 악수(惡手)를 두는 것과 같다는 점이다. 가맹본부는 '허위·과장된 정보제공 등'을 통해 가맹점의 수를 늘렸지만, 결과적으로 낮은 매장성과와 표준적 운영에 미달하는 가맹점들을 양산하기 때문이다.

　개설과정에서 거짓말과 숨김에 기반한 가맹본부의 기회주의 행동이 시장에서 많아질수록 가맹희망자의 역선택은 폭발적으로 증가하고 결과적으로 가맹본부의 사업적 책임은 비례하여 높아진다.

2. 도덕적 해이와 무임승차와의 유사성

　프랜차이즈 도덕적 해이, 무임승차, 기회주의의 발생 원인은 두 당사자의 정보의 비대칭에 있다는 사실은 같다. 원인은 같지만, 세 가지는 그 특성의 차이로 다른 구체적인 행동으로 나타난다.

　그러나 국내 프랜차이즈 시장에서 프랜차이즈 도덕적 해이와 무임승차의 결과적 행동들의 일부는 기회주의 행동과 유사한 결과적 행동으로 나타난다.

　예컨대 가맹본부가 가맹점의 영업지역을 침해하여 직영점 또는 가맹점을 출점하는 행위는 도덕적 해이의 행동이면서 기회주의 행동에도 해당된다.

　한편, 가맹점이 브랜드 명성이나 인근 다른 가맹점의 높은 성과 및 평판에 편승하여 표준 이하의 상품을 고객에게 판매하는 행위는 가맹점의 무임승차이면서도 기회주의 행동이다.

이처럼 프랜차이즈 도덕적 해이와 무임승차의 행동들은 프랜차이즈 기회주의 행동과 발생 원인은 다르지만, 결과적인 행동은 유사한 형태 또는 모습으로 나타나는 경우가 많다.

3. 가맹본부의 기회주의의 유형

앞서 설명한 프랜차이즈 기회주의 이론들을 기반하여 국내 시장에서 만연한 가맹본부의 기회주의 행동을 정리하면 아래와 같다.

1) 노골적인 기회주의 행동

국내 시장에서 가맹본부의 노골적인(적극적인) 기회주의는 계산된 의도를 가지고 가맹점에게 피해를 입히더라도 자기 비용과 노력의 지출을 줄이면서 즉각적인 자기 이익을 늘리는 적극적인 행동이다.

① 속임수로 허위·과장된 정보제공과 기만적인 정보제공으로 빠른 개설 이익을 위해 가맹계약 체결하는 행위.
② 설명과 다르게 인테리어 등을 수준 이하로 하는 행위.
③ 약속한 가맹점의 교육과 지원 등을 이행하지 않는 경우.
④ 거짓된 근거로 필수품목의 가격을 일방적으로 인상하는 경우.
⑤ 상황 왜곡으로 필수품목의 양 또는 품질을 낮추는 행위.
⑥ 타당성과 구체적인 설명 없이 광고 및 판촉분담금을 갑자기 높이거나 분담비율의 일부를 가맹점에게 전가하는 행위.
⑦ 합당한 이유가 없거나 경영현황을 속여 로열티를 올리는 경우.
⑧ 제작비를 부풀려 판촉물 비용을 가맹점에게 부담시키는 경우.
⑨ 더 많은 차액가맹금과 리베이트를 위해 지정된 거래상대방과 거래방식

을 임의대로 변경하는 경우가 이에 속한다.

2) 소극적인 기회주의 행동

국내 가맹본부의 소극적인 기회주의는 가맹점의 개점과정에서 약속한 사항을 가맹본부가 불충분하게 또는 불완전하게 이행하는 데에서 주로 발생한다.

교육과 훈련, 경영 지원, 마케팅 지원, 광고판촉 지원에 대해 가맹본부가 약속된 일정에, 약속한 수준으로, 약속된 내용을 이행하지 않고 형식적으로 또는 부실하게 수행하는 경우이다. '하긴 하는데' 또는 '대충 또는 형식적으로 수행하는 상황'이다.

가맹본부는 이러한 방식으로 약속이행 비용을 줄여서 그 차액으로 가맹본부의 이익을 늘린다. 만약 그러한 이유가 아니라면, 교육과 지원의 자체 역량이 없거나 원래부터 그럴 의도가 없으면서 가맹점들에게 지키지 못할 약속을 한 것밖에 되지 않는다.

3) 합법적 기회주의 행동

국내 가맹본부의 합법적 기회주의는 가맹본부가 공정거래위원회에 등록한 정보공개서와 가맹계약서의 내용이 가맹본부의 이익 중심으로 설계되어 있는 상황이다. 이것은 가맹점에게 부당한 비용과 책임을 전가하거나 가맹점과의 분쟁 등이 발생할 때 가맹본부의 책임성을 경감시키는 형태로 나타난다.

가맹본부는 계약 내용의 취지, 구체적 내용, 그 법적인 파급효과를 이해하기 힘든 가맹희망자의 역량 수준과 가맹본부의 경영 상태를 잘 모르는 정보의 불균형 상황을 악용한다.

특히 가맹사업법의 불공정거래행위의 유형 또는 기준에 명시된 '거래상 지위 남용'에서 '부당한 계약조항의 설정 또는 변경'은 합법적 기회주의에서 노골적인 기회주의의 특성을 갖는다. 이것은 새롭게 급성장한 브랜드나 대형 브랜드에서 때때로 발생하는 현상이다.

계약기간 중에 가맹점이 이행하기 곤란하거나 불리한 계약조항으로 계약 내용을 변경하는 행위와 갱신과정에서 종전의 거래조건 또는 다른 가맹점의 거래조건보다 뚜렷하게 불리한 조건으로 계약을 변경하는 행위가 이에 해당된다.

4. 가맹점의 기회주의의 유형
1) 비용지출의 문제

국내 시장에서 가맹점의 기회주의 문제는 가맹점의 비용과 노력 지출에 관련이 있다. 대표적인 유형을 정리하면 아래와 같다.

첫째, 정률제 로열티 기반의 프랜차이징에서 주로 발생한다. 가맹점이 고의로 일부 POS 매출을 누락시키는 경우와 현금매출, 포장매출, 배달매출과 같이 일부 노출되지 않는 매출을 의도적으로 숨기는 경우이다.

둘째, 브랜드 전체의 광고와 판촉을 위해 정당하게 청구된 분담금의 지급을 거부하는 행위는 가맹점의 무임승차 문제이면서도 결과적으로 가맹점의 기회주의 행동이 된다.

셋째, 겸업의 문제는 가맹점의 노골적인 기회주의에 해당된다.

가맹점이 경쟁관계에 있는 다른 브랜드의 가맹점을 함께 운영하면서 영업노하우나 마케팅 방법을 악용하는 경우이다. 일반적으로 가맹점사업자 본인보다 가족이나 지인을 대표로 내세워 기존 가맹본부의 통제선에서 벗어난다.

이들이 겸업을 하는 이유는 경쟁 가맹점을 복수로 운영하면서 비용지출을 최소화하고 자기 이익을 극대화하기 위함이다. 특히 숍인숍의 형태로 가맹점이 가맹본부의 승인 없이 경쟁 또는 유사한 브랜드의 배달 메뉴를 추가하는 것은 노골적인 경업금지 위반이다. 근본적으로 거래관계의 신뢰성을 붕괴시키고 가맹계약의 해지 및 손해배상의 대상이 된다.

2) 가맹점의 자점매입

가맹점의 자점매입은 가맹본부 입장에서 영원히 풀기 힘든 숙제이자 항상 안고 가야 할 사업적 과제이다.

프랜차이즈에서 자점매입은 가맹사업의 통일성을 위해 가맹본부가 지정한 필수물품을 가맹본부 또는 가맹본부가 지정한 거래상대방에게 구입하지 않고 이와 유사한 물품을 외부 시장에서 가맹점이 스스로 조달하는 것을 말한다.

가맹점은 승인되지 않은 물품들의 사입을 통해 원부재료의 매입비용(원가)을 낮추어서 단기적 매출이익을 늘린다. 일반적인 가맹계약서는 가맹사업의 통일성과 매장의 표준적인 운영을 위해 이러한 가맹점의 자점매입을 금하고 있다.

그러나 가맹점이 필수품목 등을 자점매입을 하는 현실적인 이유가 필수물품의 공급가격이 시장의 공급가격보다 높은 경우, 시장에서 더 낮은 가격에 대체할 수 있는 유사한 원부재료가 구매의 어려움 없이 존재하는 경우, 그리고 가맹본부의 공급가격 대비 품질 자체가 낮은 경우라면 우리는 이 상황을 어떻게 이해해야 하나?

가맹점의 자점매입이 가맹점의 배신행위와 같은 기회주의 행동으로 몰아붙이기에는 구체적인 사정들이 다를 수 있다는 점이다.

쉽게 말해 가맹점의 자점매입이 가맹본부의 경쟁력 없는 필수품목의 품질과 가격 때문이라면, 가맹본부 또는 프랜차이즈 시스템이 결과적으로 가맹점의 기회주의 행동을 유발한 것이다.

상식적으로 가맹점이 시장의 평균보다 높은 가격에 필수품목을 구매하라고 강요하는 가맹본부가 있다면, 가맹본부가 가맹점의 자점매입의 기회주의 행동을 유발한 장본인이 아니겠는가.

3) 기타 가맹점의 기회주의 행동들

가맹점이 가맹본부의 영업비밀이나 경영 노하우를 타인에게 제공하는 행위는 노골적인 기회주의 행동이다. 주로 금전적인 이익을 취하기 위함이다. 더 심각한 상황은 가맹점 스스로가 기존 가맹본부의 시스템에 기반하여 거의 동일한 브랜드나 가맹본부를 만들 때 발생한다.

가맹점의 소극적인 기회주의 행동은 가맹점이 자신이 해야 할 역할, 준수사항, 계약 내용을 경영상황의 악화나 개인적인 이유를 들어 이를 회피 또는 거부하는 행위로 나타난다.

이는 일부 가맹점들의 일상적인 영업활동에서 만연한 형태이다. 그들은 가맹본부의 운영방침 등에 합당한 이유 없이 '비협조' 또는 '무시'를 하거나 그 이행을 형식적으로 하여 자기 비용과 노력의 지출을 줄인다.

Ⅶ. 함께 생각해 봅시다

뿌리 깊은 불신의 벽(The Wall of Distrust)

'상대방은 자기 이익에만 관심이 많다. 언젠가 상대방은 나를 속이고 나한테 피해를 줄 것이다. 솔직히 내가 지금의 관계에 충실해도 특별한 인센티브도 없다. 상대방에게 먼저 당하느니, 차라리 내가 먼저 조금이라도 이익을 챙기는 것이 더 현명한 방법 아니겠는가?'

기회주의는 가맹본부와 가맹점의 정보 비대칭의 상황에서 발생한다. 그런데 국내 시장에서 프랜차이즈 기회주의가 만연해 있는 현실적인 이유는 정보 비대칭의 상황에 더해진 두 당사자 간의 '뿌리 깊은 불신의 벽'에서 비롯된다.

가맹점은 가맹본부가 자신의 이익을 챙겨 주지 않을 것이라고 불신한다. 가맹본부는 가맹점에게 아무리 잘해 줘도 어차피 성과가 좋지 않는다면 결국 자신을 비난할 것이라고 불신한다. 상대방에 대한 불신이 두 당사자의 마음속에 깊숙하게 자리 잡고 있는 것이다.

두 당사자 사이의 불신의 벽은 다른 방향 또는 반대 방향으로 각자 이익을 추구하는 행동을 보일 때 거대한 장벽이 된다. 일방이 상대방의 기회주의 행동을 목격하게 되면 마치 기다렸다는 듯이 바로 소통의 문을 닫아 버린다. 그리고 자기 역할을 멈추고 상대방의 기회주의 행동을 맹렬히 비난한다.

'불신은 불신을 낳는다'라는 말처럼, 기회주의 연쇄반응의 폭발은 두 당사자가 '다시는 돌아갈 수 없는 다리'를 건너게 한다.

한번 목격된 상대방의 기회주의 행동은 실제 그러지 않았을지라도 또 다른 오해를 낳고 불신의 상황을 악화시킨다. 관계회복이 불가능한 상황까지 가고 가맹계약은 결국 종료된다.

가맹본부의 불신

'출점만 시켜 준다면 열심히 하겠다는 분이 결국 자점매입을 한다. 이제는 품질 이하의 식재료 사용도 서슴지 않는다. 안 된다고 해도 무시한다. 뭐, 여기만 그러겠는가?'
'한두 번도 아니고, 아무리 노력해도 가맹점은 바뀌지 않는다.'
'좋은 뜻으로 이야기 한 것인데, 간섭한다고 오히려 화를 낸다.'
'지원해 봤자, 어차피 매출이 좋지 않으면 나를 탓할 것이다.'
'로열티도 안 내는 가맹점을 왜 도와야 하나?'
'본사의 고충과 어려운 상황을 이해하려고 하지 않는다.'
'본사는 원래 나쁜 존재인가? 도대체, 우리가 무엇을 잘못했나?'

가맹점사업자의 불신

'개점 전에 상냥했던 본사가 지금은 나에게 관심이 없다.'
'또다시 공급가격이 올랐다. 이제 팔아도 남는 것이 없다.'
'판촉행사를 하면 나만 고생하고 본사만 이익을 챙긴다.'
'로열티를 내면 뭐하나? 아무런 지원과 교육도 없는데.'
'본사는 도매업자인가? 도대체, 본사가 하는 일이 무엇인가?'
'말해 봤자 바뀌는 것이 없다. 내 몫은 내가 챙겨야 한다.'
'관리도 하지 않은 매장, 다른 식재료를 사용해도 모를 것이다.'
'설령, 안다고 해도 본사는 나를 탓할 자격이 있는가?'

제4부
프랜차이즈의 관계종결

4부는 가맹점이 어떤 이유로 기존 프랜차이즈 브랜드와의 관계종결을 고민하고 무엇을 위해 시장에서 다른 우월한 대안자를 찾는지에 대한 설명이다.

기존 거래관계에 불만족한 가맹점은 시장에서 기존 브랜드보다 우월한 다른 가맹본부의 브랜드를 대안으로 지각하고 새로운 출발을 준비하는데, 그 과정에서 가맹점은 전환비용과 전환장벽을 인식하게 된다.

대안 매력도
전환비용과 전환장벽

제11장
대안 매력도
(Attractiveness of Alternatives)

> 시장에 다른 브랜드가 우월하거나 매력적이라면
> 가맹점의 브랜드 전환의 가능성은 높아진다.

Ⅰ. 대안 매력도

　대안 매력도는 현재 거래관계에 있는 공급자와 비교하여 시장에 존재하는 더 나은 대안자들에 대한 지각을 말한다. 시장에서 더 나은 대안자의 존재성은 새로운 거래관계에 대한 소비자의 관심, 끌림, 호감으로 나타난다.
　이에 대안 매력도는 기존 공급자와 비교하여 시장에 존재하는 더 나은 대안들에 대한 존재성 인식과 이에 따른 소비자의 긍정적인 호감의 정도이다. 달리 말해, 대안 매력도는 소비자가 기존 공급자와의 관계를 종결하고 시장에서 우월하고 활용 가능한 대안자에게 유인되어 거래변경이 가능하다고 인식하는 정도라고 하겠다.
　대안 매력도가 높다는 것은 시장에서 현재의 공급자보다 더 나은 공급자들이 많이 존재한다는 것을 의미한다. 그리고 이러한 우수한 대안들에 대해 소비자가 많은 관심을 갖는 상태이다.
　소비자는 시장에서 기존 공급업체를 대체할 대안적 공급자들이 충분히 존재하고 그들을 매력적으로 인식하는 경우 기존 공급자와의 거래관계를 종결하고 다른 공급자로의 전환을 고려할 가능성이 커진다.

소비자는 이 전환과정에서 발생하는 전환비용과 대안적 공급자로 얻을 수 있는 혜택들을 비교하여 자기 이익을 높일 수 있는 합리적이고 타당한 선택 결정을 한다.

이처럼 대안 매력도는 소비자의 선택 변화를 가져다줄 수 있는 매우 중요한 변화요인이 된다.

어떤 상품, 브랜드, 장소 등에 대해 '더 나은 것'이나 '더 좋은 곳'이 존재하는 경우 소비자는 기존 관계를 종료하고 새로운 대안적 선택을 한다. 지금까지의 관계에서 얻은 것보다 더 큰 혜택이나 만족을 느낄 수 있다는 기대감이 소비자의 선택 변화의 이유가 된다.

이와 반대로 소비자는 기존 공급자에 대한 만족도가 높고 전환비용과 전환장벽이 높다고 지각할수록 시장에서 다른 대안자들을 찾고자 하는 욕구는 감소한다. 기존 거래관계를 종료할 뚜렷한 이유가 없다면 소비자는 새로운 대안자를 모색할 이유가 없다.

Ⅱ. 대안 매력도 이론의 고찰

1. 대안 비교 수준

사회적 상호작용에서 더 많은 보상이 가능할 때 두 당사자의 교환관계가 성립한다. 그러나 교환관계가 성립된 후 비용지출 대비 보상이 만족스럽지 못하다면, 교환 당사자들은 시장에서 더 나은 혜택과 보상을 제공하는 새로운 대안들을 모색한다.

당사자는 대안 비교 수준(comparison level for alternatives, 이하 CL)에 기반하여 교환관계의 유지와 전환을 판단한다. CL은 개인마다 다르지만, 사회적으로 교환관계의 유지 또는 이탈의 보편적인 기준이 된다. CL은 비용 대비 보상에 관한 개인적 평가이고 비용 대비 보상이 높다면 개인은 교환관계를 계속 유지하게 된다.

그러나 현재 교환관계보다 다른 더 나은 대안이 시장에 존재하면 개인은 기존 교환관계에서 이탈하여 새로운 대안으로 전환한다. 가령 어떤 사람이 지금보다 더 나은 대우를 해 줄 수 있는 회사의 존재를 인식하게 되고 그것이 현실적으로 가능하다고 판단하면, 그 사람은 그 직장을 떠날 가능성이 크다(Thibaut 외 1인, 1959).

2. 대안 매력도의 특징

대안 매력도는 대안적 매력(alternative attraction)이라고도 한다.

대안 매력도는 기존 거래관계와 비교하여 새로운 대안자로부터 얻을 수 있는 더 많은 혜택이나 거래비용의 절감과 같은 경제적 이익이 중심이 된다. 경제적 혜택이 대안자의 매력 수준을 판단하는 가장 중요한 요인인 것이다.

다른 측면에서 대안자 브랜드의 지향점과 공정한 거래형태와 같은 거래품질도 대안적 매력에 많은 영향을 미친다. 이것들은 소비자의 호의적 인식과 우호적인 감정의 형성에 관여한다.

그러나 시장에서 기존 거래업체와 유사한 경쟁자들이 없는 경우 대안 매력도는 존재할 수 없다. 이에 대안 매력도는 당사자가 즉각적으로 활용할 수 있는 선택 가능한 대안자들이 있어야 한다. 지금 당장 활용할 수 없다면 전환을 위한 대안은 의미가 없다(Ping, 1993).

3. 대안 매력도의 비교·평가 방법

당사자가 현재의 거래관계에 만족하는 경우 새로운 거래를 위한 대안자를 모색하지 않는다. 그럴 이유가 없다. 경제적 혜택이나 이용 편리함의 관점에서 현재 공급자가 제공하는 수준과 새로운 대안들의 수준의 격차가 크지 않을 경우도 마찬가지다.

그러하기에 새로운 대안자들이 기존 공급자와 비교하여 차별적인 가치와 혜택 제공의 수준이 높지 않다면, 소비자는 새로운 대안자로의 전환을 머뭇거린다. 대안자가 기존 공급자보다 우월하거나 압도적이어야 소비자를 유인할 수 있는 것이다.

전환비용의 수준은 대안 매력도와 반비례 관계에 있다. 새로운 대안자가 제공하는 가치나 혜택이 기존 공급자보다 우월하더라도 전환비용이 높은 경우 소비자의 선택전환 욕구는 약해진다. 공급자 변경에 소모되는 전환비용이 소비자를 기존 공급자에게 묶어 두는 역할을 하는 것이다.

이와 함께 소비자는 기존 공급업체와 비교하여 새로운 대안자와 거래를 시작하는 경우 거래비용이 적게 드는지, 경제적 혜택을 더 많은지, 가까운 위치에 있어 이용에 편리한지, 비경제적 혜택이 무엇인지 등을 종합적으로 평가하여 최종적인 선택한다(Ghazali 외 3인, 2016).

4. 대안적 선택의 제한성

그렇지만 대안적 공급자가 시장에 있다고 하더라도 소비자는 자신이 인식하는 '대안 공급자의 수'와 실제의 '대안의 이용 가능성'을 평가하여 현재의 거래를 머무를지 아니면 떠날지에 대해 결정한다. 소비자는 현실석인 전환과 선택변경의 가능성을 따지는 것이다. 그래서 시장에서 대안 매력도가 높더라도 다음의 현실적인 이유로 소비자의 대안적 선택이 제한되는 경우들이 있다.

첫째, 기존 공급자를 대체할 대안의 수가 적은 경우이다. 시장에서 대안이 되는 공급자들의 수가 부족한 경우 소비자는 충분하게 다양한 대안들을 검토하지 못했다고 생각하기에 거래변경에 대한 위험성이 크다고 판단한다.
둘째, 시장에 소수의 대안자만 존재하더라도 그들이 현재 공급자와 비교하여 확실히 우월하다면 대안 매력도는 높을 수 있다. 하지만 만약 그러한 대안자들의 매력이 압도적이지 않을 경우 소비자는 기존의 거래관계를 유지할 가능성이 크다.
셋째, 대안의 실질적 이용 가능성도 중요하다. 소비자는 바로 이용할 수 있는 가능성이 낮은 경우 대안의 선택을 주저한다. 대안자는 즉각적인 이용 가능성이 있어야 한다(Colgate 외 1인, 2001).

소비자가 기존의 주거래 은행을 변경하는 사례는 대안적 선택의 제한성이 통합적으로 발생하는 예이다.
현실적으로 주거래 은행보다 더 나은 서비스를 우월하게 제공하는 은행의 수는 적다. 은행들의 서비스는 서로 비슷하기에 대안적 은행이 기존 은행보다 압도적인 서비스를 제공할 가능성도 낮다. 또한 주거래 은행을 바꾸려면 소비자는 기존 예금들을 해지하거나 수많은 이체 계좌를 변경해야 한다. 소비자에게 매우 번거로운 일이어서 새로운 은행으로의 변경 가능성은 낮다.

5. 대안 매력도를 부각시키는 상황들

시장에서 대안적 선택의 제한성이 발생하는 것과 달리 대안자의 존재성과 매력도를 뚜렷하게 부각시키는 상황들도 있는데, 이를 설명하면 아래와 같다.

첫째, 대안 매력도는 소비자가 대안자를 얼마나 매력적으로 인식하고 있느냐의 수준뿐만 아니라 대안자를 찾는 과정에서 소요되는 시간, 노력, 심리적 비용도 중요하다. 만약 새로운 대안자를 찾는 과정이 쉽고 많은 탐색비용이 들지 않는다면 당사자는 기존 거래관계를 어렵지 않게 벗어날 수 있다.

둘째, 현재 거래관계의 불만족의 수준과 대안자가 제공하는 혜택의 차이가 클수록 대안 매력도는 높아진다. 이 경우 소비자는 전환비용 등의 비용 지출에도 능동적으로 대안자를 검토한다.

셋째, 관계품질의 측면에서 현재 거래상대방이 강압적인 방식으로 자신을 감시하거나 통제하는 경우, 상호 원만한 의사소통이 되지 않는 경우, 그리고 상대방이 기회주의 행동을 하는 경우 당사자에게 대안 매력도의 존재는 뚜렷하게 부각된다(Kang 외 1인, 2015).

6. 관계악화의 종속변수

대안 매력도의 비교·평가는 비용과 혜택의 경제적 평가, 정서적이고 감정적 요소의 비경제적 평가, 그리고 관계혜택의 품질평가로 구분될 수 있다.

보편적으로 거래관계가 빈번하고 오래될수록 관계품질은 발전한다. 그러나 다른 한편으로 관계가 악화(deterioration)되는 상황도 나타난다. 이때 거래관계의 갈등과 이탈이 발생한다.

두 당사자 간의 관계품질이 발전시키는 요인은 거래관계의 만족, 신뢰, 의존도, 관계규범, 커뮤니케이션, 협력 등이 있다. 반면에 관계를 악화시키는 변수는 갈등, 불공정, 목표 불일치, 기회주의, 대안적 매력 등이 있다.

이 가운데 대안 매력도는 악화된 관계품질의 결과불로 관계악화로 나타나는 종속변수이자 결과변수라고 할 수 있다(Kang 외 2인, 2013).

Ⅲ. 프랜차이즈 대안 매력도

1. 프랜차이즈 대안 매력도의 평가방법

프랜차이즈 대안 매력도의 평가는 기존 가맹점이 다른 프랜차이즈 브랜드와 새로운 출발을 위해 감수해야 하는 경제적 손실과 추가적 비용지출의 경제적 차원만으로 이루어지지 않는다.

가맹점은 대안 브랜드뿐만 아니라 해당 가맹본부에 대한 평가도 포함하여 넓은 범위에서 전반적인 비교·평가를 한다. 이를 구체적으로 설명하면 아래와 같다.

첫째, 프랜차이즈 브랜드 관점에서 대안 브랜드의 평가는 경영철학, 역사, 인지도, 평판을 포함한다.

둘째, 사업 규모, 사업성과, 가맹점 수, 사업 성장률 등은 사업실적과 성과에 대한 평가이다.

셋째, 브랜드 전환에 필요한 매장 투자비용, 최초가맹금, 로열티의 수준, 기타 부담내역은 재정적 투자조건의 평가이다.

넷째, 대안 브랜드의 교육과 훈련, 광고 및 판촉지원, 경영 및 마케팅 지원은 가맹본부의 교육 및 지원 시스템의 평가이다.

다섯째, 대안 브랜드가 현재 소비자 선호도에 잘 부합하는지와 수익성이 있는지는 시장성과 수익성의 평가이다.

여섯째, 대안 브랜드의 판매형태와 영업방식, 매장 운영매뉴얼, 영업지역, 그리고 전반적인 가맹계약 내용의 공정성은 운영방침과 매뉴얼 차원에 대한 평가이다.

이처럼 프랜차이즈 대안적 평가과정은 새로운 공급자가 제공하는 우월한 경제적 혜택이나 전환비용만을 평가하지 않는다. 가맹점은 가맹본부와 브랜드의 종합적인 영역에 걸쳐 속성별 장점과 단점을 전반적으로 평가한다.

어떻게 보면 가맹희망자의 일반적인 창업절차와 유사하다. 다만, 기존 가맹점은 이전 가맹본부와의 거래관계에서 피부로 느꼈던 문제점들을 새로운 프랜차이즈 브랜드가 해결해 줄 수 있는 역량이 되는지를 평가한다. 또한 더 높은 수익성과 같은 우월한 경제적 혜택들을 확실하게 제공할 수 있는지에 대해 민감하게 반응한다(Urevic, 2020).

2. 프랜차이즈 대안 브랜드의 관계품질

가맹점이 다른 브랜드와 새로운 거래하기 전에 전환비용의 수준과 대안 브랜드의 수익성이 어떠한지를 고려하는 것은 당연하다. 이와 같은 전환과정의 비용지출과 새로운 브랜드로부터 기대할 수 있는 혜택은 대안 매력도의 수준을 결정하는 중요한 선택속성이다.

그러나 대안자의 평가과정에서 경제적 동기만큼 중요한 것이 대안 브랜드의 관계품질이다. 관계품질은 거래관계의 공정성과 높은 관계혜택을 말한다. 관계품질이 높다면 뛰어난 사업성과와 거래만족을 기대할 수 있고 무엇보다 우호적인 거래관계가 가능하다.

가맹점이 기존 가맹본부에서 이탈하는 이유는 일반적으로 거래관계의 불공정성, 불만족, 갈등에 기인한다. 그래서 가맹점이 새로운 브랜드를 모색하는 이유는 더 높은 매출성과뿐만 아니라 기존 가맹본부로부터 느끼지 못했던 거래관계의 신뢰성, 결속력, 만족감과 같은 내재적 보상에 있는 경우가 많다.

따라서 가맹점이 새로운 대안적 브랜드로 전환하는 것은 단순히 더 나은 경제적 혜택과 낮은 전환비용의 수준만으로 해석될 수 없다. 새로운 브랜드가 지향하고 실천하는 경영철학과 가맹점 간의 관계품질 또한 중요한 요소로 고려된다(Croonen 외 1인, 2015).

3. 프랜차이즈 대안 매력도가 높다는 것은?

 가맹본부 또는 브랜드가 다른 경쟁자보다 수익성이 낮거나 불공정한 거래행위를 자주 하는 경우 기존 가맹점이 지각하는 대안 매력도의 존재성은 강해진다.

 이와 반대로 가맹점이 현재 가맹본부와의 거래관계에 만족하는 경우, 거래관계의 관계혜택이 높은 경우, 거래특유투자의 수준이 높을수록, 그리고 가맹계약 해지비용 등 매몰비용과 전환비용이 높을수록 시장의 대안 매력도는 낮아진다.

 가맹본부의 입장에서 높은 수준의 대안 매력도의 존재성은 자신의 가맹사업에서 부정적인 요인이다. 가맹점이 자신과의 계약을 이탈하고 새로운 브랜드로 전환할 가능성이 높기 때문이다.

 한편, 가맹점의 입장에서 매력적인 대안자들이 시장에 많이 존재할수록 유리하다. 대안 매력도가 높은 외부의 시장환경은 가맹본부가 가맹점과의 현재 거래관계에 집중하는 요인이 된다.

 그러므로 시장에서 동일 또는 유사한 브랜드의 대안 매력도가 높은 상황은 가맹본부가 자기 가맹점을 다른 브랜드에게 빼앗기지 않기 위해 많은 관계혜택을 제공하고 능동적인 경영적 노력을 하게 하는 자극제가 된다.

 이와 반대로 가맹본부의 시장점유율이 압도적으로 높거나 시장에서 대안이 되는 경쟁 브랜드들의 영향력이 상대적으로 낮다면 상황은 달라진다. 가맹점이 선택 가능한 다른 대안자들이 시장에 거의 없는 상태이기 때문이다. 부정적인 외부환경으로 가맹점은 거래관계에 불만족하여도 현재의 거래관계에 의존할 수밖에 없는 상황에 놓인다.

Ⅳ. 시사점 또는 토론

1. 대안적 매력 마케팅

프랜차이즈 시장에서 새로운 대안이 되고자 하는 프랜차이즈 브랜드의 목표고객은 일차적으로 다른 브랜드의 기존 가맹점들이다.

따라서 대안 브랜드는 다른 브랜드의 가맹점들이 과거 거래관계에서 얻을 수 없었던 차별적인 가치와 혜택을 제시해야 한다. 이를 통해 새로운 대안을 찾는 가맹점들이 자기와 거래를 전환하도록 유인해야 한다.

프랜차이징에서 대안 브랜드의 차별적인 가치와 혜택의 구체적인 사항은 경쟁력 있는 필수품목과 관련된 거래비용, 사업적 이익 수준과 같은 경제적 혜택, 공정한 거래관계, 그리고 우호적인 대인관계와 대우 등이 있다.

본질적으로 프랜차이즈 시스템의 경쟁력과 수익성의 경제적 혜택과 공정한 거래관계와 같은 관계품질의 우수성은 시장에 있는 다른 브랜드의 가맹점들을 유인하는 매력적인 요인이 된다.

이처럼 프랜차이즈 대안 브랜드는 목표시장인 다른 브랜드의 가맹점들에게 매력적인 대안이 될 수 있도록 전략적인 마케팅을 해야 한다. 이 책에서는 이를 가맹본부의 '대안적 매력 마케팅(Alternative Attraction Marketing)'이라고 하겠다.

2. '성공적인 재혼'을 위해

가맹점이 많은 추가적인 전환비용을 지출하면서 기존 브랜드와의 계약을 종료하고 다른 브랜드로 전환하는 이유는 기존 가맹본부와 관계회복이 되지 않았고 미래에 희망이 없기 때문이다.

한마디로 서로 잘못된 인연이었고 이로 인해 가맹점의 좌절감이 매우 컸다는 것이다. 프랜차이즈 사업을 실패한 가맹점이 또다시 다른 브랜드와 프랜차이즈 사업을 재개하는 것은 많은 매몰비용과 전환비용 등으로 현실적으로 쉽지 않기 때문이다.

시장에서 대안을 찾는 가맹점들은 현재의 브랜드와 헤어지고 새로운 대안적 브랜드와 행복한 재출발을 꿈꾼다. 현재의 불행을 그냥 방치할 경우 불행이 더 커지기 때문이다.

가맹점이 기존 브랜드와 '이혼'을 하고 새로운 브랜드와 '재혼'을 고려할 때 대안 매력도는 작동된다. '프랜차이즈 대안 브랜드로의 전환'은 '가맹점의 재혼'과 같은 것이다.

성공적인 재혼을 통한 가맹점의 행복은 경제적 이익이 될 수 있고 관계혜택을 중심으로 한 관계적 만족감이 될 수 있다. 어떤 형태로든 가맹점은 성공적인 재혼을 통해 과거의 아픔을 딛고 새로운 출발을 하고자 한다.

V. 한국 프랜차이즈의 적용과 제안들

1. 가맹점은 왜 다른 대안을 찾는가?

가맹점이 현재 가맹본부와의 거래관계에 만족하지 못할 때 내릴 수 있는 결정은 네 가지이다.

그냥 불만족의 상태를 유지하든지, 가맹본부와의 갈등이나 분쟁을 각오하고 적극적으로 그 해결을 촉구하든지, 계약종결로 사업을 종료하든지, 아니면 그 계약관계에서 이탈하여 시장에서 새로운 대안자와 거래관계를 맺는 것이다.

'다른 브랜드들은 로열티, 광고비가 적은데 왜 우리는 높을까?'
'다른 브랜드들은 교육과 지원을 해 주는데, 왜 우리는 없을까?'
'다른 브랜드들에 비해 왜 SV가 거의 오지 않을까?'
'도대체, 가맹본부는 나를 위해 하는 일이 무엇이지?'
'이 정도 매출로는 생존할 수 없는데, 앞으로 어떻게 해야 할까?'
'이 정도 이익으로 이 사업을 얼마나 끌고 갈 수 있을까?'

현재 거래관계에 불만족하고 있는 가맹점들은 이와 같은 질문들을 수없이 던질 것이다. 프랜차이징에서의 불만족은 가맹점이 새로운 프랜차이즈 브랜드로의 전환을 고민하게 한다. 이러한 가맹점들은 시장에 존재하는 다른 우월한 브랜드와 자신의 브랜드와 비교하면서 현재의 가맹사업의 성과 수준에 심한 좌절감을 느낀다.

이와 같은 부정적인 평가들은 가맹점이 시장에서 다른 대안자를 찾는 주요한 동기가 된다. 그 부정적인 평가가 심해질수록 가맹점은 다른 대안자들의 존재성을 강하게 인식한다. 대안 매력도가 뚜렷하게 부각되는 것이다.

2. 대안적 매력 마케팅이 하지 말아야 할 것들
1) 위법적인 불공정한 거래유인

가맹사업법은 제12조(불공정거래행위의 금지)의 제1항 제6호에서 '부당하게 경쟁가맹본부의 가맹점사업자를 자기와 거래하도록 유인하는 행위 등 가맹사업의 공정한 거래를 저해할 우려가 있는 행위'를 불공정거래행위로 규정하고 있다.

이에 관련하여 시행령 제13조(불공정거래행위의 유형 또는 기준) 제1항의 불공정거래행위의 유형 또는 기준의 5호는 이를 '그 밖의 불공정거래행위'라고 규정하고 있다.

'가맹본부가 다른 경쟁 가맹본부의 가맹점사업자를 자기와 거래하도록 하여 자기의 가맹점사업자의 영업에 불이익을 주거나 다른 경쟁 가맹본부의 가맹사업에 불이익을 주는 행위'를 금지하고 있는 것이다.

이 법 규정의 취지는 가맹본부가 사업의 확장을 위해 다른 가맹본부의 가맹점을 부당한 방법으로 유인하여 자기의 가맹점사업자로 전환하는 것을 방지하기 위함이다. 그리고 그러한 행위로 가맹본부가 다른 가맹본부나 현재 자신의 가맹점사업자에 피해나 불이익을 주지 말라는 것이다. 가맹본부의 대안적 마케팅이 바람직하지 못한 방향으로 적용되는 상황이다.

2) 경업금지와 불공정한 유인
① 가맹점의 경업금지

가맹점의 경업금지 의무 위반은 가맹본부가 아니라 가맹점사업자의 불공정거래행위이다.

프랜차이즈 경업금지에 대한 특정한 법 규정은 없다. 다만, 가맹사업법 제6조 10호의 가맹점 준수사항에서 '가맹 계약기간 중 가맹본부와 동일한 업종을 영위하는 행위'를 금지하고 있을 뿐이다.

이에 따르면, 가맹점의 경업금지의 의무는 가맹 계약기간 중에 적용된다. 가맹계약 종료 후 가맹점의 경업금지의 사안은 '부정경쟁방지 및 영업비밀

보호에 관한 법률(이하 부정경쟁방지법)'을 통해 해결할 문제이다.

계약종료 후 경업의 문제는 직업선택의 자유를 제한할 수 있어 가맹계약서에 규제할 수 없다는 것이 공정거래위원회의 일관적인 입장이다.

그러나 일반적으로 가맹계약서에는 경업금지 조항을 가맹 계약기간뿐만 아니라 종료 이후 1년 내외로 금지하고 있다. 계약종료 이후에도 일정 기간 동안 '같은 위치에서 동일한 업종을 하는 것을 제한'하고 있는 것이다.

계약 종료 후 일정 기간 동안 경업을 금지하는 것은 업종별로, 판매방식별로, 그리고 각 계약의 사정마다 차이가 있겠지만, 계약종료 후 경업을 금지하는 조항은 '약관규제법'에 의해 해당 계약조항이 무효가 될 가능성이 크다.

그러나 '부정경쟁방지법'의 적용 한계성, 실제적인 통제의 어려움, 계약종료 과정에서 가맹점의 이기적인 또는 기회주의 행동으로 이 문제의 논쟁은 계속되고 있다. 계약종료 이후 경업을 금지하는 것이 직업선택의 자유를 제한하고 약관규제법에 위반된다고 일괄적으로 규정하는 것이 현실에 맞지 않다는 반론이다.

② 경업을 유인하는 불공정한 거래유인

이 책에서 말하고자 하는 것은 경업금지에 대한 법 규정과 계약조항의 해석 자체가 아니다.

대안 브랜드가 기존 브랜드와 경쟁업종이라는 사실을 알면서도 이를 무시하고 브랜드 전환을 고려 중인 가맹점들을 부당한 방법으로 자기와 거래할 것을 유도하는 문제를 지적하기 위함이다.

대안 브랜드 업종이 기존 브랜드의 직·간접적인 경쟁업종에 해당하는 경우가 때때로 발생한다. 이 경우 대안적 매력 마케팅을 구사하는 가맹본부는 가맹점의 브랜드 전환과정에 세심한 주의를 기울여야 한다.

경업금지 조항의 위반은 가맹점의 문제이다. 이것은 대안 브랜드와 직접적인 관련은 없다. 그러나 전환과정에서 대안이 되는 브랜드가 어떠한 역할을 했는지에 따라 그 책임은 달라진다.

예를 들어 가맹점의 경업금지의 조항이 있고 가맹계약의 종료가 완전히 이루어지지 않는 상태에서 경쟁업종으로 가맹점 전환이 이루어진 경우이다. 대안 브랜드가 문제가 발생할 수 있다는 사실을 알면서도 이를 무시하거나 의도적으로 현실을 왜곡하여 가맹점의 전환을 부당하게 유인했다면 이야기는 달라진다. 특히 그 유인방법이 허위·과장된 정보나 부당한 방법을 사용했다면 가맹본부는 도덕적 책임은 물론 법적 책임에서 자유로울 수 없을 것이다.

3. 정보공개서 마케팅

대안적 매력 마케팅으로서 저비용의 유용성이 높은 방법은 정보공개서 마케팅일 것이다. 앞서 설명한 가맹본부의 값비싼 시그널링과 같은 차원이다.

정보공개서 마케팅은 대안적 매력 마케팅 메시지의 객관적인 근거이자 강력한 현실적 증거가 된다. 시장에서 대안을 모색하고 있는 외부 매장들(다른 프랜차이즈 브랜드의 가맹점들과 독립창업자의 매장들)에게 뛰어난 가맹점 평균 매출액이 기재된 정보공개서의 정량적인 수치는 브랜드 전환의 매력적인 유인요인이 된다.

4. 업종변경과 간판갈이는 매력적인 대안 마케팅인가?

국내 시장에서 '업종변경'과 '간판갈이'의 형태는 대안적 매력 마케팅의 전형적인 예이다.

대안 브랜드는 외부 매장들에게 낮은 전환비용과 사업참여 비용을 제시함으로써 창업비용 측면에서 유력한 대안자가 되려고 한다. '없다'와 '싸다'의 시그널링에 기반한 대안적 매력 마케팅이다. 국내 개설시장에서 우월적인 대안적 매력 마케팅인 형태로 그 유효성과 영향력은 막강하다.

업종변경과 간판갈이의 형태는 외부 매장들을 자기 브랜드로 유인하기 위해 매우 낮은 창업비용을 제시한다. 일부 가맹본부는 업종변경이나 간판갈이의 형태로 자기 가맹점이 되는 데 1~2천만 원, 아니 몇백만 원이면 된다고 광고한다.

모두 공격적인 '청약의 유인'의 차원이겠지만, 그 현실성과 진정성이 의심된다. 그 금액으로 진정 업종변경이나 간판갈이를 완성할 수 있는지 알 수는 없다. 다만, 브랜드 전환방식이 외부 간판과 내부 사인물만 교체하는 형식이거나 오로지 핵심 필수품목만 공급하는 형태일 것이라고 추정할 수 있을 뿐이다.

이처럼 국내 개설시장은 점점 '없다' 정책과 '싸다'의 마케팅 메시지가 매우 강해지고 있다. 그중 '업종변경 ○○○만 원이면 됩니다'라는 '싸다'의 대안적 매력 마케팅의 메시지는 개설시장에서 큰 영향력을 떨치고 있다.

'싸다'의 업종변경과 간판갈이는 가맹점 수를 늘리는 데 효과가 있다. 그러나 이 유인방식은 브랜드 공동목표의 불일치, 낮은 매장성과의 가맹점, 표준적 운영기준에 미달하는 가맹점을 양산하여 미래에 프랜차이즈 시스템에 무거운 짐이 될 수 있다.

가맹본부와 전환 가맹점의 역선택의 부정적인 결과가 두 당사자 모두에게 좋지 못한 결과로 부메랑이 되어 되돌아간다. 마찬가지로 두 당사자 모두에게 언젠가 계산서가 청구될 것이다.

Ⅵ. 함께 생각해 봅시다

대안자이면서도 관계종결의 대상도 된다

프랜차이즈 대안 매력도는 이중성이 있다. 특정 브랜드는 다른 브랜드의 가맹점들에게 매력적인 대안이 될 수 있다. 그러나 이와 반대로 해당 브랜드는 자기 브랜드의 가맹점들에게 계약종료와 '극복의 대상'이 될 수 있다.

예를 들어 프랜차이즈 브랜드가 대안적 매력 마케팅을 통해 다른 브랜드들의 3곳의 가맹점과 가맹계약을 체결했다고 가정하자. 좋은 성과이다. 그러나 그 뒷면에서 기존의 가맹점의 3곳이 다른 브랜드로 전환되는 상황이 발생한다면 어떻게 되는가?

변동의 숫자는 같지만 해당 브랜드에게 치명적인 상황이다. 기존 가맹점들의 이탈은 신규 가맹점을 수용하는 것보다 브랜드에게 더 뼈아픈 상황이 되기 때문이다.

그러므로 브랜드는 업종변경이나 간판갈이 등과 같은 낮은 창업비용을 지향하는 대안적 마케팅 방법을 실행하기 전에 반드시 기존 가맹점의 반발이 없는지 먼저 살펴봐야 한다.

가령 전환을 고려 중인 외부 매장들에게 과거와 달리 경제적 혜택을 남발하는 경우 기존 가맹점의 반발이 생기고 프랜차이즈 시스템의 신뢰성을 무너뜨려 기존 가맹점의 이탈을 촉진할 수 있다.

이러한 대안 매력도의 이중성으로 가맹본부는 '사업적 겸손함'이 필요하다. 가맹본부는 다른 가맹본부의 가맹점을 자기 가맹점으로 유인할 수 있지만, 역으로 다른 가맹본부에게 자기 가맹점을 빼앗길 수 있다는 사실을 항상 인식해야 한다. 이에 가맹본부는 사업적 겸손함을 가지고 현재 거래관계에 있는 가맹점들에게 항상 관심을 가져야 한다.

제12장
전환비용과 전환장벽
(Switching Costs & Switching Barriers)

> 가맹점은 거래관계에 불만족하더라도 전환비용과 전환장벽으로
> 시장에서 우월한 다른 브랜드로의 전환을 망설인다.

I. 전환비용

1. 개요

소비자는 기존의 거래관계에서 가격, 품질, 서비스에 불만족하는 경우 새로운 공급자를 찾는다. 그리고 시장에서 우월한 혜택을 제공하는 강력한 대안자가 존재하는 경우 소비자는 새로운 공급자로의 전환을 심각하게 고려한다.

그런데 소비자는 공급자의 변경과정에서 비용을 지출해야 하는데, 이를 전환비용이라고 한다. 전환비용은 소비자가 기존의 공급자와 거래관계를 종료하고 새로운 공급자와 거래를 시작하는 과정에서 부담하는 모든 비용들이다.

전환비용은 화폐적 비용과 비화폐적 비용으로 나뉜다. 그리고 전환비용은 그 내용과 성격에 따라 금전적, 심리적, 시간적, 그리고 노력의 비용으로 분류될 수 있다.

전환비용이 높을수록 소비자는 기존 거래관계를 유지할 가능성이 크다. 기업이 전환비용을 높여 기존 고객의 이탈을 최대한 억제하는 잠금 전략(자물쇠 전략)을 펴는 이유이다. 기업의 잠금 전략(lock-in)으로 소비자는 잠김 상태에 놓인다.

잠금 상태는 소비자가 상품 또는 서비스에 대해 특정 공급자에게 상당히 의존하고 있는 상태이다. 잠김 상태는 다른 공급자를 찾는 소비자의 시도를 무력화시키기에 잠금 전략은 전환비용을 구체적으로 활용한 기업의 유용한 고객유지 전략(customer retention)이다.

2. 전환비용의 예

일상생활에서 전환비용은 주변에서 쉽게 목격된다.

소비자는 휴대폰 통신사 변경할 때 인터넷과 TV 요금들이 결합된 가격의 혜택들을 잃어버린다. 또한 배달 등 각종 플랫폼 앱 변경과 주 신용카드를 다른 카드사로 교체하는 경우에도 전환비용이 발생한다. 주로 공급처나 이용대상을 바꾸었을 때 누적된 적립분과 가격 할인의 혜택을 소비자가 한꺼번에 잃는 경우이다.

한편, 자주 그리고 익숙하게 사용하는 프로그램 등의 교체과정은 새로운 것을 배우고 적응하는 과정이 필요하다. 가령 한글 프로그램에 익숙한 사람이 MS 워드를 사용하는 경우나 갤럭시를 아이폰으로 교체하는 경우 소비자는 새로운 것을 배우고 적응하는 데 시간과 노력 등의 비금전적인 전환비용을 지출해야 한다.

이처럼 전환비용은 금전적 비용이나 경제적 손실만 동반하는 것이 아니다. 전환비용은 기존 거래관계를 종결하고 새로운 공급자로 전환하는 과정에서 발생하는 금전적인, 비금전적 비용을 모두 포함한 비용이다.

3. 전환비용의 유형과 종류

전환비용은 새로운 공급자로 전환하는 과정에서 발생하는 일회성 또는 단기적 비용의 성격이 크다. 그리고 전환비용은 어떠한 선택을 했을 때 이전에 투여한 비용을 회수할 수 없는 상황이 발생하기에 매몰비용의 특성이 강하다.

이러한 전환비용을 세 가지로 그 유형으로 나누고 그 종류를 내용적으로 분류하면 다음과 같다(Burnham 외 2인, 2003).

1) 재정적 전환비용(Financial Switching Costs)

재정적 전환비용은 공급자의 전환과정과 새로운 상품의 선택과정에서 소비자가 잃어버리는 비용과 새롭게 지출해야 하는 비용이다. 전환과정에서 발생하는 일시적인 금전적 손실과 추가적 비용지출이 이에 해당된다.

금전적 손실비용(monetary loss)은 이전 공급자가 제공했던 경제적 이익을 포기해야 하거나 새로운 공급자가 요구하는 보증금, 가입비, 초기 비용과 같은 비용의 지출이다. 정량적으로 계산할 수 있는 모든 손실과 비용지출이 여기에 속한다.

혜택 손실비용(benefit loss)은 기존 공급업자에게 축적해 놓았던 경제적 혜택의 손실이다. 전환하는 과정에서 소비자는 지금까지 기존 공급자와 쌓아 놓았던 경제적 혜택을 모두 잃어버리는 것이다. 적립한 포인트 손실, 누적된 할인 혜택 손실, 고객등급 강등이 그 예이다.

2) 절차적 전환비용(Procedural Switching Costs)

절차적 전환비용은 새로운 공급자로의 전환과정에서 소모되는 비용과 노력으로 이를 내용적으로 분류하면 아래와 같다.

첫째, 경제적 위험비용(economic risk)은 소비자가 새로운 공급자를 채택할 때 불충분하거나 잘못된 정보로 그 선택이 결과적으로 부정적으로 나타나는 손실비용이다. 구매한 새로운 상품의 성능에 불만족하는 경우가 이에 속한다.

둘째, 평가비용(evaluation)은 전환 결정을 내리는 데 필요한 검색, 분석, 평가과정에서 소모되는 시간과 노력의 비용이다. 소비자는 새로운 공급자를 찾아야 하고 그 공급자가 자신에게 적합한지 스스로 분석하고 평가해야 한다.

셋째, 설치비용(setup)은 새로운 공급자의 상품 또는 서비스의 사용을 위해 설치과정에 투여되는 시간 및 노력의 비용이다.

넷째, 학습비용(learning)은 새로운 제품 또는 서비스를 사용하기 위해 필요한 기술과 기능을 익히는 데 소모되는 시간과 노력의 비용이다. 가령 새로운 소프트웨어로의 전환은 그 사용방법을 익혀야 하고 기업은 직원들에게 이를 교육해야 한다.

3) 관계적 전환비용(Relational Switching Costs)

이 유형은 브랜드 또는 개인적 관계단절에 따른 손실비용이다. 주로 감정적인 불편함으로 나타나는 심리적 손실이다.

브랜드 관계 손실비용(brand relationship loss)은 그동안 브랜드의 이용과정에서 형성된 소속감과 일체감에 대한 정서적인 손실이다. 소비자는 브랜드 자체를 소비하기에 새로운 브랜드로부터 과거와 같은 정서적 유대감을 얻는 데 많은 시간이 걸린다.

개인적 관계 손실비용(personal)은 기존 판매자나 직원의 관계에서 누적되었던 유대감이 끊어져서 발생하는 감정적 손실이다. 기존 거래관계에서 느겼던 친숙함과 편안함은 새로운 공급업체로부터 즉시 제공받을 수 없다.

Ⅱ. 전환장벽

1. 개요

전환장벽은 새로운 공급자를 전환하는 과정에서 감수해야 하는 모든 비용과 손실에 대한 소비자의 심리적인 장애물이자 인식의 높은 장벽이다.

전환장벽은 소비자가 새로운 사업자로 전환할 때 인식하게 되는 재정적, 사회적, 심리적 부담뿐만 아니라 전환과정에서 겪는 어려움, 익숙하지 못함, 생소함과 같은 불편한 감정도 포함한다. 전환과정은 손실의 감수와 새로운 비용지출이 필요하지만, 소비자는 그 과정에서 어려움, 불편함, 위험과 같은 심리적인 장애물에 의해서도 상당히 영향을 받기 때문이다.

전환장벽이 높을수록 소비자는 기존 공급자와의 거래관계를 유지할 가능성이 높고 소비자는 기존 관계나 브랜드에 대한 높은 충성도를 보인다(Harrison 외 3인, 2012).

2. 전환장벽에 미치는 요소

전환과정에서 아래와 같이 지각된 전환비용, 관계적 전환비용, 그리고 대안 매력도는 전환장벽에 많은 영향을 미치는 요소이다.

첫째, 지각된 전환비용은 전환과정에서 발생하는 금전, 시간, 노력에 대한 소비자의 지각이다. 일반적으로 소비자가 비용지출의 정도를 심각하게 인식하는 경우 전환장벽은 높아진다.

둘째, 관계적 전환비용은 소비자와 공급업자의 직원들 사이에서 누적되고 발전해 온 개인적 유대감의 강도이다. 관계적인 대인관계가 중요한 영역이 서비스 업종인데, 기존 서비스 제공자에게 만족하고 있다면 고객은 새로운 서비스 공급자를 찾는 데 매우 높은 전환장벽을 느낄 것이다.

셋째, 대안 매력도는 외부 시장에 존재하는 경쟁적 대안들의 수와 이에 대한 우호적인 인식이다.

시장에 기존 공급자를 대체할 대안 공급자들이 많다면 소비자는 불만족스러운 현재의 거래관계를 종료할 것이다. 반면에 시장에서 대체할 대안들이 적거나 존재하지 않는다면 소비자는 기존 거래관계를 이탈할 가능성은 낮아진다. 따라서 시장에 매력적인 대안 공급자의 수와 인식의 정도는 전환장벽과 반비례 관계에 있다(Jones 외 2인, 2000).

Ⅲ. 전환비용과 전환장벽의 비교

1. 전환장벽은 상위개념이다

소비자가 새로운 공급자로 전환하는 과정에서 감당 또는 수용해야 하는 혜택의 손실과 추가적인 비용부담을 포함하고 있다는 관점에서 전환비용과 전환장벽의 개념은 동일하다. 이 이유로 이들은 현실에서 유사한 개념으로 사용되고 있다. 하지만 두 개념은 아래와 같은 차이가 있다.

전환비용이 경제적, 비경제적 손실과 비용지출의 구체적인 개념이라면, 전환장벽은 소비자의 인지적이고 심리적인 장애물까지 포함하는 개념이다. 개념적으로나 상황적으로 전환장벽이 전환비용을 포함할 수 있지만, 전환비용이 전환장벽을 포함하기는 어렵다.

따라서 전환장벽은 전환비용을 포함하고 있는 상위의 개념이자 추상적인 측면이 강하다. 전환장벽은 전환비용을 포함하면서 심리적인 위험, 부담감, 두려움, 불편함을 인식하는 심리적인 장애물이다(Ghazali 외 3인, 2016).

2. 전환비용과 전환장벽의 상관관계

일반적으로 전환비용이 높으면 전환장벽이 높다. 소비자가 부담해야 하는 경제적 손실과 추가적인 지출의 규모가 크다면 당연히 심리적인 전환장벽도 높은 것이다.

그러나 전환비용이 높더라도 전환장벽은 낮을 수 있다. 전환과정에서 발생하는 손실이나 비용부담이 높더라도 심리적인 어려움이나 부담감이 적다면 전환장벽은 낮은 것이다. 가령 새롭게 출시된 전자제품의 교체는 많은 비용지출을 동반하지만, 사용이 쉽고 성능적인 측면에서 신모델이 제공하는 혜택이 압도적이라면 전환장벽은 낮다.

이와 반대로 전환비용이 낮더라도 소비자가 전환과정에서 많은 스트레스와 심리적인 어려움을 겪는다면 전환장벽은 높을 수 있다. 주거래 은행의 교체가 그 예이다(Harrison 외 3인, 2012).

Ⅳ. 프랜차이즈 전환비용과 전환장벽

1. 프랜차이즈 전환비용의 두 가지 차원

프랜차이즈에서 전환비용과 전환장벽의 문제는 두 개의 영역에서 발생한다. 하나는 프랜차이즈 브랜드와 소비자 사이에서 발생하고 다른 하나는 가맹본부와 가맹점의 거래관계에서 발생한다.

1) 브랜드와 소비자 간의 전환비용

소비자가 기존 브랜드의 매장을 이용하지 않고 다른 브랜드 매장을 방문하는 상황이다. 이 전환과정에서 소비자는 방문하는 매장의 선택변경에 대한 전환비용과 전환장벽을 느낀다.

예를 들어 소비자가 자주 이용하던 프랜차이즈 매장을 다른 브랜드의 매장으로 전환했을 때 지금까지 누적된 적립 혜택이나 관계적 혜택은 포기해야 한다. 그리고 새로운 외식 브랜드의 메뉴와 서비스 품질이 만족스러울지 사전에 평가가 어렵고 자신이 필요한 혜택을 새로운 브랜드가 제공할 수 있을지를 확신하기 어렵다. 심리적인 전환장벽이 나타난다.

2) 가맹본부와 가맹점 간의 전환비용

가맹본부와 가맹점의 관계에서도 전환비용과 전환장벽의 문제가 존재한다. 프랜차이징의 관계종결에 있어 중요한 영역이다.

가맹점은 현재 가맹사업에 만족하지 못하거나 가맹본부의 불공정성을 강하게 인식하게 되면 가맹계약의 종료를 고민한다. 특히 매장성과의 이익배분의 수준이 기대수준과 많이 차이가 나거나 매출 면에서 매장을 유지하기 힘든 상황이라면 가맹점은 다른 브랜드로의 전환을 고려하게 된다.

그러나 이 전환과정에서 가맹점은 지금까지 투자했던 비용과 노력을 모두 잃어버리기에 이를 큰 손실로 여기고 추가적 투자비용도 부담스러운 전환비용으로 인식한다. 그리고 새로운 브랜드에 대한 어려움, 어색함, 불안감, 두려움은 높은 전환장벽이 된다.

2. 가맹점의 전환비용의 유형

가맹점의 재정적 전환비용은 가맹계약 해지나 종료로 인해 발생하는 가맹점의 경제적 손실이자 추가적 비용의 부담이다.

　가맹점의 브랜드 전환은 기존 거래관계에 투자한 비용 및 노력이 손실로 확정되는 것을 의미하고 가맹점은 기존 브랜드로부터 받아 왔던 혜택들을 모두 잃게 된다. 또한 가맹점은 새로운 브랜드와 거래관계를 맺기 위해 매장 투자비용과 최초가맹금과 같은 추가적 비용부담을 해야 한다.

　가맹점의 관계적 전환비용은 관계종결로 잃게 되는 기존 브랜드의 임직원과의 우호적 관계와 브랜드의 소속감 및 유대감이다. 가맹점은 계약종료와 동시에 기존 브랜드의 상표권 사용, 브랜드 소속감, 임직원과의 개인적 유대감 모두를 잃게 된다.

　가맹점의 절차적 전환비용은 새로운 프랜차이즈 시스템의 적응에 필요한 시간과 노력의 비용이다. 가맹점은 새로운 시스템에 대한 필수적인 교육과 훈련을 받아야 한다. 또한 운영매뉴얼과 운영방법도 새롭게 익혀야 한다. 이와 같이 새로운 프랜차이즈 시스템에 적응하기 위해 가맹점은 추가적인 투자와 노력이 필요하다(박성진 외 2인, 2018).

3. 거래특유투자와 전환비용

　가맹점의 전환비용과 전환장벽은 본질적으로 거래특유투자의 특징에 많은 영향을 받는다. 가맹점은 가맹사업을 개시 또는 영위하기 위해 이미 많은 경제적, 비경제적 투자를 했기 때문이다.

　거래특유투자 수준이 높을수록 가맹점이 다른 브랜드로 전환할 때 희생해야 하는 매몰비용의 규모가 크다. 가맹점의 전환비용 가운데 가장 큰 비용이고 가맹점이 인식하는 가장 큰 손실이다. 따라서 거래특유투자가 높을수록 전환비용과 전환장벽은 높다.

4. 관계혜택과 전환비용 및 전환장벽

프랜차이즈 관계혜택은 '거래관계에 있는 두 당사자가 서로 장기적이고 반복적인 거래관계를 유지함으로써 얻을 수 있는 경제적, 비경제적인 상호혜택'이다.

가맹사업에서 높은 수준의 관계혜택은 가맹점에게 상당한 전환비용과 전환장벽이 된다. 결과적으로 가맹본부가 프랜차이즈 시스템의 관계혜택의 수준을 높인다면 가맹점의 전환의도는 낮아진다.

이러한 관계혜택은 아래와 같이 유형들로 나눌 수 있다.

첫째, 소속감과 일체감의 사회적 혜택이다.

가맹본부는 가맹점과 경영철학 및 브랜드 공동목표를 공유하여 가맹점의 소속감과 일체감의 강화를 통해 사회적 혜택을 높일 수 있다.

둘째, 가맹본부가 제공하는 편안함과 익숙함의 심리적 혜택이다.

가맹본부는 반복되는 거래관계의 편리성과 익숙함을 가맹점에게 제공하여 가맹점의 심리적 혜택을 높일 수 있다. 특히 익숙함은 가맹점이 장기간 브랜드를 떠나지 않은 현실적인 이유가 된다.

셋째, 특별한 대우나 우선적 대우와 같은 고객화 혜택이다.

가맹본부는 매장성과가 높거나 거래관계에 공헌도가 높은 가맹점에게 포상이나 인센티브를 제공하여 고객화 혜택을 높일 수 있다.

넷째, 누적된 거래실적에 기반한 차별적인 경제적 혜택이다.

가맹본부는 장기계약의 가맹점에게 필수품목 공급가격의 인하나 로열티 조정 등으로 차별적인 경제적 혜택을 제공하여 관계혜택을 높일 수 있다(신홍호 외 1인, 2017).

5. 전환비용과 전환장벽 높이기 전략

전환비용이 높을수록 그리고 심리적인 장애물인 전환장벽을 강하게 인식할수록 가맹점은 현재의 거래관계에 의존하고 결속한다. 가맹점이 변화를 갈망하기보다는 현재에 안주하는 가능성이 더 높은 것이다.

이에 가맹본부는 가맹점 유지전략으로 가맹점이 다른 브랜드로 전환하는 데 필요한 재정적, 절차적, 관계적 비용을 높일 필요가 있다.

이를테면 가맹본부는 다른 브랜드로 전환을 시도하는 가맹점이 감수해야 하는 손실, 비용, 노력을 가맹 계약기간 중에 부각시킨다. 또한 그 대안들을 선택했을 때 발생할 수 있는 사업적 위험성을 강조하여 가맹점의 브랜드 전환의도를 억제할 수 있다.

따라서 가맹본부는 가맹점의 이탈을 방지하고 가맹점을 안정적으로 유지하기 위해 전환비용과 전환장벽의 높이는 관계전략을 구사하는 것이 중요하다(윤한성 외 1인, 2020).

Ⅴ. 시사점 또는 토론

1. 프랜차이즈 전환비용의 유형

앞서 설명한 전환비용의 유형과 종류를 시간적 흐름에 따라 가맹점의 프랜차이즈의 전환비용을 정리하면 다음과 같다.

첫째, 가맹점은 가맹사업을 개시하기 전에 매장에 금전적 투자를 해야 한다. 매장 투자비용은 가맹점의 전환비용에 가장 큰 비중을 차지하는 금전적 손실비용이다. 금전적 손실비용은 가맹점이 폐점하거나 다른 가맹본부로 전환할 때 투자에서 손실로 확정되는 매몰비용이다.

둘째, 가맹점은 가맹본부로부터 교육과 훈련, 광고와 판촉의 지원, 경영적 지원을 받는다. 가맹점이 계약관계를 이탈하는 순간, 그 혜택들은 가맹점의 혜택 손실비용으로 변경된다.

셋째, 새로운 선택의 불확실성의 위험성이다. 전환된 브랜드가 기대와 다르거나 더 나은 성과가 없는 경우 그 전환은 실패가 된다. 가맹점의 경제적 위험비용이 발생한다.

넷째, 가맹점은 전환과정에서 새로운 가맹본부를 찾기 위해 비용을 지출해야 한다. 대안이 되는 새로운 가맹본부를 탐색하고 이를 분석하는 데 가맹점의 평가비용이 필요하다.

다섯째, 새로운 브랜드가 요구하는 운영매뉴얼과 새로운 POS 프로그램 등의 설치비용이 필요하다.

여섯째, 가맹점은 새로운 브랜드의 프랜차이즈 시스템과 운영매뉴얼을 배우기 위해 또 다른 학습비용을 지불해야 한다. 추가적인 필수 교육비이다. 개점을 위한 필수교육과 매장운영에 필요한 운영매뉴얼의 학습이 필요한 것이다.

일곱째, 새로운 브랜드와 계약한 가맹점은 기존 브랜드에서 느꼈던 소속감, 일체감, 그리고 관계적 유대감을 한꺼번에 잃게 된다. 브랜드 관계 손실비용은 새로운 브랜드로부터 회복되기 위해서 어느 정도 시간이 필요하다.

여덟째, 가맹점은 기존 브랜드의 임직원과의 개인적 관계를 모두 잃는다. 개인적 관계 손실비용은 생각보다 클 수 있다. 물론 기존 브랜드와 관계가 좋지 않았다면 그 손실은 거의 없을 것이다.

2. 전략적 활용

가맹본부는 가맹점들과 장기적인 계약관계를 유지하여 가맹사업의 안정성을 확보할 수 있는 전략이 필요하다. 전환비용과 전환장벽의 이론은 가맹점의 이탈을 억제할 수 있는 가맹본부의 전략적인 방법이다.

가맹본부는 가맹점이 개인적인 이유로 계약관계를 종료하고 거래관계에서 이탈했을 때 발생하는 재정적, 절차적 비용들의 손실이 크다는 사실을 가맹점에게 인식시킬 필요가 있다.

구체적으로 가맹계약서에 가맹계약 종료 시 가맹점이 부담해야 하는 책임부담을 합리적으로 타당한 수준에서 설정하고 이를 현실성 있게 기재할 필요가 있다.

그렇지만 무엇보다도 전환비용과 전환장벽을 가맹점 유지전략으로 효과적으로 활용하기 위해 가맹본부는 관계혜택에 기반하여 관계적 전환비용의 수준을 높이는 것이 훨씬 중요하다.

만약 가맹점이 프랜차이즈 시스템의 관계혜택이나 브랜드의 소속감을 강하게 인식하고 있다면, 가맹점의 전환의도는 낮고 전환장벽은 높다. 아주 특별한 이유가 없다면, 가맹점이 높은 브랜드 관계 손실비용과 개인적 관계 손실비용을 떠안으면서 무리해서 다른 브랜드로 전환할 가능성은 적다.

3. 위협적인 전환비용의 설정

가맹본부의 강압적인 전환비용은 기존 가맹점들의 강한 반발을 살 수 있다. 그리고 위협적인 전환비용은 가맹희망자가 가맹계약의 체결을 주저하게 만든다. 예를 들어 가맹계약 종료과정에서 가맹점이 부담해야 할 책임부담이 상식적으로 이해가 안 되거나 위협적인 위약금의 계약조항들이 그것이다.

가맹본부가 전환비용을 높이는 전략은 가맹점들의 이탈을 막는 현실적인 장애물로 효과적인 방법이다. 그러나 가맹점의 전환 또는 이탈이 발생하는 이유는 가맹점이 현재의 거래관계에 만족하지 못하고 그 관계에 머물러 봐야 실제적인 이익이 없기 때문이라는 점을 가맹본부는 간과해서는 안 된다.

가맹본부가 가맹점의 이탈을 막기 위해 높은 전환비용을 구축했다고 하더라도 가맹점이 거래관계에 불만족하거나 불공정성을 강하게 인식하는 경우 근본적으로 가맹점의 이탈을 막지 못한다.

오히려 경로 의존성과 잠김 효과로 낮은 매장성과와 표준적 운영의 수준에 미달하는 가맹점들이 스스로 계약을 종료하지 않아 전체 프랜차이즈 시스템의 성과만 끌어내릴 수 있다.

Ⅵ. 한국 프랜차이즈에서 적용과 제안들

1. 편의점의 전환비용

국내 시장에서 전환비용과 전환장벽이 용이하게 적용될 수 있는 업종은 편의점일 것이다.

편의점은 인테리어 시설 등 물리적 투자의 일부를 가맹본부가 지원하다 보니(다른 유형의 투자 또는 거래의 형태들이 있다), 전체적인 개설비용이 적고 가맹점의 거래특유투자의 수준이 낮다.

편의점의 전환의도는 계약의 종료 시점이 다가올수록 높아진다. 가맹점의 매출이 높거나 상권과 입지의 면에서 매장이 우월한 위치에 있는 경우 일부 편의점들은 브랜드 전환에 꽤 적극적이다.

그들은 스스로 요청하여 다른 브랜드를 만나 거래조건을 알아보기도 하고 다른 브랜드로부터 브랜드 전환을 제안받기도 한다.

대부분의 편의점 가맹점이 그렇다고 하는 것이 아니다. 다만, 다른 업종의 가맹점보다 상대적으로 '전환 현상'이 높고 활발하다는 것이다.

2. 원상회복 비용

가맹점의 계약종료는 지금까지의 매장 투자비용을 매몰비용으로 만든다. 이와 별도로 계약종료의 과정에서 가맹점의 원상회복 비용이 발생한다.

원상회복 비용은 가맹점의 계약종료의 형태와 상관없이 모든 가맹계약의 종료과정에서 발생한다. 그러하기에 원상회복 비용은 가맹점의 별도의 전환비용이 된다.

원상회복 비용은 매장의 간판, 내외부 인테리어, 기물 등에서 사용된 브랜드의 영업표지와 같은 상표권을 제거할 때 발생한다. 상표권 등이 제거가 끝나야 가맹점은 남아 있는 계약이행보증금을 돌려받고 계약종료를 완성할 수 있다.

최초가맹금 가운데 보증금을 단순히 물류보증금으로 부르지 않고 계약이행보증금이라고 칭하는 이유가 여기에 있다. 계약이행보증금은 계약종료 과정에서 상표권 등의 제거와 같은 원상회복 의무의 이행을 담보하는 성격을 포함하고 있기 때문이다.

3. 계약서대로 하자고!: 가맹계약 중도해지 시 전환비용들

국내 시장에서 가맹점이 가장 강력하게 인식하는 전환비용은 가맹점의 귀책사유로 계약이 중도해지될 때 발생한다. 보편적으로 가맹계약서는 계약종료 시 가맹점이 가맹본부에게 끼친 손해에 대해 가맹점의 책임 부담을 두 가지 형태로 규정하고 있다.

하나는 가맹본부가 가맹계약의 종료로 떠안아야 할 기대이익의 상실에 대한 손해배상이다.

가맹점의 귀책사유로 가맹계약이 중도해지되는 경우 가맹계약이 정상적으로 유지가 되었다면 얻을 수 있는 가맹본부의 기대이익에 대한 손해를 가맹점이 배상할 수 있다. 기대이익은 가맹본부가 남아 있는 계약기간 동안 가맹점으로부터 얻을 수 있는 로열티나 그 밖의 가맹금의 수준이다.

그러나 일부 가맹계약서들이 기대이익에 대한 손해배상을 지나치게 높은 수준으로 요구하는 경우가 있다. 잔여 계약기간이 몇 개월 남지 않았음에도 날짜 수에 높은 금액을 곱한다든지 정액으로 수천만 원을 일괄적으로 부과하는 계약조항이 그 대표적 예이다.

다른 하나는 위약금 조항이다. 위약금은 '계약체결 과정에서 계약을 위반하면 일정한 금액을 상대방에게 지급한다는 내용을 미리 약속한 금전'이다. 일부 가맹계약서는 기대이익에 대한 손해배상과 별도로 사안에 따라 추가적인 위약금을 요구하고 있다.

위약금에 대한 정당성이 약하지만, 일부 브랜드들은 위약금 규정을 별도로 두어 가맹점의 계약종료나 다른 브랜드로의 전환을 억제하고 있다. 이러한 위협적인 위약금 조항은 가맹본부 또는 브랜드가 '위약금 장사'를 하는 것이 아니냐는 사회적 비판을 야기하고 있다.

4. 진정한 전환비용과 전환장벽은 관계혜택이다

전환비용과 전환장벽으로서 가장 중요한 것은 관계혜택이다.

국내 프랜차이즈 시장에서 가장 취약한 부분이다. 프랜차이징의 관계혜택이 높다면 가맹점은 새로운 브랜드를 찾을 이유가 없다. 따라서 가맹본부는 아래의 전략적 방법으로 프랜차이징의 관계혜택을 높여 실질적인 전환비용과 전환장벽으로 활용할 필요가 있다.

첫째, 가맹본부는 가맹점들과 원활한 소통을 통해 브랜드의 공동목표를 공유하여 브랜드 소속감과 일체감의 사회적 혜택을 높여야 한다. 브랜드 소속감과 일체감은 가맹점의 자존감이 되고 궁극적으로 가맹점의 충성도를 높인다.

둘째, 가맹본부는 가맹점이 프랜차이즈 시스템을 이용하는 과정에서 편리성과 익숙함을 제공하는 것이 중요하다.

프랜차이즈 시스템의 이용 편리성이 높을수록 가맹점의 익숙함이 증가한다. 이는 가맹점이 다른 브랜드로의 전환과정을 고려할 때 우려되는 낯섦과 생소함을 부각시켜 가맹점에게 큰 전환장벽이 될 수 있다. 특정 가맹점이 거래관계에 다소 불만족하더라도 10년 이상 계약관계를 유지하는 이유이다. 실제 가맹점이 지각하는 프랜차이즈 시스템의 익숙함의 장벽은 현실에서 꽤 높다.

셋째, 경제적 혜택의 관점에서 가맹본부는 매장성과가 높거나 특정 가맹점의 공헌과 기여에 대해 구체적인 명분을 만들어 합당한 인센티브를 제공할 필요가 있다.

가맹본부는 가맹점에게 '열심히 하면 어떠한 보상을 한다'라는 메시지를 가맹점에게 제공하고 가맹점들이 이를 신뢰할 수 있는 조직적인 보상체계를 구축해야 한다. 체계적인 보상체계는 가맹점의 자발적인 경영 의지를 자극하여 매장성과를 높일 수 있다.

넷째, 가맹본부는 장기 계약관계에 있는 가맹점들에 대해 로열티 조정이나 차별적인 혜택들을 제공할 필요가 있다. 가맹본부는 장기적 계약관계의 가맹점들의 우수하고 모범적인 사례를 발굴하고 이를 보상하고 다른 가맹점들이 이를 따를 수 있게 홍보와 안내를 할 필요가 있다.

5. 쉽지 않은 브랜드 전환

　마치 '재혼'처럼 현실적으로 가맹점이 기존 가맹계약을 종료하고 다른 새로운 브랜드로 전환하는 것은 쉽지 않다. 새로운 시작을 원하는 가맹점은 미래에 대한 불확실성으로 상당한 두려움을 느끼기 때문이다.

　가맹점이 다른 브랜드와 가맹사업을 새롭게 시작하는 경우 그 선택이 타당했는지 검증할 수 있는 시점은 개점한 이후에나 알 수 있다. 이에 절차적 전환비용에서 경제적 위험비용은 브랜드 전환을 고려 중인 가맹점에게 가장 크게 작용한다.

　특히 국내 시장에서 대부분의 가맹점들이 소자본의 영세성의 특징을 가지고 있기에 경제적 위험비용을 감당하면서 브랜드 전환을 할 수 있는 가맹점들은 현실에서 그렇게 많지 않다.

Ⅶ. 함께 생각해 봅시다

방치된 잠김 효과(Neglected Locked-in Effect)

　잠김은 '의존' 또는 '종속'을 의미한다. 잠김이 긍정적인 역할을 할 경우 '의존'이 되고, 부정적인 역할을 하는 경우 '종속'이 된다. 가맹희망자는 가맹계약을 체결한 후 가맹점사업자가 되어 거래관계에 의존 또는 종속하게 된다.

　가맹본부가 개점 후 약속했던 사항들의 이행을 미루거나 무관심한 상태로 가맹점을 방치하는 이유가 여기에 있다. 일부 바람직하지 못한 가맹본부들이 계약관계를 쉽사리 이탈하지 못하는 가맹점의 잠김 효과를 악용하는 것이다.

　'가맹점의 잠김 효과'는 '가맹점이 가맹계약 체결 후 계약관계에 불만족하더라도 매몰비용을 포함한 전환비용과 전환장벽 때문에 거래관계를 이탈하지 못하고 갇혀 있는 상태'를 말한다.

계약과정에서는 '가족'이었지만 가맹계약 체결 이후에 가맹점은 '남'이자 '잡힌 물고기'가 된다. 이러한 까닭으로 개점 후 '방치된 잠김 효과'는 사회적 인식의 차원에서 가맹본부는 원래부터 가맹점에게 관심이 없다는 부정적인 '오해의 꼬리표'를 붙게 한다. 현실에서 국내 가맹본부들이 개점 후 가맹점들을 방치하는 경우가 많기 때문이다.

가맹본부가 진정 가맹점에게 관심을 가져야 할 때는 '계약기간 중'이어야 한다. 그러나 국내 시장에서 가맹본부가 가맹점의 관심을 갖는 시점은 '가맹계약 체결 전'과 '계약종료' 때인 경우가 많다.

가맹점이 생존을 위해 절실하게 필요한 계약기간 중에 가맹본부는 가맹점을 방치하거나 전혀 다른 곳을 바라보고 있다.

제5부
바람직한 프랜차이징을 위하여

지금까지 4부에 걸쳐 프랜차이즈의 시작과 성립, 관계특성, 선택과 역할 및 갈등, 그리고 관계종료에 대해 살펴보았다.

5부는 이 책의 결론이자 발전적인 대안들의 제시이다. 이에 5부는 한국 프랜차이즈 시장의 건전한 발전을 위한 철학, 지향점, 그리고 개선 방향을 담고 있다.

5부에서 우리는 가맹본부와 가맹점 간의 '상생협력과 동반성장'의 철학적 기반이 되는 사회교환 이론을 고찰하고, 그 현실적이고 구체적인 실행전략으로서의 윈윈전략을 포함하여 파트너십 이론을 살펴보도록 하겠다.

사회교환 이론

파트너십 이론

제13장
사회교환 이론
(Social Exchange Theory)

> 사회교환 이론은 프랜차이징의 상생협력과 동반성장의
> 철학적 기반이 되고 사업가적인 사고방식과 태도를 제시한다.

Ⅰ. 사회교환 이론

1. 개요

사회교환 이론은 '교환 이론' 또는 '사회적 교환 이론'이라고 한다.

사회교환 이론은 교환관계에 있는 두 당사자가 호혜성(reciprocity)에 기반한 상호작용을 통해 서로의 보상을 증대하고 그러한 우호적 교환관계들이 확산되어 경제, 사회, 제도를 긍정적인 방향으로 발전시킨다는 이론이다. 이에 사회교환 이론은 역사적으로 사회적, 경제적 발전의 긍정적인 원리 또는 철학을 담고 있다.

사회교환 이론은 교환 당사자들이 상대방의 이익을 뺏어 오거나 자기 비용지출을 줄이고 더 많은 이익을 추구하는 이기심과 경쟁적인 교환관계를 장려하지 않는다. 상호이익을 배려하는 호혜적인 교환관계는 궁극적으로 서로에게 더 많은 결과물을 생산해 낼 수 있다는 사회적 믿음과 확신에 기반한다.

따라서 사회교환 이론은 교환관계에 있는 당사자들이 상대방의 이익을 배려하여 긴밀하게 협력한다면 결과적인 보상은 극대화될 수 있고 그러한 우호적인 교환관계들이 축적되어 경제, 사회, 제도를 긍정적으로 발전시킬 수 있다는 사상적, 철학적 원리이다.

2. 사회적 교환의 예

호혜적 교환관계는 주변에서 쉽게 볼 수 있다. 직장생활에서 일이 많은 동료의 일을 돕는다든지, 학교에서 친구의 어려운 문제를 풀어 준다든지, 그리고 어떠한 조직에 참여하여 자기 역할을 먼저 충실히 하는 경우 등이 이에 해당된다. 모두 가시적인 성과보상의 약속 없이 상대방에게 스스로 먼저 무엇인가를 베푸는 상황이다.

호혜적 교환관계는 상대방으로부터 받은 혜택들에 대해 미래에 어떤 형태로든 돌려주어야 한다는 공통된 의무감과 책임감을 당사자들에게 부여한다.

일상생활에서 사회교환 이론은 가족, 결혼, 출산의 문제에도 적용된다. 가족은 물질적인 이익이 없어도 서로 신뢰하고 함께 살아가는 사회적 단위이다. 결혼과 출산은 비용이 많이 들어도 부부는 미래에 행복이라는 보상이 있을 것이라고 신뢰하여 가정을 꾸미고 아이를 낳는다.

기업도 마찬가지다. 기업은 주주에게 투자받아 직원을 채용하고 직급체계, 월급체계, 업무규정을 마련한다.

기업은 조직의 규범과 운영규칙을 만들어 직원에게 보상체계와 처벌체계를 제시하고 체계적인 교환관계를 형성한다. 직원은 회사의 매출이 늘어나면 월급이나 인센티브와 같은 보상이 늘어날 수 있다는 기대감으로 먼저 자신의 역할에 최선을 다한다.

Ⅱ. 사회교환 이론의 고찰

1. 교환관계의 시작과 평가

교환관계는 두 명 이상의 사람이 존재해야 성립한다. 미래에 보상이 존재한다면, 개인은 다른 사람들과 관계를 형성하고 상대방의 이익을 존중하면서 자기의 이익과 보상을 늘린다.

그렇지만 개인은 지출한 비용보다 교환관계의 보상에 만족스럽지 못한다면 개인은 그 교환관계를 유지하지 않는다. 그리고 시장에서 현재 상대방보다 다른 대안이 더 우수하다고 판단하면 개인은 기존의 교환관계를 떠난다. 교환관계에 대한 개인의 대안 비교수준(CL)이 교환관계의 유지와 이탈의 기준이 된다.

또한 공정성의 원리를 바탕으로 교환관계가 불공평하고 보상들이 불공정하게 배분되고 있다고 판단하는 경우에도 당사자는 그 관계를 벗어나고자 한다.

따라서 교환관계는 서로에게 비용과 보상의 균형을 이룰 때 가장 잘 작동한다. 두 당사자는 어떤 일이 잘 진행되도록 서로 등등하게 헌신(비용)하고 그 결과로 각자가 원하는 것(보상)을 얻을 수 있을 때 교환관계는 가장 효율적이고 효과적이다(Thibaut 외 1인, 1959).

2. Homans의 사회교환 이론

미국의 사회학자 조지 캐스파르 호만스(George Caspar Homans)는 "Social behavior as exchange, 1958"에서 비둘기가 모이를 쪼아(비용) 배를 채우는 행동(보상)의 예를 들면서 개인의 사회적 상호작용을 비용(cost)과 보상(reward)의 관점에서 이해하고 사회교환 이론의 토대를 마련하였다. 그의 의견을 정리하면 아래와 같다.

『이익은 보상에서 비용을 뺀 개념이다(Profit=Reward-Cost). 개인의 행동은 상대방으로부터 보상을 얻기 위해 먼저 비용을 지급하는 교환관계에 있다. 이때, 비용과 보상은 물질적인 재화뿐만 아니라 사회적 칭찬, 인정, 명성과 같은 상징적이고 비물질적 재화들도 포함한다.

교환관계에 참여한 당사자가 상대방에게 주는 혜택은 비용이고 미래에 상대방으로부터 되돌려 받는 것은 보상이 된다. 이 비용과 보상의 교환과정에서 개인의 경제적 합리성은 비용지출에 대한 보상인 자기 이익의 극대화에 있다.

그러나 개인 간의 교환관계가 사회적 관계로 발전하는 과정에서 개인은 사회의 공동이익을 추구하는 '공리주의(utilitarianism)'에 의해 자기 이익이 제한되는 사회적 통제(social control)를 받는다.

사회적 통제의 상황에서 개인은 자신보다 더 많은 이익을 가지는 사람이 없다면 적정한 수준에서 비용과 보상을 일치하는 '실질적인 균형상태(practical equilibrium)'에 타협한다.

그 결과, 생산된 보상들에 대한 분배적 정의(distributive justice)가 실현된다. 분배적 정의는 두 당사자의 교환관계가 실질적인 균형상태에 도달할 때이다. 분배적 정의가 이루어져야 공정한 교환관계가 성립하는 것이다.

먼저 무엇인가를 베푼 사람은 상대방으로부터 미래에 무엇인가 얻을 수 있다고 기대한다. 이와 반대로 남에게 먼저 어떤 것을 받은 사람은 자신이 받은 만큼 미래에 이를 되돌려 줘야 한다는 의무감과 사회적 통제의 압박을 받는다.

이 압박은 두 당사자가 상호이익의 균형을 맞추려는 기본 원리로 작용한다. 호혜성을 바탕으로 한 교환관계의 원칙이 되는 것이다. 이러한 호혜적인 수많은 사회적 교환관계들은 축적되고 보편화되면서 사회규범, 경제제도, 사회제도로 정착한다.』

3. 사회교환 이론의 등식과 의미

Homan는 사회교환 이론의 등식으로 '이익(profit)=보상(reward)−비용(cost)'을 제시하였다. 이를 근거로 '이익(가치, 결과)=보상−비용'이라는 사회교환의 보편적인 등식이 마련되었다.

교환관계에 있는 일방이 획득할 수 있는 가치(worth), 결과(outcome), 이익(profit)은 상대방으로부터 받는 보상(rewards)에서 자신이 먼저 지출인 비용(costs)을 뺀 값이다. 이 등식에 따라 보상이 비용보다 최소한 커야 호혜적인 교환관계가 성립하고 유지된다.

자신이 지출한 비용이 적고 보상이 크면 이익은 늘어난다. 이와 반대로 보상에 비해 비용이 더 크다면 이익은 발생하지 않는다. 이 경우 당사자들은 그 교환관계를 유지할 필요가 없어진다.

4. 사회교환 이론에서 비용과 보상

교환관계의 등식에서 중요한 것은 비용과 보상의 개념과 그 내용에 있다. 사회교환 이론에서 비용과 보상은 어떤 사람이 상대방으로부터 어떤 혜택을 제공받았을 때(제공한 사람에게는 비용이 됨) 언젠가는 이에 상응하는 보답(보상)을 해야 한다는 일종의 의무감이나 책임감이다.

'사회적 교환'은 물건과 물건, 물건과 화폐의 일반적인 경제적 교환과는 다르다. 경제적 교환이 상품 또는 서비스라는 명확한 교환 대상물을 의미한다면, 사회적 교환은 교환대상의 유형들이 특별히 정해진 것이 아니고 구체적이지도 않다.

이처럼 사회적 교환은 자신이 받은 만큼 언젠가는 상대방에게 이를 되돌려 주어야겠다는 추상적인 관념과 동기에 기반한다. 이에 그 보상의 유형은 물질적, 비물질적인 모든 형태로 나타날 수 있다. 구체적으로 사회적 교환의 보상 형태는 물질적인 화폐나 현물은 물론 존경, 충성, 사랑, 사회적 인정, 복종과 같은 심리적이고 관념적인 보상까지 포함한다.

비용과 보상이 어느 정도 균형이 있는 관계(give-and-take)가 형성되지 않는 경우, 어느 한쪽이 오로지 받기만 하는 경우, 그리고 비용 대비 보상의 수준이 차이가 심한 경우 사회적 교환은 단절된다(전영철, 2000).

5. 호혜성의 원칙과 의존성

사회교환 이론은 일방의 희생(비용)을 강요하거나 일방의 이익만을 추구하지 않는다. 그리고 더 많은 보상을 위해 서로 경쟁하지 않는다. 상대방에게 이익을 준 사람은 손해를 입어서는 안 되고 혜택을 받은 상대방은 미래에 그것에 상응하는 보상을 해야 한다는 원리를 가지고 있기 때문이다. 서로 우호적으로 특별한 것을 주고받는 호혜성의 원리이다.

호혜성의 원칙은 남의 것을 가져와서 자신의 이익을 채우는 것이 아니다. 교환관계에서 호혜성은 두 당사자의 교환관계에서 높은 수준의 의존성을 동반한다. 교환관계의 높은 의존성은 거래관계의 결속력을 강화하고 전체적인 비용을 줄이면서 궁극적으로 성과를 향상시키는 효과가 있다.

6. 교환의 규칙과 규범

사회적 교환은 두 당사자가 사전에 설정한 교환규칙이나 교환규범이 잘 준수되고 상호 약속이 원만히 이행될 때 그 효과가 크다.

두 당사자 간의 교환규칙과 규범(rules and norms of exchanges)은 '교환관계에서 참가자의 합의에 의해 채택되는 규범적 정의'이다. 이러한 교환규칙은 호혜성 규칙과 협상 규칙으로 구성된다.

호혜성 규칙은 두 당사자가 서로의 이익을 배려하고 어떠한 것에 대한 양

방향 거래의 결과가 궁극적으로 상호이익이 될 수 있다고 신뢰하고 서로 의존하는 경향이다.

협상 규칙은 교환 당사자들이 서로 지켜야 할 규칙을 사전에 합의하는 것이다. 두 당사자의 합의는 추상적인 교환관계보다 명확한 행위를 유도할 수 있다. 가령 근로 조건과 급여 수준을 협상하여 근로계약을 체결할 때 협상 규칙은 유용하다.

이처럼 교환규칙과 규범이 잘 준수되는 두 당사자 간의 교환관계는 상호 신뢰도와 충성심을 높이고 상호 의존성을 강화하여 높은 성과를 생산한다(Cropanzano 외 1인, 2005).

7. B2B 거래에서 사회적 교환

기업과 기업의 B2B 거래에서 사회교환 이론이 효율적으로 작동하기 위해서는 다음과 같은 전제조건들이 필요하다.

첫째, 거래관계의 상호작용이 경제적으로 유익한 결과를 예상할 수 있어야 한다.

둘째, 그 결과에 대해 당사자는 더 나은 잠재적 대안과 비교하여 거래를 선택할 수 있는 자율성이 있어야 한다.

셋째, 긍정적인 교환관계의 결과는 두 당사자 간의 상호 이익추구와 약속 및 신뢰를 동반해야 한다.

넷째, 긍정적인 상호작용은 관계적 교환규범을 생성시키고 더 나은 교환관계를 위해 이를 체계적으로 발전시킬 수 있어야 한다.

이 전제조건들은 기업 간의 B2B 교환거래에서 거래당사자들이 공동이익을 지향하게 한다. 그리고 공식적인 계약서는 협력과 공동의 행동책임을 부여하여 거래관계의 높은 성과를 기대할 수 있게 한다(Lambe 외 2인, 2001).

8. 사회교환 이론의 한계

첫째, 모든 사회적 관계들은 오직 교환관계로만 설명할 수 없고 모두 호혜적인 교환관계도 아니다. 가령 노동자의 파업은 호혜적인 교환관계가 깨진 상황이다. 파업 노동자들은 자신이 회사로부터 기대했던 보상이 적기에 회사에 항의하는 것이다.

둘째, 예측 불가능한 사회적 변동을 제대로 설명하지 못한다. 사회의 교환관계들은 사회적 변화에 취약하고 원래 예측한 방향으로만 그 관계가 흘러가지 않는다.

셋째, 사회적 교환은 교환관계에서 발생하는 비합리적이거나 개인의 감정과 같은 정서적인 것을 설명하기 힘들다. 가령 개인의 자발적인 봉사활동은 아무런 보상을 원하지 않는 것이고 부모의 무조건적인 자식 사랑은 사회교환 이론으로 설명하기 어렵다.

Ⅲ. 동반성장의 이론으로서 사회교환 이론

합리적인 교환관계는 개인, 조직, 기업, 사회 사이에서 우호적인 상호작용을 촉진하고 상호 의존적인 교환관계로 발전하여 긍정적인 경제적 성과물들을 생산한다. 긍정적인 교환의 상호작용은 우호적인 관계 규범을 형성하고 수많은 호혜적인 관계 규범들은 사회규범으로 발전한다.

이러한 상호주의의 교환관계는 한국 사회의 대기업과 중소기업의 상생협력과 동반성장의 강력한 이론적 근거가 된다.

거래비용 이론의 관점에서 보면, 상위기업과 하위기업은 거래비용을 줄이기 위해 수직적으로 통합하고 거래특유투자를 강화한다.

그러나 이러한 거래관계의 수직적 통합의 타당성은 하위기업이 상위기업에게 어쩔 수 없이 의존하게 되는 '힘의 불균형'의 존재를 인정한다. 그래서 거래비용 이론은 거래 지위상 약자인 중소기업에게 불리한 이론이면서 거래관계의 불평등의 문제를 구조적으로 인정하는 이론일 수도 있다.

반면에 사회교환 이론은 호혜적인 교환관계가 상호이익을 높이고 결과적 보상들을 서로가 공유할 수 있다는 기대감을 설명한다.

이 이유로 사회교환 이론은 대기업과 중소기업의 상생협력과 동반성장의 협력적인 교환관계를 장려하는 철학적, 이론적 근간이 된다. 두 당사자의 호혜적인 교환관계는 궁극적으로 상대방의 이익을 배려하고 전체의 성과물의 수준을 높이며 공정한 방식으로 성과물의 배분이 이루어져야 한다는 지향점을 제시하기 때문이다.

따라서 사회교환 이론은 국내 대기업과 중소기업의 거래관계에서 상생협력과 동반성장의 가치를 지지해 주고 두 당사자의 상호발전을 촉진하는 중추적인 이론이 된다(한상린 외 3인, 2013).

IV. 프랜차이즈 사회교환 이론

1. 호혜적인 가맹계약의 체결

가맹본부와 가맹점은 공동이익을 위해 각자 솔선수범한다면, 결과적으로 모두 사업적 성공을 할 수 있다는 미래의 기대감에서 프랜차이즈 계약을 맺는다.

이를 바탕으로 가맹점은 가맹본부로부터 프랜차이즈 시스템을 구매하고 가맹본부는 프랜차이즈 시스템의 유지와 경쟁력 강화를 위해 필요한 투자를 한다. 가맹점의 구매비용과 가맹본부의 투자비용은 각자의 비용이 되고 각자가 지출한 비용 대비 미래의 높은 성과는 보상이 된다.

가맹점은 가맹본부가 미래에 높은 사업적 이익으로 합당한 보상을 해 줄 것이라고 신뢰하고 가맹점 개설에 필요한 비용을 먼저 지출한다. 가맹본부는 가맹점을 잘 지원해 주면 훌륭한 매장성과로 자신에게 보상을 해 줄 것이라고 믿는다. 두 당사자는 이러한 호혜성을 바탕으로 가맹계약을 체결하는 것이다.

가맹사업이 시작되면 사업 성공을 위한 거래관계의 의존성과 몰입도는 강화된다. 사회적 규범처럼 두 당사자는 상대방의 이익이 침해되지 않는 범위 내에서 자기 이익을 높이기 위해 최선의 노력을 한다. 그 과정에서 두 당사자는 비용과 보상의 공정한 분배를 위해 구체적인 역할과 책임을 사전에 설정한다. 이는 운영규칙이나 가맹계약서를 통해 문서화된다.

이처럼 두 당사자의 가맹계약은 두 당사자가 호혜성을 바탕으로 자신이 투자한 만큼 미래에 상대방이 충분한 사업적 보상을 해 줄 것이라는 기대감에서 체결된다(Altinay 외 3인, 2014).

2. 경제적 보상의 중요성

보상은 정서적이고 감성적인 유대감의 형태로도 존재할 수 있지만, 프랜차이징은 경제적 보상인 금전적 이익의 사업적 성과가 매우 중요하다. 따라서 가맹본부와 가맹점의 관계유지 여부는 각자가 지출한 비용에 대비하여 결과적으로 상대방으로부터 어느 정도의 보상을 받느냐의 여부로 결정된다.

가맹희망자는 해당 가맹본부와의 거래관계로 인한 경제적 보상이 적다고 예측하면 가맹계약을 체결하지 않고 다른 브랜드를 찾을 것이다. 그리고 가맹점사업자는 계약기간 중에 가맹본부가 일방적으로 자기 이익을 취하거나 자신에게 경제적 보상을 충분히 제공하고 있지 않다고 생각하면 거래관계에서 이탈할 것이다.

가맹본부도 가맹희망자가 높은 매장성과를 생산할 것이라고 기대된다면 가맹계약을 체결할 것이다. 그러나 상담 과정에서 가맹희망자의 역량이 의심된다면 가맹본부는 그 계약을 체결하지 않을 것이다(Jang 외 1인, 2019).

3. 사회적 교환의 프랜차이즈 구성요소

프랜차이즈에서 사회적 교환은 가맹본부와 가맹점의 결속(solidarity), 역할 통합성(role integrity), 상호성(mutuality)을 구성요소로 한다.

결속은 두 당사자의 거래관계가 높은 수준의 의존성을 갖고 강한 유대감이 있는 상태이다.

역할 통합성은 두 당사자가 자기 역할수행에 솔선수범한다면 높은 성과를 이룰 수 있다는 신뢰감을 바탕으로 구축된다. 솔선수범의 역할수행이 프랜차이즈 시스템의 통합적 이익을 높이는 것이다.

상호성은 생산된 성과물을 최종적으로 공정하게 배분하는 형태로 나타난다. 사업적 거래로 결합한 두 당사자는 성과배분의 공평함과 상호이익을 보장하는 균등한 분배를 매우 중요하게 여긴다(Spinelli 외 1인, 1996).

4. 기회주의와 사회적 교환

가맹본부 또는 가맹점의 기회주의 행동은 사회교환 이론의 원리인 호혜성과 교환관계의 실질적인 균형을 완전히 무너뜨린다. 기회주의 행동은 사회적 교환과 완전히 대치되는 반대의 행동이다.

일방이 상대방의 기회주의 행동으로 자기 이익이 침해받고 있다고 지각하게 되면 호혜적인 교환관계의 연결고리는 끊어진다. 기회주의 행동은 두 당사자 간의 신뢰를 무너뜨리고 관계품질을 악화시켜 더 이상 거래관계를 유지하기 어렵게 만든다.

B2B 거래관계에서 가맹본부 또는 가맹점의 기회주의는 관계적 규범을 지키지 않고 가맹계약서에 기재된 의무와 책임을 회피한다. 기회주의 행동이 존재하는 교환관계는 그 어떤 주체에게도 이익이나 보상이 돌아가지 않는 관계로 전락하여 관계종결로 이어진다(Brookes 외 2인, 2015).

V. 시사점 또는 토론

1. 상생협력과 동반성장의 철학적 기반

프랜차이즈 사회교환 이론은 가맹본부와 가맹점 간의 상생협력과 동반성장의 철학적 기반이 된다. 그리고 두 당사자가 사업 성공을 위해 함께 손을 잡고 걸어가야 할 방향성의 나침반이 되고, 거래관계에서 상대방에게 보여주어야 할 바람직한 사업가적인 사고방식과 태도가 된다.

가맹본부와 가맹점은 사업 성공을 위해 호혜성을 바탕으로 상호이익을 존중하고 상대방의 비용지출과 경영적 노력에 대해 미래에 어떠한 형태로든 보상한다는 의무감과 책임감을 가져야 한다.

두 당사자는 이익을 앞에 두고 서로 갈등하고 경쟁하는 것이 아니라 상생협력과 동반성장의 철학으로 프랜차이즈 시스템의 지속적 성장을 견인해야 한다.

철학은 만물을 바라보는 세계관이고 사람의 가치판단, 신념, 태도, 행동의 일관성을 구축한다. 두 당사자가 상대방의 이익을 배려하는 마음가짐, 태도, 약속이행, 그리고 받은 것을 되돌려 주려는 의무감과 책임감이 있는 세계관을 가질 때 프랜차이즈 시스템은 지속적으로 발전할 수 있는 것이다.

우호적인 사회적 교환이 확대되어 긍정적인 경제적, 사회적 제도로 정착하듯이, 개별 프랜차이즈 시스템의 호혜적인 거래관계들이 시장에서 축적될 때 국내 프랜차이즈 산업의 바람직한 시장문화도 정착할 수 있다.

2. 사업가적인 사고방식과 태도

가맹본부와 가맹점은 프랜차이징에서 상호이익을 균형 있게 맞추려는 노력이 필요하다. 성과와 이익이 어느 한쪽에 치우치지 않고 상대방의 투자와 노력을 적절히 보상하여 성과와 이익이 균형을 이룰 수 있도록 두 당사자는 경영적 노력을 해야 한다.

이를 위해 가맹본부와 가맹점은 신의성실의 원칙과 상호이익을 배려하는 호혜성을 바탕으로 한 사업가적 사고방식과 태도를 가질 때 프랜차이즈 사회적 교환의 핵심가치는 제대로 발휘될 수 있다.

가맹본부는 가맹점의 모든 투자와 매장운영의 노력에 대해 어떠한 형태로든 미래에 보상을 해야 한다는 의무감과 책임감을 가져야 한다. 또한 가맹본부는 가맹점을 단지 출점대상으로 바라보는 것이 아니라 사업 성공을 위해 가맹점을 중요한 사업 파트너로 인식해야 한다. 가맹본부는 가맹점을 존중하고 동반자적인 관계를 유지해야 자신이 성공할 수 있다는 사업가적인 사고방식과 태도가 필요한 것이다.

가맹점도 마찬가지다. 상위조직으로써 가맹본부의 위치적 정당성을 존중하고 자신의 사업적 성공은 가맹본부의 역량과 지지를 기반하여 달성할 수 있다는 사실을 인정해야 한다.

그리고 가맹점은 가맹사업의 준수사항을 스스로 지키고 계속적인 계약관계의 유지를 위해 부담내역을 성실히 이행해야 한다. 가맹본부와 마찬가지로 가맹점은 자기 이익뿐만 아니라 브랜드의 전체적인 성장도 함께 배려하는 사업가적인 사고방식과 태도가 필요하다.

3. 이상론적 이론인가?

결코 아니다. 세상은 계속 변화하고 발전해 왔다. 사회의 변화와 발전의 원동력은 다양하겠지만, 그 가운데에 사회적 교환의 철학적 가치와 역할은 무척 컸다.

호혜성의 우호적인 교환관계를 향한 '사회의 보편적 가치'는 미래의 보상 규모를 키우고 그 성과를 상호 공정하게 나누면서 개인과 사회를 긍정적으로 발전시켜 왔다.

그러하기에 프랜차이징에 대한 사회적 교환의 접근은 매우 가치가 있다. 앞서 지적한 것처럼, 가맹사업을 거래비용의 관점으로만 이해하는 것은 가맹본부의 우월적 지위를 인정하게 된다. 이로 인해 가맹점의 이익배분의 문제는 사업성과에 묻혀 소외될 수 있다. 거래비용을 줄이고 거래관계의 효율성을 향한 가맹본부의 사업 방향이 가맹점보다 우선되기 때문이다.

반면에 프랜차이즈 사회적 교환의 개념은 두 당사자가 호혜성을 바탕으로 상생협력과 동반성장을 해야 한다는 철학적 버팀목이 되고 생산적인 관계 형성의 나침반 역할을 한다.

특히 가맹본부에게 있어 사회적 교환은 상생협력과 동반성장의 경영적 노력이 가맹점의 이익에 대한 배려가 아니라 궁극적으로 자신의 이익이 된다는 메시지를 명확하게 전달한다.

4. 프랜차이즈에서 비용과 보상
1) 프랜차이징 균형상태(Equilibrium of Franchising)

사회적 교환의 관점에서 두 당사자 간의 이상적인 교환관계는 어느 한쪽이 더 많은 이익을 취하는 것이 없고 적정한 수준에서 서로의 비용과 보상이 일치하는 실질적인 균형상태이다.

프랜차이즈에서도 어느 한쪽이 희생하는 만큼(비용) 상대방은 미래에 충분하게 보상으로 되돌려 주는 것이 상식이 되는 시장이 바람직하고 최적의 시장일 것이다. 이에 '프랜차이징 균형상태'는 '가맹본부와 가맹점의 비용과 보상이 공정하게 일치하는 성과배분의 상태'라고 할 수 있다.

프랜차이징 균형상태에서 가맹사업은 정상적이고 가장 효과적으로 작동한다. 그러기 위해서는 가맹사업의 결과물에 대해 두 당사자 간의 분배적 정의가 실현되는 체계적인 시스템이 사전에 마련되고 그 시스템이 정상적으로 운영되어야 한다.

2) 두 당사자의 비용과 보상

가맹점의 최초가맹금과 매장 투자비용은 영업개시를 위한 비용이고 계속가맹금은 가맹사업 유지하기 위한 비용이다. 가맹점은 이 비용들을 지급하고 가맹본부에게 그에 상응하는 보상을 기대한다.

가맹점이 가맹본부로부터 받는 보상들은 높은 브랜드 인지도와 평판, 교육과 운영의 지원, 판촉 및 마케팅의 지원, 그리고 경영적 지원 등이 있다.

그리고 가맹점은 높은 매장성과나 장기간 가맹점을 유지한 대가로 가맹본부로부터 포상, 인센티브, 로열티 수준 조절과 같은 관계적 혜택도 받을 수 있다. 따라서 가맹본부의 보상은 경제적 혜택뿐만 아니라 가맹점의 사업적 공헌에 따른 추가적인 관계혜택도 포함된다.

한편, 가맹본부는 가맹계약을 체결하면서 가맹점으로부터 개설이익과 최초가맹금 등의 경제적 이익을 얻는다. 그리고 넓은 의미에서 유능한 가맹점과의 장기적인 거래관계를 통해 가맹점으로부터 계속가맹금의 형태로 보상을 확대한다. 모두 가맹점으로부터 가맹본부가 받는 보상이다.

가맹본부는 가맹점의 가맹금 지급에 대한 보상으로 가맹점에게 상표권과 프랜차이즈 시스템을 제공하고 교육과 훈련, 경영과 마케팅 지원, 광고 및 판촉의 지원을 한다.

하지만 문제는 그 보상 수준이다. 가맹본부는 그 보상의 수준을 형식적이거나 명맥만 유지하지 말고 가맹점들이 만족할 수준으로 보상을 제공해야 한다. 그래야 가맹점은 계약관계에 오래 머물고 높은 매장성과로 가맹본부의 경영적 노력에 보상한다.

따라서 가맹본부는 사업적 성과와 이익이 가맹점과 균형 있게 배분되고 있지는 항상 살펴야 하고 만약 그렇지 못할 경우 이익배분이 균형을 맞출 수 있도록 실질적인 조치를 해야 한다.

VI. 한국 프랜차이즈에서 적용과 제안들

사회교환 이론이 국내 프랜차이즈 시장에서 던지는 핵심 메시지는 '상생협력'과 '동반성장'의 가치이다.

그러나 국내 프랜차이즈 시장은 아직 사회적 교환의 가치와 문화가 정착되지 않고 있다. 사회적 교환의 관점에서 국내 프랜차이즈 시장의 현황을 진단하고 이에 대한 바람직한 개선 방향을 제시하면 아래와 같다.

1. 가맹본부만 상생협력 해야 하는가?

국내 시장에서 상생협력의 가장 큰 문제는 어쩌면 프랜차이즈 상생협력에 대해 가맹본부의 역할만 강조하고 있는 데에 있다. 상생협력의 행위자를 가맹본부로만 한정하는 상황으로 상생협력의 가치, 목표, 핵심 내용을 근본적으로 왜곡하고 있다.

이 관점은 가맹점을 가맹본부가 상생협력의 경영으로 어떠한 것을 베풀어야 하는 대상으로 왜곡한다. 가맹점이 프랜차이징에서 상생협력의 주체가 아니라 가맹본부의 상생협력의 경영으로부터 어떠한 혜택을 받는 수동적인 존재로 만드는 것이다.

이러한 접근방법은 프랜차이징의 건전한 시장문화 형성에 그 어떤 도움을 주지 못한다. 가맹점도 가맹본부와 마찬가지로 상생협력과 동반성장의 가치를 주체적으로 인식하고 가맹본부와 호혜적인 교환관계를 유지하도록 노력해야 프랜차이징의 시너지 효과를 기대할 수 있다.

구체적으로 가맹점은 프랜차이즈 시스템이 제공하는 혜택과 이익에 대해 가맹본부에게 보상으로 되돌려 주려는 경영적 실천이 필요하다. 보상의 실체는 '가맹금'이고 보상의 행동은 매장운영에 자기 역할을 먼저 성실하게 이행하는 것이다. 가맹점은 가맹본부에게 비용을 지급하고 정당하게 가맹본부로부터 이에 대한 합당한 사업적 보상을 요구해야 한다.

2. 당위성만 존재하는 시장

우리는 가맹본부와 가맹점이 상생협력 해야 가맹사업이 발전할 수 있다는 이야기들을 수없이 들어 왔다. 그러나 그 이야기들은 당위(當爲)의 관점이 크다.

당위(should)는 '마땅히 어떤 일을 해야 하거나 되어야 하는 것'을 말한다. 이에 호혜적인 상호교환의 관점에서 '프랜차이즈의 당위성'은 '가맹본부 또는 가맹점이 사업 성공을 위해 상대방이 기대하는 자기 역할을 먼저 성실하게 수행하는 것'이라고 정의할 수 있다.

지금까지 국내 시장은 두 당사자에게 상호협력의 당위성만 강조해 왔다. 두 당사자가 사업 성공을 위해 어떠한 이유로 상생협력을 해야 하는지와 왜 동반성장을 위한 동반자적인 정신이 필요한지 그 이유와 근거에 대한 설명이 없었다. 오로지 상생협력과 '협력이 옳다'라는 당위성만 강요했을 뿐이다.

3. 결국, 자신의 사업 성공을 위해

이러한 맹목적 당위성의 강조만으로 가맹본부와 가맹점의 상생협력의 구체적인 실천들을 의미 있게 이끌어 내지 못한다. 상생협력의 실질적인 'Why'가 없기 때문이다. 프랜차이징에서 두 당사자는 가시적인 자기 이익이 있어야 능동적으로 움직인다는 사실을 우리는 간과해 왔다.

가맹본부 또는 가맹점은 스스로 자기 역할을 성실히 수행하면 상대방이 미래에 더 많은 보상을 해 줄 것이라는 믿음으로 호혜적인 거래관계를 맺는다. 이러한 솔선수범의 역할수행과 상대방의 이익을 배려하는 사업가적인 사고방식과 태도는 장기적인 프랜차이징을 이끌고 결과적으로 자기 사업적 이익이 극대화될 수 있다는 신뢰에 기반한다.

가맹본부와 가맹점은 혼자 사업적으로 성공할 수 없다. 프랜차이즈의 상생협력과 동반성장은 상대방을 위한 것이 아니라 자기 자신을 위한 것이다. 본질적으로 상생협력과 동반성장은 가맹본부와 가맹점의 사적 이익추구의 이기심이 바탕에 있는 것이다.

가맹본부와 가맹점은 자기 성공하기 위해 상대방의 도움과 지지가 필요하다. 자신이 시장에서 생존하고 장기적인 발전을 위해 상생협력과 동반성장의 피할 수 없는 선택을 하는 것이다.

4. 공허한 메아리

수년 동안 국내 시장에서 '상생'만큼 많이 언급된 단어는 없을 것이다. 많은 가맹본부가 가맹희망자를 모집할 때 큰 목소리로 상생을 외친다. 프랜차이즈에 관련된 언론 기사들의 상당수도 상생의 기사로 점철되어 있다.

국내 프랜차이즈 업계에서 어떤 문제가 발생했을 때 그 잘못의 판단 기준은 대부분 상생이었다. 한국 프랜차이즈 산업의 발전을 토론할 때, 상생의 키워드는 가장 아름다운 시작의 말이자 맺음말이 되었다.

그러나 국내 프랜차이징에서 상생협력의 외침은 그 목소리 크기만큼이나 현실에서 구체화되지 못하고 있다. 가맹본부나 가맹점이 프랜차이징에서 상생협력과 동반성장을 위해 많은 경영적 투자를 하지 않거나 상생경영을 위한 구체적인 노력을 하지 않고 있기 때문이다.

상생협력의 구체적인 실천 없이 가맹사업의 상생을 외치는 것은 사회적 분위기에 '묻어가기' 밖에 되지 않는다. '공허한 메아리'이다. 상생협력과 동반성장은 이를 외치는 자의 마음속에만 존재한다면 현실에서 그 어떤 것도 변화시키지 못한다.

5. 상생협력의 실제적 증거(Practical Evidence)

프랜차이즈에서 상생협력과 동반성장의 실천은 쉽거나 단순한 일이 아니다. 본질적으로 상생협력과 동반성장은 철학적, 정신적 차원인 것 같지만, 실제로 현실에서는 많은 비용투자와 '경영적 집념'이 필요하기 때문이다.

상생협력과 동반성장은 구체적인 투자와 실천 없이 달성할 수 없는 목표이다. 상생협력의 목소리가 아름다워지려면 진정 당사자들의 많은 투자와 경영적 노력이 있어야 한다.

국내 시장에서 상생협력과 동반성장의 시장문화의 정착은 가맹본부들의 선도적 역할이 중요하다. 가맹본부가 먼저 가맹점과 상생협력을 시도하고 동반성장하려는 경영적 노력을 보일 때 가맹점의 상생협력의 의지도 북돋는다.

이를 위해 가맹본부는 공허한 메아리의 상생협력의 목소리만 내지 말고 그에 맞는 체계적인 실천을 해야 하다. 가맹점과 상생협력과 동반성장의 가치를 실천하는 구체적인 프로그램들에 대한 실제적 증거들이 필요한 것이다.

상생협력의 현실적인 증거의 핵심에는 무엇보다도 가맹본부가 가맹점이 지출한 비용과 노력에 대한 보상으로 사업적 성과와 이익을 공정하게 나누는 분배 시스템이 있느냐의 여부에 있다. 사업적 성과와 이익이 가맹본부에게 치우치는 경우 상생협력과 동반성장은 애초부터 불가능하기 때문이다.

그리고 가맹본부는 가맹점이 개점 전에 목표했던 성과를 효과적으로 달성할 수 있도록 다양한 교육과 지원 프로그램을 활성화해야 한다. 가맹점이 성장하기 위해서는 가맹본부 또는 프랜차이즈 시스템의 교육과 지원이 절실하기 때문이다.

그 어떤 가맹점도 개인적 역량만으로 가맹사업에 성공할 수 없다. 프랜차이징에서 브랜드만의 차별적이고 우월한 교육과 지원의 시스템에 기반한 현실적인 지원 프로그램들이 상생협력 실천의 근간이 된다. 이에 대한 가맹본부의 꾸준한 실천들이 있을 때 비로소 가맹점과의 상생협력과 동반성장이 실현된다.

Ⅶ. 함께 생각해 봅시다

가맹점은 가족점인가?

상생협력의 아이콘은 가맹점을 '가족점'이라고 칭하는 경우일 것이다. 개설과정에서 가맹본부가 가맹희망자에게 주로 사용한다. 가족점 호칭의 이유는 가맹점을 단지 계약관계의 상대방이 아니라 가족의 일원처럼 대우하겠다는 가맹본부의 강한 의지의 표현이다.

프랜차이즈에서 가족점의 개념이 성립된다면 사회적 교환이 가장 아름답게 실천되는 상황일 것이다. 호혜적인 상호작용이 가장 높은 수준이 가족관계이기 때문이다.

과연 그럴 수 있을까? 현실적으로 불가능한 이야기다.
어찌 보면 프랜차이징의 특성을 잘못 이해한 유토피아적 희망이다.
가맹본부가 속임수와 위법행위 등이 아니라면 가맹점의 실패를 책임질 이유가 없다. 가맹점도 마찬가지다. 두 당사자는 독립적인 사업자로 각자의 사업 성공을 위해 협력하는 관계일 뿐, 상대방의 사업결과까지 책임져야 하는 관계가 아니기 때문이다.

물론, 가족점의 호칭은 현실 가족과 다른 상징성의 차원이라는 사실은 이해한다. 그러나 가맹점을 가족점이라고 부르는 것은 예기치 않은 오해를 불러 일으키고 가맹점과의 갈등만을 부추길 수 있다는 점을 가맹본부는 간과해서는 안 된다. 특히 가맹점 개설과정에서 잘못된 시그널링이 되고 가맹본부가 스스로 프랜차이징의 신뢰성을 무너뜨리는 악수(惡手)가 될 수 있다.

그 이유는 이렇다. 가족점 호칭의 무분별한 사용은 가맹희망자의 역선택을 유발할 수 있다는 점이다. 현장에서 가족점은 주로 가맹본부의 이미지를 좋게 만들려고 사용되는 경우가 많기 때문이다.

그리고 가족점의 호칭은 가맹점의 사전 기대감을 높인다. 가족점의 호칭을 신뢰한 가맹점은 가맹본부가 개점 후에도 자신을 가족처럼 챙겨 줄 것이라고 많은 기대를 한다. 그러나 실제가 그렇지 않다면, 가맹점의 낙담과 좌절감은 더 커지고 배신감까지 느끼게 된다. 기대가 크면 실망감도 큰 법이기 때문이다.

가맹본부가 가맹점을 가족점으로 칭하는 것은 아무런 문제가 되지 않는다. 바람직한 지향점이다. 그러나 가맹본부는 그 호칭의 책임성과 무게감을 반드시 인식해야 한다.

가족은 어떠한 어려움이 있어도 흩어지지 않는다. 그 정도는 아니겠지만, 가맹본부가 가맹점을 가족점이라고 부르려면 어려운 경영환경에 처한 가맹점들에 대한 매장 활성화 정책과 다양한 지원 프로그램을 실천하고 있다는 구체적인 사실을 가맹본부는 입증해야 한다. 그 실제적 증거들이 가맹본부가 가맹점을 가족점이라고 부를 수 있는 최소한의 기준이 된다.

가맹본부가 가맹점을 가족점으로 칭하는 것을 비판하기 위함이 아니다. 앞으로 가맹본부가 가맹점을 가족처럼 여기는 시장문화가 하루빨리 정착되어야 하기에 그러한 사고방식과 지향점은 적극 권장되어야 한다.

다만 '생각과 말은 가볍지만, 실천은 무겁다'라는 말을 가맹본부는 되새길 필요가 있다. 가맹점을 가족처럼 품기 위해서는 현실적으로 많은 투자와 경영적 집념이 필요하다는 사실을 가맹본부는 잊지 말아야 한다.

가맹본부가 상생협력과 동반성장의 경영적인 실제적 노력 없이 가족점의 칭호는 아름다운 공허한 메아리가 될 뿐이다. 오히려 그들은 가족으로 만나지 말았어야 했다.

제14장
파트너십 이론
(Partnership Theory)

> 두 당사자는 시장경쟁에서 승리하고 사업성과의 시너지 효과를 높이기 위해 협력적인 파트너십을 구축한다.

Ⅰ. 파트너십

가족 행복이라는 공통의 목표와 동등한 의사결정권을 가지고 동거하는 부부의 관계와 직장생활을 하는 그 부부를 대신하여 손자를 돌보는 할머니와의 관계는 파트너십으로 이해할 수 있다. 그리고 선수들이 경기 중에 서로 부상을 입히지 않으려는 노력하는 스포츠 정신도 파트너십이라고 한다.

파트너십은 사전적으로 '동반'을 뜻하여 '동반자 이론'이라고 하고 동반자와의 협력관계를 의미한다. 이러한 파트너십은 오래전부터 나라 간의 동맹, 전쟁에서 협력, 정치적 협력, 조직들의 협력과 같이 다양한 형태로 인류 역사와 함께 발전해 왔다.

파트너십은 일반적으로 '어떤 일에 둘 이상의 사람, 조직, 국가 등이 짝이 되어 특정한 일을 수행하는 협력관계'를 말한다. 파트너십은 경세적 관계, 제조와 유통거래의 관계, 특정 목표를 위한 전략적 제휴, 정부와 기업, 다양한 조직들의 연합 등을 포함한다.

특히 경제적 관점에서 파트너십은 둘 이상의 개인, 조직, 기업이 각자 독립성과 자율성을 가지고 서로의 전문성과 역량을 결합하는 형태로 나타난다. 그들은 공동목표의 설정, 역할 분담, 위험 분담을 통해 상호이익적인 협력관계를 맺고 시너지 효과를 통해 최종 성과의 수준을 높이려고 최선을 다한다.

Ⅱ. 파트너십 이론의 고찰

1. 파트너십의 형태

파트너십이 가장 활발하게 일하는 영역은 민관 파트너십의 유형이다. 민관 파트너십은 사회문제를 해결하거나 지역사회에 필요한 공공투자 등에 대해 정부기관, 기업, 관련 단체, 시민 등이 함께 참여하는 형태이다.

관공서와 민간기업이 투자할 자원과 운영책임을 분담하고 협력관계를 구축하여 당면한 문제를 효과적으로 해결하는 프로젝트 사업이 그 대표적 예이다.

파트너십은 두 당사자 간의 협력관계의 유형적 형태에 집착하지 않는다. 소규모의 동업자 관계도 일종의 파트너십인 것이다. 이에 파트너십은 회사나 법인과 같이 합쳐진 조직의 유형적인 실체나 형태를 지칭하기보다는 파트너들이 구축한 무형적이고 추상적인 협력관계 자체를 의미하는 경우가 많다.

경제적 관계에서 파트너십의 대표적 유형은 제조사와 유통회사 간의 전략적 제휴를 체결, 특정 프로젝트를 위한 컨소시엄 구성, 그리고 공동출자 회사인 조인트 벤처 등이 있다.

2. 파트너십의 장점과 단점

파트너십의 장점은 첫째, 경제적·사회적·정치적 환경 변화에 신속하고 유연하게 대처할 수 있는 통합조직이 될 수 있다는 점이다. 통합조직은 유형적 조직보다는 무형의 전략적 연합 형태가 많다.

둘째, 파트너십의 참여자는 중요한 의사결정을 직접 참가할 수 있어 의사결정 과정이 합리적이고 민주적이다.

셋째, 파트너십은 문제에 대해 참여자의 전문적 지식과 여러 의견을 참조하기에 풍부하면서도 효과적인 결정을 내릴 수 있다.

넷째, 파트너십의 참여자는 권한과 권리를 부여받지만, 의무도 부여받으면서 각자의 역할을 균형 있게 배분받는다.

다섯째, 파트너십은 개별 참여자가 생산하는 성과보다 전체적인 시너지 효과가 훨씬 크다. 파트너십의 가장 강력한 장점이다.

여섯째, 파트너십은 목표달성을 추진하는 과정에서 전체비용을 줄이면서 결과적 성과를 높인다.

한편, 파트너십의 단점은 첫째, 참여자들의 의견 불일치로 예기치 않은 갈등이 유발될 수 있다. 의견의 불일치는 때때로 풀기 어려운 상황으로 악화된다.

둘째, 다수 참여자들의 다양한 의견들은 지나치게 많은 정책들을 쏟아 낼 수 있다. 정책의 결정 과정에서 혼란이 발생한다.

셋째, 파트너십 조직에서 선출된 관리자가 비민주적이고 비합리적인 결정을 내릴 경우 파트너 관계는 원래 기대하지 않았던 방향으로 흘러갈 수 있다.

넷째, 참여자들의 의견 불일치로 파트너십은 혼란에 빠질 경우 적절하지 않은 의견들이 관계를 지배할 수 있다(Walsh, 2004).

3. 파트너십의 수준

상징적인 동맹이나 연합 수준의 느슨한 관계는 낮은 수준의 파트너십이다. 이는 파트너십의 구체적인 협력 내용을 문서화하지 않고 협력 약속이나 지향점을 밝히는 정도이다. MOU 체결이 보편적인 예이다.

이에 반해 높은 수준의 파트너십은 구축과정에서 복잡하고 세밀한 협의 과정을 거친다. 합의를 통한 문서화와 그 공식화를 통해 공동 목표설정, 각자 의무사항, 책임과 역할, 권한의 범위, 결과물의 평가방법과 배분 방법, 그리고 갈등 해결방법 등을 명확히 하고 파트너십 계약서를 작성한다.

4. 파트너십의 정수(精髓): 시너지 효과

모든 파트너십은 'The sum is greater than the parts(합이 부분보다 더 크다)'의 지향점을 갖는다. 파트너십의 정수이자 시너지 효과(synergy effect)의 상승효과를 뜻한다.

이 지향점은 파트너십의 강력한 존재 이유이자 파트너십에서 생산되는 시너지 효과의 가치와 중요성을 의미한다. 각 주체가 독립적으로 생산한 가치들의 산술적 총합보다 파트너십에 의해 만들어진 결과적 성과가 훨씬 더 크다는 개념이다.

파트너십의 이유는 개별적으로 어떤 일을 수행하는 것보다 협력적으로 일을 수행한 결과물이 더 높다는 기대감이 바탕에 있다.

당사자들은 자신이 부족한 자원과 전문지식을 상대방으로부터 보충하고 협력적 관계를 통해 결과물에 대한 높은 시너지 효과를 기대하기에 파트너십 관계를 맺는 것이다(McQuaid, 2000).

5. 전문적인 역할 분담

현대사회는 다양한 경제주체들이 네트워크 구조로 연결되어 있다. 촘촘하게 연결된 사회적 네트워크는 파트너십을 활성화한다. 기업들은 연결된 네트워크의 여러 채널을 통해 사업적 성과물을 최대한 높일 수 있는 파트너십이 가능한 상대방을 모색한다.

파트너십은 기업의 약점을 상대방의 자원, 전문지식, 기술 등을 통해 보완할 수 있게 한다. 자기 역할을 분담하여 전체적인 경쟁력의 확보를 위한 전략적 선택이다. 쉽게 말해, 본인은 자신이 잘하는 것에만 집중하고 상대방은 그들이 잘하는 것에 집중하는 것이다.

전문적인 역할 분담은 효율적인 공동목표의 달성 가능성을 높인다. 이는 궁극적으로 성과물의 수준에 대한 높은 시너지 효과로 나타나 각자의 최종적인 이익은 더 커지게 된다.

6. 파트너십이 요구되는 상황

약속, 신뢰, 통합, 협력, 공유는 파트너십을 구성하는 핵심 요소이다. 이를 바탕으로 파트너십이 강하게 요구되는 상황을 설명하면 다음과 같다.

첫째, 기업들은 파트너십을 통해 서로의 데이터와 아이디어를 공유하고 협력적 R&D를 통해 개선된 상품을 시장에 빠르게 제공할 수 있다. 더 나은 상품은 경쟁자를 이기는 원천이다.

둘째, 사업적 외부환경의 불확실성이 클수록 파트너십의 필요성은 높아진다. 경제적, 사회적, 정치적 변화가 심한 동태적 환경에서 두 당사자는 파트너십을 통해 사업의 안정성을 구축하고 불확실한 외부환경을 유연하게 대처할 수 있다.

셋째, 기업은 시장의 경쟁 강도가 셀수록 생존을 위해 유능한 파트너를 시장에서 찾게 된다. 전략적 파트너십을 통해 기업은 경쟁기업의 침투전략에 대응하고 시장점유율의 하락을 막는다.

넷째, 어떤 기업이 특정 상대방과 빈번히 또는 반복적 거래를 하는 경우 파트너십은 활성화된다. 사업 규모가 크거나 시장점유율이 높은 기업은 외부 공급파트너의 거래관계를 수직적으로 내부화한다. 이를 통해 그들은 거래비용을 줄이고 거래관계의 효율성을 높이는 전략적 파트너십을 구축한다(Vanags, 2018).

7. 파트너십의 성공요소

파트너십이 성공하기 위해 무엇보다 두 당사자 간의 목표의 지향점과 방향성이 동일해야 한다. 공동목표의 일치성이 없는 파트너십은 결코 성공할 수 없다. 공동목표의 일치성이 성공적 파트너십의 구축의 출발점인 것이다.

그리고 효율적으로 파트너십의 전략을 이끌 리더십의 역량도 중요하다. 파트너십의 리더는 협력과 상호주의(mutualism)를 바탕으로 파트너십의 조직을 합리적으로 운영해야 한다.

마지막으로 파트너십은 참여자들의 장점을 살려 적절한 방식으로 역할을 배분해야 한다. 적절한 역할 분담을 통해 위험이 합리적으로 배분될 수 있기 때문이다. 합리적으로 배분된 역할 분담과 위험 분담은 거래관계의 협력성 및 의존성을 높이고 파트너십의 성과에 긍정적 영향을 미친다(McQuaid, 2010).

8. 성공적인 파트너십의 구성요소

성공적인 파트너십의 구성요소를 살펴보면 아래와 같다.

첫째, 신뢰는 상대방의 행동과 선의에 대한 믿음이다. 파트너 간의 신뢰는 서로 믿고 의지하는 것으로 파트너십의 출발점이다.

둘째, 거래관계에서 상호 업무이해는 협력해야 할 내용에 대한 정확한 이해를 말한다. 업무이해는 파트너십의 운영방침과 세부 정책에 대한 이해이다. 넓은 의미에서 업무이해는 파트너십의 비전, 사업목표, 역할, 공동가치, 윤리적 기준을 공유하는 것을 포함한다.

셋째, 사전에 이익과 위험을 적절하게 배분하고 갑작스러운 위험을 어떻게 공동으로 대처할까에 대한 사전 협의가 필요하다.

넷째, 몰입은 거래관계를 유지하려는 두 당사자의 관계 의지이다. 장기적인 거래관계를 위해 두 당사자는 파트너십을 통해 현재에 전력을 다해야 한다.

다섯째, 정보공유는 중요한 정보를 파트너에게 어디까지 허용할지에 관한 문제로 당사자는 이에 대한 사전 설정이 필요하다.

여섯째, 조정은 문제가 발생할 때 그 해결방법이다. 업무조정은 어느 한쪽의 일방적 요구가 아니라 상호 협의하여 이루어진다.

일곱째, 갈등은 두 당사자의 의견 불일치의 문제이다. 갈등을 어떻게 잘 해결하느냐에 따라 파트너십의 결과와 지속성은 달라진다(박광오 외 1인, 2009).

9. 파트너십의 효율적 작동을 위한 행동 원칙

파트너십이 효율적으로 작동하기 위해 아래의 원칙들을 두 당사자는 이해해야 한다.

첫째, 당사자들은 어떤 일을 함께한다는 것에 대한 공유된 희망과 열정이 있어야 한다. 그리고 상대방의 잠재력을 믿어야 한다.

둘째, 어떻게 하면 두 당사자가 더 많은 성과를 낼 수 있는지에 대해 참여자들이 스스로 묻고 이를 공동목표에 반영해야 한다.

셋째, 파트너십을 유지하는 과정에서 서로의 존재와 의견이 존중되고 우호적인 소통이 장려되어야 한다.

넷째, 필요할 때 공동 조사, 내용 공유, 합리적 탐구하는 과정에서 각 주체는 적극적으로 참여한다.

다섯째, 효율적인 목표달성을 위해 더 나은 접근방법과 해결 솔루션을 모색하고 이를 공동 구축한다.

여섯째, 목표달성을 위한 계속적인 협력적 과정이 필요하다(Peters 외 1인, 2018).

10. 파트너십의 장벽들

파트너십의 과정에서 두 당사자 간의 생각과 입장의 차이로 서로의 의견들이 충돌한다. 의견의 충돌은 장벽들이 되고 이러한 장벽들은 효과적이고 지속 가능한 파트너십을 어렵게 만든다.

'공평성의 장벽'은 파트너십 내에서 권리와 의무에 대한 불균형을 말한다. 어느 한쪽으로 의무와 책임이 많이 부과되는 상황이다.

'상호이익의 장벽'은 일방의 이익이 상대방보다 우선될 때 발생한다. 그 예로 일방의 기회주의 행동은 파트너십을 붕괴시킨다.

'지속성의 장벽'은 원래 목표했던 파트너십의 성과가 기대 이하로 나타나거나 이익 실현이 상대방에 의해 보류될 때 발생한다.

두 당사자 간의 파트너십의 관계가 일방에 의해 불공평하게 운영되거나 일방의 이익에 치중될 때 파트너십의 지속가능성은 매우 낮아진다. 그리고 두 당사자는 파트너십을 통해 시너지 효과의 달성이 어렵다고 판단될 때 파트너십은 단절될 가능성이 크다.

그러하기에 파트너십의 지속성은 파트너십을 방해하는 여러 장애물들을 두 당사자가 협력적 관계를 통해 얼마나 잘 극복하는지에 달려 있다(Hatton 외 1인, 2007).

Ⅲ. 프랜차이즈 파트너십 이론

1. 더 강력한 협력관계

프랜차이즈 파트너십의 형태는 B2B 거래관계인 가맹본부와 가맹점 간의 파트너십으로 두 당사자의 기업가적 지향성이 중요하다.

가맹본부와 가맹점의 기업가적 지향성은 독립된 사업자로 가맹사업에 참여하여 각자의 사업목표 달성을 위해 서로 협력하는 것을 말한다. 자기 사업 성공을 위한 전략적 결합이다.

프랜차이징은 일반적인 동업, 전략적 제휴, 합작투자와 다르고 결속 및 의존관계의 관계품질의 수준이 훨씬 높은 사업방식이다.

따라서 프랜차이징은 두 당사자에게 일반적인 파트너십보다 더 강력한 협력관계와 목표지향성을 요구한다. 이에 두 당사자는 일반적인 파트너십의 수준을 넘어 거래관계에서 매우 높은 수준의 결속력과 의존성, 그리고 관계 몰입을 보여야 한다(Grewal 외 3인, 2011).

2. 공급체인보다 더 긴밀한 거래관계

제조업체와 유통업체들이 파트너십을 통해 공급체인(supply chain)을 구축하는 이유는 첫째, 거래비용과 유통비용을 감소시켜 경쟁자들보다 우월한 원가경쟁력을 확보하고, 둘째, 협력관계 구축을 통해 빠르게 시장정보를 획득할 수 있으며, 셋째, 전략적 차원에서 신제품 개발과 프로세스 혁신 등의 영역에서 상호보완적인 역할로 자사의 경쟁력을 확보할 수 있기 때문이다.

공급체인의 구축처럼, 프랜차이징도 강력한 파트너십을 구축을 통해 거래비용의 감소, 정보획득과 문제해결 능력의 향상, 상호보완적인 역할을 기대할 수 있다.

가맹본부는 프랜차이즈 시스템의 경쟁력을 높여 가맹점이 거래관계에 강하게 결속할 수 있도록 노력해야 한다. 한편, 가맹점은 매장운영의 책임자로서 그 역할을 성실히 이행해야 한다. 프랜차이즈 파트너십의 과정에서 이해의 충돌과 갈등이 발생하는 경우 두 당사자는 적극적으로 그 문제를 해결해야 한다.

이처럼 프랜차이즈 파트너십은 당사자의 주어진 역할, 관계품질, 관계태도, 문제해결 등의 측면에서 일반적인 공급체인이 요구하는 파트너십의 수준보다 훨씬 강력한 결속관계를 요구한다(이정철 외 1인, 2009).

3. 프랜차이즈 파트너십의 성립이유

프랜차이즈 시스템은 두 당사자가 상호 신뢰를 바탕으로 공동투자와 분업의 관계를 맺고 상호 우호적인 협력관계의 구축을 통해 경영효과를 높이는 공존공영의 관계이다(서민교, 2014).

가맹본부와 가맹점은 아래와 같은 이유로 파트너십을 형성하여 협력적 관계를 통해 거래관계에 강하게 결속한다.

첫째, 무엇보다 사업성과에 대한 시너지 효과의 기대이다.

두 당사자는 각자의 이익을 추구하지만, 파트너십을 통해 훨씬 높은 성과의 파이(결과물)를 생산할 수 있다고 믿는다. 파트너십을 통해 얻은 성과는 독립적으로 사업을 운영해서 얻을 수 있는 성과보다 더 높은 시너지 효과를 낼 수 있다고 신뢰하는 것이다.

둘째, 프랜차이즈 파트너십의 상호 의존성은 두 당사자의 성과를 향상시킨다. 상대방이 높은 수준으로 자기 역할을 수행하면 당사자는 이를 신뢰하여 거래관계의 의존성과 결속력을 높인다.

셋째, 파트너십은 두 당사자의 의사소통과 정보 교류를 활성화하여 경제적 성과는 물론 정서적 유대감도 강화한다.

이처럼 시너지 효과에 대한 기대감, 의존성, 유대감은 가맹본부와 가맹점이 프랜차이즈 사업방식으로 파트너십을 맺은 근본적인 이유가 된다.

프랜차이즈 파트너십은 상호이익을 지향한다는 서로의 약속, 상대방이 그 약속을 지킬 것이라는 신뢰, 현재의 거래관계에 의존하는 관계몰입으로 나타난다. 특히 관계몰입은 미래에 높은 성과와 이익을 가져다줄 것이라는 기대감과 관계유지의 필요성에 대한 강한 공통인식이다(Altinay 외 3인, 2014 A).

4. 역할수행과 관계발전

이와 같은 두 당사자의 약속, 신뢰, 관계몰입은 프랜차이즈 파트너십을 강화하고 관계성과를 발전시킨다. 이 발전과정을 역할수행(role performance)에 따른 관계발전이라고 한다.

프랜차이즈 파트너십이 뛰어난 시너지 효과를 내기 위해서는 무엇보다 두 당사자가 자기 역할을 솔선수범하는 것이 중요하다. 두 당사자가 각자 주어진 역할수행을 선행해야 프랜차이즈 파트너십이 효율적으로 작동한다. 이러한 자기 역할의 이행은 지속적인 관계발전의 동력이다.

따라서 프랜차이즈 파트너십의 성과나 효과성은 두 당사자의 자기 역할 수행에 따른 관계발전의 수준의 정도에 따라 달라진다(Altinay 외 3인, 2014 A).

5. 협력적 커뮤니케이션

프랜차이즈 파트너십의 성공적인 구축하기 위해서 파트너들 간의 민주적이고 원활한 소통이 중요하다. 가맹본부와 가맹점의 소통이 원만할수록 프랜차이즈 파트너십의 가시적 성과도 높아진다.

가시적 성과는 매출액, 이익규모, 투자수익률을 말한다. 높은 수준의 가시적 성과는 선순환적으로 가맹본부, 가맹점, 외부 파트너들이 현재의 거래관계에 강하게 협력하는 원동력이 된다.

프랜차이징의 가시적 성과를 높이기 위해서는 세 당사자들의 협업적 커뮤니케이션이 매우 중요하다. 협업적 커뮤니케이션은 소통의 중심체적 역할을 하는 가맹본부가 양방향 소통, 빈번한 소통, 정확한 소통, 시기적절한 소통, 신뢰성 있는 정보공유를 가맹점과 외부 협력업체와 꾸준하게 실천하는 것을 말한다.

이러한 가맹본부의 협업적 커뮤니케이션은 가맹점과 외부 파트너들의 거래 만족을 높이고 가시적인 성과를 실질적으로 증대시킨다. 이에 협력적 커뮤니케이션은 가시적인 성과창출의 선순환 구조에서 가장 앞에 위치한 선행요인이라고 할 수 있다(Fernández-Monroy 외 2인, 2018).

Ⅳ. 윈윈전략(Win-Win Strategy)

1. 윈윈전략: 생존을 위한 상생전략

 윈윈전략은 두 지역에서 전쟁이 일어날 때 먼저 한 지역의 전쟁에서 승리한 후 다른 지역에 병력을 이동시켜 그 지역도 승리하겠다는 미국의 군사전략이었다(네이버 지식백과 등).

 윈윈전략은 이후 경제 분야에 확대되어 거래관계의 당사자에게 이익이 되고 시장경쟁에서 승리를 이끄는 기업전략이 되었다. 경쟁에서 생존하기 위해 상생하는 것이 윈윈전략의 핵심이다.

 파트너십과 윈윈전략의 두 개념은 상생과 협력적 관계를 지향한다. 또한 두 개념 모두 상호이익의 최종 결과물에 집중하는 결과론적 지향점은 같다. 이에 현실에서 윈윈전략은 파트너십의 개념과 혼용되고 있다.

 그러나 개념적으로 둘은 다른 점이 있다. 윈윈전략은 당사자가 시장에서 생존을 위해 대립적이고 경쟁대상이 되는 경쟁자와도 얼마든지 협력관계를 구축할 수 있는 특징이 있다. 생존을 위해 경쟁자와 협력을 불사하고 자기 이익을 추구하는 것이다.

 반면에 파트너십은 목표달성을 위해 우호적인 또는 해당 영역에 밀접하게 관련된 상대방들과 협력관계를 구축하는 것이 보편적이다.

 예를 들어 동일한 시장에서 시장점유율 1위 기업을 따라잡기 위해 2위, 3위 하는 기업이 서로 공조를 한다든지, 경쟁관계에 있는 두 기업이 시장에서 생존하거나 다른 경쟁자의 시장침투에 대응하기 위해 협력하는 경우는 파트너십보다는 윈윈전략이 타당하겠다.

 윈윈전략은 치열한 경쟁시장을 그대로 반영한다. 기업이 경쟁기업과도 협력하지 않으면 다른 경쟁자들에 의해 위협받거나 시장에서 도태될 수 있다는 위기감이 기업이 원원전략을 채택하는 이유가 된다. 이에 원원전략은 결합의 상대방이나 결합형태보다는 시장에서 생존과 가시적인 이익을 파트너십보다 더 중요하게 여긴다.

원원전략은 상생전략이라고 한다. 이 상생은 생존에 기반한 이익추구를 말한다. 일단 시장에서 상대방과 협력하여 생존하고 그 과정에서 상호이익을 추구한다는 개념이다.

2. 프랜차이즈 원원전략

프랜차이즈 시스템의 지속가능성은 두 당사자 간의 이익배분의 실질적인 균형상태가 중요하다. 가맹본부의 수익성이 우수하지만 가맹점은 그렇지 못할 경우 프랜차이즈 시스템은 실패한다.

이에 가맹본부는 자기 수익성만 살피지 말고 가맹점의 수익성도 함께 고려하여 프랜차이즈 시스템을 설계하고 발전시켜야 한다.

겉으로 보기에 가맹본부의 재정적 성과나 가맹점 매장운영의 효율성이 브랜드의 성장의 주요한 요인인 것 같지만, 프랜차이즈 시스템의 지속성은 필연적으로 가맹점의 균형 있는 이익의 배분과 안정적인 이익 보장에 달려 있다고 해도 과언이 아니다.

이와 같은 상생의 전략으로서, 매장성과와 이익을 가맹점에게 균형 있게 분배하고 가맹점을 지원하는 가맹본부의 경영전략을 '프랜차이즈 원원전략(Franchise Win-Win Strategy)'이라고 한다.

프랜차이즈 원원전략은 프랜차이즈 시스템의 성과와 지속가능성을 높여주는 핵심적 전략이다. 가맹본부가 가맹점의 이익을 안정적으로 보장해 주는 공정한 이익배분의 시스템을 보유하고 있는지와 이를 위한 실천적 노력이 프랜차이즈 윈윈전략의 주춧돌이다.

가맹점이 충분히 자신이 이익이 보장되고 있다고 인식할 때 프랜차이즈 윈윈전략은 성립하는 것이다(Jang 외 1인, 2019).

V. 시사점 또는 토론

1. 프랜차이즈 윈윈전략의 해석

'가맹본부와 가맹점은 서로 동반자적인 관계이면서도 갈등관계에 있다'. 이 문장은 두 당사자의 관계 양면성을 함축적으로 나타낸다.

두 당사자는 사업 성공을 위해 상생협력과 동반성장을 해야 하지만, 본질적으로 두 당사자는 독립적인 사업자로서 갈등과 대립관계에 있다. 이러한 대립관계의 중심에 '이익배분'의 갈등이 있다.

예를 들어 가맹본부가 필수품목의 공급가격을 높이면 가맹점의 이익은 줄어든다. 반면에 가맹점이 자점매입을 하면 가맹본부의 이익은 줄어든다. 일방이 기대와 다른 기회주의 행동을 하면 상대방의 이익이 침해되는 것이다.

이처럼 프랜차이징에서 가맹본부 또는 가맹점이 일방적인 이익을 추구하거나 경쟁적으로 자기 이익을 보호하는 행동을 하는 경우 상대방의 이익은 그만큼 감소한다. 따라서 두 당사자는 가맹사업의 성공을 위해 동반자적인 관계이지만, 사업적 이익의 문제에서는 서로 대치적이고 대립적인 관계에 있다고 할 수 있다.

그렇다면, 가맹본부와 가맹점은 각자의 이익을 앞에 두고 왜 프랜차이즈 사업방식으로 서로 사업적으로 협력하는 것일까?

이 사실관계가 프랜차이징에서 원원전략이 필요한 이유가 된다.

가맹본부와 가맹점은 이익배분의 과정에서 서로 경쟁관계에 있지만, 궁극적으로 시장에서 다른 브랜드들과의 경쟁에서 살아남기 위해 두 당사자는 프랜차이즈 거래관계를 맺고 하나의 팀(브랜드)을 구성하는 것이다.

가맹본부는 프랜차이즈 브랜드로 다른 브랜드와의 경쟁에서 생존하기를 원하고, 가맹점은 가맹본부와 협력하여 창업시장에서 생존하기를 원하는 것이다. 두 당사자는 시장에서 생존이라는 절체절명의 가치를 위해 사업적으로 서로 손을 잡는 상생의 원원전략에 참여하는 것이다.

2. 원원전략은 파트너십으로 승화한다

가맹본부와 가맹점은 경쟁 브랜드와의 싸움에서 승리하기 위해 경쟁과 대립관계에 있는 이익의 배분 문제를 상생의 원원전략으로 극복한다. 그 후 두 당사자는 더 높은 사업적 성공을 위해 원원전략을 파트너십으로 승화한다. 시장에서 원원전략으로 생존한 후, 파트너십의 시너지 효과를 통해 자기 이익을 극대화하기 위함이다.

두 당사자는 이처럼 단지 시장에서 생존하는 데 만족하지 않고 협력적인 파트너십의 관계를 통해 사업적 시너지 효과를 창출하여 자기의 사업적 성과를 최대한 높이기를 원한다.

3. 포지티브섬의 파트너십

파트너십과 원원전략은 한쪽만 이익을 보고 다른 한쪽의 이익은 무시되는 제로섬(zero-sum)의 결과가 아니다. 파트너십은 어느 한쪽의 희생을 강요하지 않으면서 서로 이득을 얻을 수 있는 포지티브섬(positive-sum) 전략을 기반으로 하고 있다.

두 당사자는 경쟁과 대립관계에 있는 이익배분의 문제는 윈윈전략으로 극복하고 강력한 파트너십의 구축을 통해 시장경쟁에서 최선의 사업성과를 생산할 수 있는 시너지 효과를 창출한다. 시너지 효과에 의해 창출된 높은 사업적 성과는 어느 한쪽으로 이익이 치우치지 않고 서로 공정하게 배분되면서 두 당사자의 협력관계를 공고히 한다.

따라서 프랜차이즈 파트너십이 정상적으로 작동되는 경우 시너지 효과의 성과물이 배분과정에서 두 당사자 간의 포지티브섬의 결과로 나타나야 한다.

이익배분의 과정에서 포지티브섬의 결과에 도달하지 못하는 경우 두 당사자의 파트너십은 무너지고 어느 한쪽의 이익에 치중되는 제로섬의 결과로 끝난다. 상생의 윈윈전략으로 극복된 이익배분의 경쟁적 상황이 상생이 아닌 대립적 대치상황으로 다시 돌아가는 것이다.

4. 프랜차이즈에서 사회적 교환과 파트너십의 관계

그러면 프랜차이즈 파트너십은 사회적 교환과 무엇이 다를까?

사회적 교환과 파트너십은 사업적 성공을 위해 상호이익을 배려하고 협력적 관계를 구축하는 핵심적 내용은 거의 같다. 그러나 두 이론은 특징적인 면에서 아래와 같은 차이가 있다.

첫째, 내용과 범위에서 사회적 교환은 개인, 사회, 경제 분야의 모든 교환관계에 적용된다. 그러나 파트너십은 주로 경제적 거래관계나 특정 목표를 가진 계획이나 프로젝트에 의존한다.

둘째, 사회석 교환은 두 당사자가 어떤 이유로 상생협력과 동반성장을 해야 하는지에 대한 사상적 이론이다. 이에 비해 파트너십은 두 당사자가 높은 성과를 이루기 위해 실제로 무엇을 어떻게 해야 하는지를 구체적으로 설명한다.

셋째, 사회적 교환은 두 당사자가 거래관계에서 취해야 할 사업가적인 사고방식과 태도와 관련이 높다면, 파트너십은 시너지 효과 창출이라는 가시적인 결과를 중요하게 여긴다. 사회적 교환은 '과정'을 중시하고 파트너십은 '가시적인 결과'를 중시한다.

넷째, 사회적 교환의 실천은 뚜렷한 목표나 구체적 방법론이 없다, 반면에 파트너십은 명확한 목표, 목표달성의 방법, 협력기간, 역할 분담 등이 사전에 협의되어 설정된다.

다섯째, 사회적 교환은 호혜적 교환관계들이 사회와 제도를 발전시키는 동력이 된다는 철학을 가지고 있다. 이에 비해 파트너십은 두 거래당사자의 관계와 성과에 집중한다.

여섯째, 사회적 교환은 상대방으로부터 받은 혜택을 보상하는 형태와 구체적인 보상 시점이 없다. 그러나 파트너십은 합의한 협력기간 내에 경제적인 성과물이 공유되어야 하고 결과적 성과가 공평하게 배분되어야 지속성이 있다.

VI. 한국 프랜차이즈에서 적용과 제안들

1. 파트너십의 바람직한 방향성

국내 시장에서 건강한 프랜차이즈 파트너십의 문화는 아직 정착되지 못하고 있다. 국내 가맹본부, 가맹점, 외부 협력업체들은 건전한 파트너십 문화 정착을 통해 현재보다 더 성장할 수 있는데, 그 바람직한 방향성을 제시하면 아래와 같다.

첫째, 세 주체들은 파트너십이 자신의 프랜차이즈 시스템의 생존과 발전을 위해 필수적이고 사업확장에 있어 효과적 방법임을 인식해야 한다.

세 주체들은 프랜차이즈 파트너십을 통해 다른 브랜드들과의 경쟁에서 승리하여 생존할 수 있고 시장환경에 유연하게 대응할 수 있다. 자기 몫을 키우기 위해 서로 긴밀하게 협력해야 할 필요가 있는 것이다.

둘째, 국내 프랜차이즈 파트너십은 현재보다 높은 수준의 협력관계로 발전되어야 한다. 이를 위해 파트너십의 구체적인 목표, 내용, 과정을 문서화하고 계약서를 통해 공식화하는 것이 보편화되는 시장문화의 정착이 필요하다.

셋째, 앞으로 외부 협력업체들의 역할이 강화되어야 한다.

외부 공급업체들이 단지 물품만 공급하는 기능적인 역할만 하는 것이 아니다. 브랜드의 성공을 위해 전문적 역할을 하고 사업 파트너로서 정당한 대우를 받을 수 있는 시장문화의 개선이 필요하다.

넷째, 세 주체들은 파트너십의 시너지 효과를 극대화하기 위해 자신의 전문적 역할이나 주어진 임무에 충실해야 한다.

가맹본부는 가맹점으로부터 매장운영의 전문성을 기대한다. 가맹점은 가맹본부로부터 브랜드의 명성과 이미지, 교육과 훈련, 마케팅과 경영지원을 받는다. 외부 파트너는 가맹사업에 참여하여 안정적인 유통경로와 판매처를 확보한다. 이러한 전문적 역량들의 통합은 '부분보다 총합이 크다'라는 시너지 효과로 나타나 전체적인 가맹사업의 성과 수준을 향상시킬 수 있다.

다섯째, 세 주체들은 협력적 커뮤니케이션을 구축해야 한다.

전문적 영역의 다양한 의견들이 생산적인 방향으로 반영되고 파트너십의 성과물이 공정한 방식으로 배분될 수 있도록 해야 한다. 가맹본부의 일방적인 의견이 중심이 되거나 성과물이 공평하게 배분되지 않으면 그 어떤 파트너십도 지탱될 수 없기 때문이다.

2. 과연, 시너지 효과가 있는가?

가맹본부, 가맹점, 외부 파트너들은 협력적 파트너십을 구축하여 파트너십의 시너지 효과의 수준이 높여야 한다. 이때 프랜차이즈 파트너십은 형태가 중요한 것이 아니라 가시적인 성과물이 중요하다. 그렇지 못한 경우, 세 주체들의 파트너십은 오히려 마이너스의 결과인 링겔만 효과로 나타난다.

가맹점은 '현재 거래관계가 독립창업을 한 경우보다 시너지 효과가 나는가?', '다른 경쟁 브랜드와의 거래보다 확실히 시너지 효과가 있는가?'라는 질문을 던질 수 있다.

외부 파트너는 '가맹본부의 유통채널과 유통량이 충분한가?', '요구받은 공급가격이 너무 싸지 않는가?', '과연, 오랜 기간 동안 안정적으로 공급할 수 있겠는가?'의 질문할 수 있다.

가맹본부는 '가맹점은 매장운영의 전문성과 책임성을 가지고 있는가?', '외부 공급업체의 물품들의 공급가격은 합리적인가?'의 질문을 계속할 수 있다.

서로의 입장은 다르다. 그러나 궁극적으로 이 질문들은 현재의 파트너십이 시너지 효과를 내고 있거나 미래에 이를 기대할 수 있는가의 문제로 귀결된다. 어느 한쪽이 시너지 효과에 대해 만족하지 못하거나 가시적인 성과가 낮다면 그 프랜차이즈 파트너십은 껍데기만 남는다.

3. 경제적 만족이 파트너십의 버팀목

프랜차이즈 파트너십이 성공하기 위해 두 당사자의 실질적인 경제적 이익이 중요하다. 충분한 성과 없이 파트너십은 존재하지 못하기 때문이다.

그러므로 성공적인 프랜차이즈 파트너십은 가맹본부가 시스템적으로 가맹점과 외부 파트너에게 적절한 이익을 보장하고 협력의 결과물을 공정하게 나누고 있느냐의 여부에 달려 있다고 해도 과언이 아니다. 경제적 만족이 프랜차이즈 파트너십의 버팀목인 것이다.

프랜차이즈 파트너십의 성과물에 대한 배분이 불공평하거나 이익이 일방적으로 가맹본부에게 치우친다면, 가맹점과 외부 공급업체들은 해당 파트너십을 유지할 이유가 없어진다.

특히 성과 배분에 대한 가맹점의 입장은 외부 공급업체보다 절박하다. 외부 공급업체는 거래관계에 만족하지 못하는 경우 해당 파트너 관계에서 이탈하여 다른 납품업체를 찾을 수 있다. 그러나 가맹점은 높은 거래특유투자와 가맹계약 관계로 그렇게 하기 힘들다.

따라서 가맹본부는 무엇보다 가맹점이 정상적인 영업을 했을 때 이익의 수준이 공평하고 안정적으로 배분이 되고 있는지 항상 살펴봐야 한다. 가맹점은 충분하거나 안정적인 이익이 남지 않는다면 매장운영을 계속할 수 없다.

한편, 가맹점과 외부 파트너가 경제적 이익에 만족하지만, 가맹본부의 일방적인 의사소통과 불공정한 거래관계로 비경제적인 부분에 불만족하는 경우 이들은 어떠한 행동을 할까?

아마도 가맹점과 외부 파트너는 그 파트너십의 관계는 유지하면서 불합리한 관계를 점차 해결하려고 노력할 가능성이 크다. 상황이 어떻든, 경제적 배분과 성과물에 만족하기에 그들은 파트너십을 유지하면서 발생한 문제들을 해결할 가능성이 높다.

4. 외부 협력업체들과의 파트너십

필수품목을 공급하는 주문자위탁생산자(OEM), 인테리어 협력업체, 시설과 장비업체, 물류업체, 기타 필요물품을 가맹본부 또는 가맹점에 공급하는 외부 협력업체들은 가맹본부에게 중요한 외부 파트너들이다.

이들은 프랜차이즈 시스템에서 유통 공급망을 구성하고 시스템의 경쟁력과 품질을 좌우한다. 이들의 역량은 프랜차이즈 시스템의 경쟁력의 중심이자 가맹사업의 안정성과 지속성의 척도이다.

문제는 일부 가맹본부들이 외부 협력업체들의 존재가치와 중요성을 이해하지 못하는 데 있다. 외부 파트너들을 단지 필요한 물품만을 공급하는 대상으로 여기거나 그들의 전문적인 지식과 경험들을 사업적으로 잘 활용하지 못하고 있는 것이다.

어떤 가맹본부가 역량 있고 전문성이 높은 외부 파트너들과 우호적인 관계에 있다면, 해당 프랜차이즈 시스템의 경쟁력은 높고 가맹사업이 안정적이라는 것을 의미한다. 그만큼 유능한 외부 파트너들과의 강력한 파트너십의 구축은 가맹사업에서 매우 중요한 영역이다.

Ⅶ. 함께 생각해 봅시다

대우받고 싶다면, 상대방을 먼저 대우해야

스포츠 경기는 흥미진진한 경기력을 통해 관람 만족을 높이고 관중들이 미래에 다시 경기장을 찾을 수 있도록 해야 한다. 그러기 위해 A 선수는 수준 높은 상대방이 있어야 좋은 경기를 펼칠 수 있다. 상대방과 훌륭한 경기를 해야 자신도 유명해지고 몸값도 올라간다.

성공적인 파트너십의 원리이다.

가맹본부는 역량 있는 외부 파트너들의 우호적인 협력 없이 프랜차이즈 시스템의 경쟁력을 확보할 수 없다. 낮은 프랜차이즈 시스템의 경쟁력은 가맹점의 불만족을 낳기에 가맹본부는 유능한 외부 파트너들과 협력적인 관계를 구축해야 한다.

그렇지만 국내 시장에서 가맹본부와 외부 파트너들 간의 협력적 관계문화의 정착은 아직 시간이 더 필요한 것 같다.

외부 공급업체들의 일부는 가맹본부에 대한 신뢰도가 낮아 프랜차이즈 사업 자체에 뛰어들지 않으려 한다. 설령 특정 가맹본부와 거래관계를 맺더라도 그 관계를 적극적인 발전시키려는 노력을 잘 하지 않는다. 아래는 외부 파트너들이 왜 그러한지를 보여 주는 국내 시장의 어두운 단면이다.

"신규 가맹본부는 가맹점 개설 시 인테리어 공사를 맡기겠다고 약속하고 A 인테리어 업체로부터 무료 또는 적은 비용으로 다양한 디자인 작업물을 받았다.

가맹본부는 사업 초기 약속대로 A 업체에게 가맹점의 공사들을 맡겼다. 그러나 가맹점이 늘어나자 가맹본부는 다른 인테리어 업체인 B와 C에게 A가 제공한 디자인 물과 표준 시방서를 제공하고 공사를 의뢰하였다.

A 업체는 그 과정에서 사전 통보나 특별한 설명을 듣지 못했다. 그리고 공사의뢰의 수도 점차 줄어들었다. A 업체는 최선을 다해 가맹사업 초기 가맹본부의 사업을 도왔지만 결국 몇 개밖에 공사를 하지 못하고 거래관계가 끊어졌다. 가맹본부의 이해할 수 없는 행동에 A 업체는 깊은 좌절감과 배신감이 들었다."

만약 A 업체의 공사품질이 낮거나 가맹점의 공사 불만들이 있는 경우 가맹본부가 업체를 교체하는 것은 당연하다. 또한 인테리어 비용의 절감을 위해 가맹본부가 더 나은 견적을 요구했을 때, A 업체가 특별한 노력을 하지 않거나 이에 성실하게 응하지 않는 경우 가맹본부는 업체의 변경을 고려해야 한다. 가맹점의 투자비용의 경쟁력과 관련되어 있기 때문이다.

그러나 업체 변경과정이 A 업체의 그간의 투자와 노력을 배려하지 않고 오로지 가맹본부의 이익을 증가시키기 위한 선택이었다면 이야기는 달라진다.

게다가 이 변경과정에서 정상적인 협의 과정이 없었고 A 업체에게 납득할 수 있는 이유를 사전에 설명하지 않았다면, 가맹본부는 자기 이익을 위해 A 업체와의 파트너 관계를 깨뜨린 것이다.

이러한 상황은 국내 시장에서 나타나는 가맹본부의 어두운 단면이다. 단지 인테리어 업체와의 관계만이 아니다.

특히 필수품목 및 권장품목을 담당하는 외부 공급업체에서도 비슷한 사례가 발생한다. 일부 가맹본부는 변경내용 등에 대해 외부 파트너에게 사전에 설명하지 않거나 거래 신뢰를 저버리는 일방적인 결정을 한다.

이 상황은 가맹본부에게도 좋지 않다. 그러한 일방적인 행동에 대한 부정적인 소문으로 해당 가맹본부는 시장에서 그리고 거래관계에서 점차 고립될 수 있기 때문이다.

한국 프랜차이즈의 건강한 발전을 위해

가맹본부와 가맹점은 동반자적 관계이면서도 갈등관계에 있습니다. 두 당사자는 시장경쟁에서 승리하기 위해 협력하지만, 이익배분의 문제에서는 서로 대립관계에 있기 때문입니다.

두 당사자는 생존을 위해 상생의 원원전략으로 이익배분의 대립적 상황을 극복합니다. 이에 기반하여 두 당사자는 높은 사업성과에 대한 시너지 효과를 기대하며 협력적인 파트너십을 구축하여 자기 사업목표를 달성하고자 합니다.

따라서 프랜차이즈의 상생협력과 동반성장은 상대방에게 무엇인가를 베풀어야 하는 당위적인 규범이 아닙니다. 상대방이 아니라 자기의 성공을 위한 사업적 선택이자 자신의 생존과 번영을 위한 필수적인 전략입니다.

이 이유로 프랜차이즈 사업의 본질은 '관계사업'입니다. 두 당사자는 상대방의 도움과 지원 없이 혼자만의 역량과 노력으로 사업성공을 이룰 수 없습니다. 두 당사자의 발전적인 관계품질의 수준이 프랜차이즈 사업의 성공과 실패를 결정합니다.

세상에서 가장 힘든 일이 인간관계이듯이, 프랜차이즈 관계사업은 결코 단순하거나 쉽지 않습니다. 그러하기에 프랜차이즈의 사업에서 두 당사자의 사업적 역량, 전문성, 그리고 기업가적 사고방식 및 태도가 매우 중요한 것입니다.

두 당사자는 자기 역할에 솔선수범하면서 상대방의 이익을 배려하고 같은 사업목표를 가지고 끊임없는 경영적 투자와 노력을 할 때만이 프랜차이즈 브랜드는 성공할 수 있습니다.

맺는말

이론(理論)은 사물, 사건, 행위의 현상과 상호작용의 이치와 원리를 논리적으로 설명합니다. 우리는 이론을 통해 현상이나 문제의 발생 원인을 찾고 직면한 문제를 타당성 있게 분석하여 발전적인 대안들을 마련할 수 있습니다.

이와 마찬가지로, 우리는 프랜차이즈 관련 이론들을 통해 한국 프랜차이즈 시장에서 나타나는 다양한 현상과 문제를 객관적이고 체계적으로 이해할 수 있습니다. 이를 바탕으로 우리는 한국 프랜차이즈 시장이 극복해야 할 문제들에 대한 발생 원인을 찾고 발전적인 지향점과 개선 방향을 함께 고민하고 토론할 수 있을 것입니다.

한국 프랜차이즈 산업이 건강하게 발전하려면 모범적인 브랜드들이 존중을 받고 시장에서 우세해져야 합니다. 잘못되고 부적절한 가맹사업의 방식이 시장을 지배하게 해서는 안 됩니다. 새로운 또는 역량이 부족한 프랜차이즈 브랜드들이 그러한 모범적인 브랜드들을 닮아가려고 노력하는 모습이 시장의 상식이 될 때 건전한 프랜차이즈 시장문화가 정착될 것입니다.

국내 프랜차이즈 산업의 종사자분들, 관련 조직 및 기관들, 외부 협력업체들, 가맹점, 가맹본부의 무궁한 발전을 기원합니다.
한국 프랜차이즈, 지금보다 훨씬 나아질 수 있습니다!

저자 이수덕 올림

참고문헌

강병오, 김진수 (2010). 프랜차이즈 가맹본부의 가맹사업 전 직영점 운영활동이 가맹본부의 성과에 미치는 영향에 관한 실증연구. *한국산학기술학회 논문지*, *11*(9), 3210-3222.

강보현 (2013). 프랜차이즈 본사와 가맹점의 관계에서 기회주의의 결정요인에 관한 연구. *마케팅연구*, *28*(5), 65-85.

곽세영 (2001). 프랜차이즈 시스템의 이론적 고찰. *중소기업연구*, *23*(1), 129-143.

권용주, 이재훈 (2015). 외식프랜차이즈 시스템의 지원, 상호작용공정성과 도덕적 해이가 관계만족과 관계결속에 미치는 영향. *호텔관광연구*, *17*(3), 212-230.

김경민, 나준희, 이영찬 (2007). 프랜차이즈 시스템에서 브랜드 자산, 내부브랜드 활동, 갈등 및 관계해지의 구조적 관계에 관한 탐색적 연구. *유통연구*, *12*(1), 65-84.

김상덕 (2006). 환경 동태성이 프랜차이즈 시스템의 통제기제와 관계의 질에 미치는 영향. *대한경영학회지*, *19*(2), 421-444.

김상덕 (2019). 프랜차이즈 복수지배과정이 가맹점의 적응성에 미치는 영향: 본부-직영점-가맹점 간 삼방향(triadic) 접근. *마케팅연구*, *34*(1), 1-28.

박경원, 박주영, 유연우 (2011). 가맹본부 정보의 Signaling 효과에 관한 탐색적 연구: 가맹점 예비 창업자를 중심으로. *유통경영학회지*, *14*(4), 103-128.

박광오, 장활식 (2009). 사회교환이론 관점에서의 SCM 파트너십 요인에 관한 연구. *물류학회지*, *19*(3), 109-139.

박성진, 박경도, 이호택 (2018). 프랜차이즈 가맹본부에 대한 지각된 전환비용이 가맹점의 관계몰입과 관계성과에 미치는 영향. *유통연구*, *23*(1), 79-98.

서민교. (2014). 프랜차이즈 경영론, (주)벼리커뮤니케이션, pp 28-30.

석관호. (2016). 가격의 심리학, 한국문화사, pp 220-229.

신흥호, 유영진 (2017). 프랜차이즈 커피전문점의 관계혜택, 고객만족, 전환비용 및 관계유지의도 간 구조관계 연구. *한국콘텐츠학회논문지*, *17*(3), 556-570.

유민희, 김지영, 최윤정 (2018). 모범거래기준과 영업지역침해: 한국 커피 프랜차이즈 산업을 중심으로. *규제연구*, *27*(1), 157-192.

윤한성, 김창완 (2020). 프랜차이즈 시스템에서 유대강도와 충성도의 관계에 대한 전환비용의 매개역할. *마케팅관리연구, 25*(3), 17-32.

이성훈, 이용기, 이필수, 김승섭 (2015). 프랜차이즈경영론, 도서출판 두남, pp 23-24.

이원돈 (2018). 보험시장에서의 도덕적 해이와 역선택. *보험학회지*, (114), 113-139.

이자형, 윤지환. (2005). 외식프랜차이즈 가맹사업자의 통제와 지원이 동일성 유지에 미치는 영향. *한국관광학회 학술대회 발표논문집*, 243-254.

이재훈, 나호섭 (2011). 동태적인 프랜차이징 시스템 환경에서의 가맹점의 기회주의적 행동과 행동의도에 관한 연구. *중소기업연구, 33*(2), 151-172.

이정철, 신강현. (2009). 외식프랜차이즈기업의 파트너쉽의 중요성. *한국콘텐츠학회논문지, 9*(6), 390-398.

임영균, 김주영 (2018). 로열티 제도 정착을 통한 국내 가맹본부의 수익구조 개선방안에 관한 연구. *유통연구, 23*(3), 53-79.

임영균, 변숙은, 오승수 (2011). 프랜차이즈 시스템의 소유구조 결정요인: 이론과 증거. *유통연구, 16*(3), 33-75.

장장이, 이재한, 김민성, 이용기 (2014). 외식프랜차이즈 가맹점의 지각된 공정성이 감정, 만족, 그리고 재계약 의도에 미치는 영향. *유통경영학회지, 17*(3), 21-36.

전영철 (2000). 사회적교환이론(Social Exchange Theory)을 통한 지역주민의 관광개발 태도측정에 관한 연구. *문화관광연구, 2*(1), 179-194.

최용훼, 김명성 (2014). 성공을 위한 새로운 창업법칙 프랜차이즈 창업, 한경사, pp 31-33.

하세나, 김상덕 (2008). 프랜차이즈 시스템 공정성의 선행요인과 결과요인에 관한 구조방정식 모형분석. *유통연구, 13*(1), 35-60.

한규철, 조동민 (2017). 글로벌 시대 프랜차이즈 경영론, 도서출판 범한. pp 128-129.

한부길, 김상덕 (2014). 프랜차이즈 본부의 통제시스템이 가맹점의 기회주의에 미치는 영향: 가맹점주 조절초점의 조절효과. *유통물류연구, 1*(1), 21-48.

한상린, 이명성, 안명아, 이승원 (2013). 사회교환 이론을 중심으로 한 대기업과 중소기업 간의 장기적 동반성장 구축요인 연구. *Korea Business Review, 17*(4), 1-21.

허양희 (2012). 프랜차이즈 이론: 이론의 진화와 외식 프랜차이즈에 대한 적용. *호텔경영학연구, 21*(2), 165-187.

Adams, J. S. (1963). Towards an understanding of inequity. *The journal of Armal and Social Psychology, 67*(5), 422.

Adams, J. S. (1965). Inequity in social exchange. *In Advances in Experimental Social Psychology* (Vol. 2, pp. 267–299). Academic Press.

Akerlof, G. A. (1970). The market for "lemons": Quality uncertainty and the market mechanism. *The Quarterly Journal of Economics, 84*(3), 488–500.

Albanese, R., & Van Fleet, D. D. (1985). Rational behavior in groups: The free-riding tendency. *Academy of Management review, 10*(2), 244–255.

Altinay, L. (2006). Selecting partners in an international franchise organisation. *International Journal of Hospitality Management, 25*(1), 108–128.

Altinay, L., Brookes, M., Madanoglu, M., & Aktas, G. (2014). Franchisees' trust in and satisfaction with franchise partnerships. *Journal of Business Research, 67*(5), 722–728.

Altinay, L., Brookes, M., Yeung, R., & Aktas, G. (2014). Franchisees' perceptions of relationship development in franchise partnerships. *Journal of Services Marketing, 28*(6), 509–519.

Arrow, Kenneth J. (1963), Uncertainty and the welfare economics of medical care, *The American Economic Review, 53*(5), 941–973.

Badrinarayanan, V., Suh, T., & Kim, K. M. (2016). Brand resonance in franchising relationships: A franchisee-based perspective. *Journal of Business Research, 69*(10), 3943–3950.

Barney, J. (1991). Firm resources and sustained competitive advantage. *Journal of Management, 17*(1), 99–120.

Bolton, L. E., Warlop, L., & Alba, J. W. (2003). Consumer perceptions of price (un)fairness. *Journal of Consumer Research, 29*(4), 474–491.

Brookes, M., & Altinay, L. (2011). Franchise partner selection: Perspectives of franchisors and franchisees. *Journal of Services Marketing. 25*, 336–348.

Brookes, M., Altinay, L., & Aktas, G. (2015). Opportunistic behaviour in hospitality franchise agreements. *International Journal of Hospitality Management, 46*, 120–129.

Brown, J. R., Crosno, J. L., & Dev, C. S. (2009). The effects of transaction-specific investments in marketing channels: The moderating role of relational norms. *Journal of Marketing Theory and Practice, 17*(4), 317–334.

Burnham, T. A., Frels, J. K., & Mahajan, V. (2003). Consumer switching costs: A typology, antecedents, and consequences. *Journal of the Academy of marketing Science, 31*(2), 109–126.

Calderon–Monge, E., & Huerta–Zavala, P. (2015). Brand and price: Key signals when opening a franchise outlet. *Journal of Promotion Management, 21*(4), 416–431.

Carney, M., & Gedajlovic, E. (1991). Vertical integration in franchise systems: Agency theory and resource explanations. *Strategic Management Journal, 12*(8), 607–629.

Cho, M. (2005). Transaction costs influencing international hotel franchise agreements: The case of the Holiday Inn Seoul. *Journal of Vacation Marketing, 11*(2), 121–134.

Coase, R. (1937). The nature of the firm. *Economica, 4*(16): 386–405.

Colgate, M., & Lang, B. (2001). Switching barriers in consumer markets: An investigation of the financial services industry. *Journal of Consumer Marketing, 18*(4), 332–347.

Combs, J. G., & Ketchen Jr, D. J. (1999). Can capital scarcity help agency theory explain franchising? Revisiting the capital scarcity hypothesis. *Academy of Management Journal, 42*(2), 196–207.

Combs, J. G., Michael, S. C., & Castrogiovanni, G. J. (2004). Franchising: A review and avenues to greater theoretical diversity. *Journal of Management, 30*(6), 907–931.

Connelly, B. L., Certo, S. T., Ireland, R. D., & Reutzel, C. R. (2011). Signaling theory: A review and assessment. *Journal of Management, 37*(1), 39–67.

Croonen, E. P., & Brand, M. J. (2015). Antecedents of franchisee responses to franchisor–initiated strategic change. *International Small Business Journal, 33*(3), 254–276.

Cropanzano, R., & Mitchell, M. S. (2005). Social exchange theory: An interdisciplinary review. *Journal of Management, 31*(6), 874–900.

Crosby, E. U. (1905). Fire prevention. *The Annals of the American Academy of Political and Social Science, 26*(2), 224–238.

Dawes, R. M. (1975). Formal models of dilemmas in social decision making. *Human Judgment and Decision Processes*, 88–107.

Dembe, A. E., & Boden, L. I. (2000). Moral hazard: a question of morality?. New solutions: *A Journal of Environmental and Occupational Health Policy, 10*(3), 257–279.

Dnes, A. W. (2003). Hostages, marginal deterrence and franchise contracts. *Journal of Corporate Finance, 9*(3), 317–331.

Eisenhardt, K. M. (1989). Agency theory: An assessment and review. *Academy of Management Review, 14*(1), 57–74.

El Akremi, A., Mignonac, K., & Perrigot, R. (2011). Opportunistic behaviors in franchise chains: The role of cohesion among franchisees. *Strategic Management Journal, 32*(9), 930–948.

Fernández-Monroy, M.; Martín-Santana, J. Galván-Sánchez, I. (2018). Building successful franchise partnerships: The importance of communication and trust. *Manag. Decis. 56*, 1051–1064.

Franchina, V., Vanden Abeele, M., Van Rooij, A. J., Lo Coco, G., & De Marez, L. (2018). Fear of missing out as a predictor of problematic social media use and phubbing behavior among Flemish adolescents. *International Journal of Environmental Research and Public Health, 15*(10), 2319.

Gallini, N., N. Lutz (1992). Dual distribution and royalty fees in franchising. *The Journal of Law, Economics, and Organization, 8*, 471–501.

Gassenheimer, J. B., Baucus, D. B., & Baucus, M. S. (1996). Cooperative arrangements among entrepreneurs: An analysis of opportunism and communication in franchise structures. *Journal of Business Research, 36*(1), 67–79.

Ghazali, E., Nguyen, B., Mutum, D. S., & Mohd-Any, A. A. (2016). Constructing online switching barriers: Examining the effects of switching costs and alternative attractiveness on e-store loyalty in online pure-play retailers. *Electronic Markets, 26*(2), 157–171.

Gillis, W., & Castrogiovanni, G. J. (2012). The franchising business model: an entrepreneurial growth alternative. *International Entrepreneurship and Management Journal, 8*(1), 75–98.

Greenwald, B. C. (1986). Adverse selection in the labour market. *The Review of Economic Studies, 53*(3), 325–347.

Grewal, D., Iyer, G. R., Javalgi, R. R. G., & Radulovich, L. (2011). Franchise partnership and international expansion: A conceptual framework and research propositions. *Entrepreneurship Theory and Practice, 35*(3), 533–557.

Grünhagen, M., Zheng, X. V., & Wang, J. J. (2017). When the music stops playing: Post–litigation relationship dissolution in franchising. *Journal of Retailing, 93*(2), 138–153.

Guilloux, V., Dubost, N., Kalika, M., & Gauzente, C. (2008). How franchiser and franchisee relationships affect franchisees' satisfaction? The importance of fairness, communication and trust as ethical bases of relationship marketing. *International Journal of Entrepreneurship and Small Business, 6*(1), 155–172.

Guilloux, V., Gauzente, C., Kalika, M., & Dubost, N. (2004). How France's potential franchisees reach their decisions: A comparison with franchisers' perceptions. *Journal of Small Business Management, 42*(2), 218–224.

Hatton, M. J., & Schroeder, K. (2007). Partnership theory and practice: time for a new paradigm. *Canadian Journal of Development Studies, 28*(1), 157–162.

Harrison, M. P., Beatty, S. E., Reynolds, K. E., & Noble, S. M.(2012). Why customers feel locked into relationships: Using qualitative research to uncover the lock–in factors. *Journal of Marketing Theory and Practice, 20*(4), 391–406.

Holmström, B. (1979). Moral hazard and observability. *The Bell Journal of Economics*, 74–91.

Homans, G. C. (1958). Social behavior as exchange. *American Journal of Sociology, 63*(6), 597–606.

Hussain, D., & Windsperger, J. (2015). Using organizational capability and transaction cost theory to explain multi–unit franchising. In Interfirm Networks (pp. 35–55). Springer, Cham.

Hussain, D., Perrigot, R., Mignonac, K., Akremi, A. E., & Herrbach, O. (2013). Determinants of multi‐unit franchising: An organizational economics framework. *Managerial and Decision Economics, 34*(3–5), 161–169.

Jang, S. S., & Park, K. (2019). A sustainable franchisor–franchisee relationship model: Toward the franchise win–win theory. *International Journal of Hospitality Management, 76*, 13–24.

Jell-Ojobor, M., Alon, I., & Windsperger, J. (2022). The choice of master international franchising – A modified transaction cost model. *International Business Review*, *31*(2), 101942.

Jensen, M. C., & Meckling, W. H. (1976). Theory of the firm: Managerial behavior, agency costs and ownership structure. *Journal of Financial Economics*, *3*(4), 305–360.

Jones, M. A., Mothersbaugh, D. L., & Beatty, S. E. (2000). Switching barriers and repurchase intentions in services. *Journal of retailing*, *76*(2), 259–274.

Kang, B., & Jindal, R. P. (2015). Opportunism in buyer – seller relationships: Some unexplored antecedents. *Journal of Business Research*, *68*(3), 735–742.

Kang, B., Oh, S., & Sivadas, E. (2013). Beyond relationship quality: Examining relationship management effectiveness. *Journal of Marketing Theory and Practice*, *21*(3), 273–288.

Kidwell, R. E., Nygaard, A., & Silkoset, R. (2007). Antecedents and effects of free riding in the franchisor – franchisee relationship. *Journal of Business Venturing*, *22*(4), 522–544.

Kim, M. S., Shin, D. J., & Koo, D. W. (2018). The influence of perceived service fairness on brand trust, brand experience and brand citizenship behavior. *International Journal of Contemporary Hospitality Management*, *30*(7), 2603–2621.

Lafontaine, F. (1992). Agency theory and franchising: some empirical results. *The Rand Journal of Economics*, 263–283.

Lafontaine, F., Raynaud, E. (2002). The Role of residual claims and self-enforcement in Franchise contracting. in J. Young (ed.) Franchise Systems at the Turning Point. *International Small Business Journal*, *21*(2), 154.

Lambe, C. J., Wittmann, C. M., & Spekman, R. E. (2001). Social exchange theory and research on business-to-business relational exchange. *Journal of Business-to-business Marketing*, *8*(3), 1–36.

Lee, J., Lee, H. T., & Bae, J. (2021). Determinants of opportunism between franchisor and franchisee: Focusing on the moderating effect of startup experience. *The Korean Journal of Franchise Management*, *12*(1), 35–44.

Lohtia, R., Brooks, C. M., & Krapfel, R. E. (1994). What constitutes a transaction-specific asset?: An examination of the dimensions and types. *Journal of Business Research*, *30*(3), 261–270.

Mastrangelo, L. M., Calderon-Monge, E., & Huerta-Zavala, P. A. (2016). Franchise fairs: A relevant signal in franchise choice in social activity. *Contemporary Economics, 10*(3), 275–282.

Marshall, J. M. (1976). Moral hazard. *The American Economic Review, 66*(5), 880–890.

Maxwell, S. (2002). Rule-based price fairness and its effect on willingness to purchase. *Journal of Economic Psychology, 23*(2), 191–212.

McQuaid, R. W. (2000). The theory of partnership: why have partnerships?. *Routledge Advances in Management and Business Studies, 19*, 9–35.

McQuaid, R. W. (2010 A). Theory of organizational partnerships: partnership advantages, disadvantages and success factors. In The new public governance? (pp. 143–164). Routledge.

Michael, C. J., & William, H. M. (1976). Theory of the firm: Managerial behavior, agency costs and ownership structure. *Journal of Financial Economics, 3*(4), 305–360.

Michael, S. C. (1996). To franchise or not to franchise: An analysis of decision rights and organizational form shares. *Journal of Business Venturing, 11*(1), 57–71.

Minkler, A. P., & Park, T. A. (1994). Asset specificity and vertical integration in franchising. *Review of Industrial Organization, 9*(4), 409–423.

Morris, R. D. (1987). Signalling, agency theory and accounting policy choice. *Accounting and Business Research, 18*(69), 47–56.

Oxenfeldt, A. R., & Kelly, A. O. 1968–1969. Will successful franchise systems ultimately become wholly-owned chains? *Journal of Retailing, 44*, 69–83.

Panda, S., Thapa, S., Paswan, A. K., & Mishra, S. P. (2022). Franchising: A signaling perspective. *Journal of Business & Industrial Marketing, 38*, 813–827.

Peters, J., & Mathias, L. (2018). Enacting student partnership as though we really mean it: Some Freirean principles for a pedagogy of partnership. *International Journal for Students as Partners, 2*(2), 53–70.

Ping Jr, R. A. (1993). The effects of satisfaction and structural constraints on retailer exiting, voice, loyalty, opportunism, and neglect. *Journal of Retailing, 69*(3), 320–352.

Platt, J. (1973). Social traps. *American Psychologist, 28*(8), 641–651.

Puciato, D., Łoś, A., & Mrozowicz, K. (2013). Franchising as a way of reducing moral hazard in the tourism market, *Argumenta Oeconomica, 30*(1), 127–147.

Ross, Stephen A. (1973). The economic theory of agency: The principal's problem. *The American Economic Review, 63*(2), 134–139.

Rubin, P. H. (1978). The Theory of the firm and the structure of the franchise contract. *The Journal of Law and Economics, 21*(1), 223–233.

Seggie, S. H., Griffith, D. A., & Jap, S. D. (2013). Passive and active opportunism in interorganizational exchange. *Journal of Marketing, 77*(6), 73–90.

Shaikh, A. (2016). Conceptualizing fairness in franchisor–franchisee relationship: Dimensions, definitions and preliminary construction of scale. *Journal of Retailing and Consumer Services, 28*, 28–35.

Shaikh, A., Sharma, D., Vijayalakshmi, A., & Yadav, R. S. (2018). Fairness in franchisor–franchisee relationship: An integrative perspective. *Journal of Business and Industrial Marketing, 33*(4), 550–562.

Shane, S. A. (1998). Making new franchise systems work. *Strategic Management Journal, 19*(7), 697–707.

Spence, M. (1973). Job Market Signaling. *Quarterly Journal of Economics, 87*(3), 355–374.

Spinelli, S., & Birley, S. (1996). Toward a theory of conflict in the franchise system. *Journal of Business Venturing, 11*(5), 329–342.

Stevens, D. E., & Thevaranjan, A. (2010). A moral solution to the moral hazard problem. *Accounting, Organizations and Society, 35*(1), 125–139.

Stigler, G. J. (1974). Free riders and collective action: An appendix to theories of economic regulation. *The Bell Journal of Economics and Management Science*, 359–365.

Stiglitz, J. E. (1975). The theory of "screening," education, and the distribution of income. *The American Economic Review, 65*(3), 283–300.

Thibaut, John W. and Harold H. Kelley (1959), The Social Psychology of Groups. New York: John Wiley & Sons, Inc.

Urevic, I. V. (2020). Factors affecting the franchise choice in restaurant industry in the Russian market and role of digitalization in them.

Vanags, A. (2018). Partnership strategy model for small and medium enterprises. *Problems and Perspectives in Management, 16*(1), 336.

Walsh, J. (2004). Partnership theory and practice. *Partnerships for Effective Local Development*, 7–28, Charleroi: Universite Libre de Bruxelles.

Wathne, K. H., & Heide, J. B. (2000). Opportunism in interfirm relationships: Forms, outcomes, and solutions. *Journal of Marketing, 64*(4), 36–51.

Weaven, S., & Frazer, L. (2007). Mature franchise systems use multiple unit franchising to leverage learning economies and sustain systemwide growth. *Asia Pacific Journal of Marketing and Logistics, 19*(2), 107–126.

Williamson, O. E. (1973). Markets and hierarchies: Some elementary considerations. *The American Economic Review, 63*(2), 316–325.

Williamson, O. E. (1979). Transaction-cost economics: The governance of contractual relations. *The journal of Law and Economics, 22*(2), 233–261.

Williamson, O. E. (1981). The modern corporation: Origins, evolution, attributes. *Journal of Economic Literature, 19*(4), 1537–1568.

Xia, L., Monroe, K. B., & Cox, J. L. (2004). The price is unfair! A conceptual framework of price fairness perceptions. *Journal of Marketing, 68*(4), 1–15.

Yu, J. P., & Lee, I. H. (2011). The study on the influence of selection characteristics of franchise system, business possibility, communication, moral hazard on franchisee's perceived risk, and recontracting intention in the food service franchise industry. *Journal of Distribution Research, 16*(1), 1–27.

Zhang, L., Zeng, Q., Zhang, S., Li, S., & Wang, L. (2022). Transaction-specific investment and organizational performance: A meta-analysis. *Sustainability, 14*(9), 5395.